Soviet and Post-Soviet Politics and Socie†

ISSN 1614-3515

General Editor: Andreas Umland,
Institute for Euro-Atlantic Cooperation, Kyiv, umland@stanfordalumni.org

Commis
London, m

Soviet and Post-Soviet Politics and Society (SPPS)

ISSN 1614-3515

Founded in 2004 and refereed since 2007, SPPS makes available affordable English-, German-, and Russian-language studies on the history of the countries of the former Soviet bloc from the late Tsarist period to today. It publishes between 5 and 20 volumes per year and focuses on issues in transitions to and from democracy such as economic crisis, identity formation, civil society development, and constitutional reform in CEE and the NIS. SPPS also aims to highlight so far understudied themes in East European studies such as right-wing radicalism, religious life, higher education, or human rights protection. The authors and titles of all previously published volumes are listed at the end of this book. For a full description of the series and reviews of its books, see

www.ibidem-verlag.de/red/spps.

Editorial correspondence & manuscripts should be sent to: Dr. Andreas Umland, DAAD, German Embassy, vul. Bohdana Khmelnitskoho 25, UA-01901 Kyiv, Ukraine. e-mail: umland@stanfordalumni.org

Business correspondence & review copy requests should be sent to: *ibidem* Press, Leuschnerstr. 40, 30457 Hannover, Germany; tel.: +49 511 2622200; fax: +49 511 2622201; spps@ibidem.eu.

Authors, reviewers, referees, and editors for (as well as all other persons sympathetic to) SPPS are invited to join its networks at www.facebook.com/group.php?gid=52638198614 www.linkedin.com/groups?about=&gid=103012 www.xing.com/net/spps-ibidem-verlag/

Recent Volumes

Johann Zajaczkowski

RUSSLAND –

EINE PRAGMATISCHE GROSSMACHT?

Eine rollentheoretische Untersuchung
russischer Außenpolitik am Beispiel
der Zusammenarbeit mit den USA nach 9/11
und des Georgienkrieges von 2008

Mit einem Vorwort von Siegfried Schieder

ibidem-Verlag
Stuttgart

Bibliografische Information der Deutschen Nationalbibliothek
Die Deutsche Nationalbibliothek verzeichnet diese Publikation in der Deutschen Nationalbibliografie; detaillierte bibliografische Daten sind im Internet über http://dnb.d-nb.de abrufbar.

Bibliographic information published by the Deutsche Nationalbibliothek
Die Deutsche Nationalbibliothek lists this publication in the Deutsche Nationalbibliografie; detailed bibliographic data are available in the Internet at http://dnb.d-nb.de.

Umschlagsbild: DPA Picture Alliance/Ukrainian Photogroup PE

∞

Gedruckt auf alterungsbeständigem, säurefreiem Papier
Printed on acid-free paper

ISSN: 1614-3515

ISBN-13: 978-3-8382-0837-4

© *ibidem*-Verlag
Stuttgart 2015

Alle Rechte vorbehalten

Printed in Germany

Ich danke meinen Eltern für ihre Unterstützung; Freunden, Bekannten und der Kaiserstraße für den Ausgleich gegenüber der Schreibtischarbeit; den Leidensgenossen aus dem Elfenbeinturm für die angenehme Schicksalsgemeinschaft und Julia F. für ihre unendliche Nachsicht gegenüber meinen Aspirationen und ihren Langmut gegenüber den Herausforderungen, die Osteuropa so mit sich bringt.

Ein großer Dank gebührt auch Dr. Siegfried Schieder für die kompetente Betreuung und Dr. Cornelia Frank für die Initialzündung.

Inhaltsverzeichnis

Historischer Längschnitt

Fallstudien

Fazit, Kritik, Ausblick

Quellen und Anhang

Vorwort

Mehr als zwei Dekaden nach dem Zerfall der Sowjetunion sucht Russland immer noch nach seiner Rolle in der Weltpolitik. Gingen die russischen Eliten nach der Implosion der Sowjetunion noch davon aus, Russland könne mit seinem ererbten Nuklearpotential und dem ständigen Sitz im UN-Sicherheitsrat eine führende Rolle in der Welt spielen, so machte die finanzielle Abhängigkeit Russlands vom Westen – in den 1990er Jahren wurden immerhin rund 50 Milliarden US-Dollar an Finanzhilfen von westlicher Seite bereitgestellt – den Reformern in Moskau schnell klar, wie wenig handlungsfähig Russland dem Ausland erschien. Weder die NATO-freundliche Politik in der ersten Hälfte der 1990er Jahre unter dem damaligen Außenminister Andrej W. Kosyrew noch die realistisch-pragmatische und an Russlands ökonomischer und politischer Stärkung ausgerichtete Außenpolitik der Nachfolgerregierungen verschafften dem Kreml außen- und sicherheitspolitisches Gewicht, um die NATO-Intervention im Kosovo 1999 zu verhindern. Erst der wirtschaftliche Aufschwung im Gefolge steigender Energiepreise sowie die Konsolidierung staatlicher Macht in der Amtszeit von Präsident Wladimir Putin schufen nach 1999 für Russland die Voraussetzungen, um außenpolitisch selbstbewusster aufzutreten. Gleichwohl blieb auch die Außen- und Sicherheitspolitik unter Putin nicht ohne Schwankungen und Widersprüche, wie die vorliegende Studie zeigt. Bewegte sich Russland nach den Terroranschlägen vom 11. September 2001 auf den Westen zu, so versuchte Putin im Kontext des Irakkriegs 2003 europäische Irritationen über das Verhalten der US-Administration von George W. Bush in eine festere Verbindung zwischen Frankreich, Deutschland und Russland umzumünzen, um nur wenige Jahre später in Reaktion auf die „farbigen" Revolutionen in Georgien und der Ukraine wieder auf Distanz zum Westen zu gehen. Seitdem hat sich das Verhältnis zwischen Russland und dem Westen nicht nur weiter abgekühlt, sondern mit der Einverleibung der Krim in die Russische Föderation im März 2014 und der Destabilisierung der Ostukraine hat die russische Politik wichtige Grundlagen der bisher geltenden gesamteuropäischen Ordnung von 1990 zerstört.

Es zeugt von einer gewissen Weitsicht des Verfassers, der die vorliegende Arbeit unter dem ursprünglichen Titel „Das russische Imperium schlägt zurück? Eine rollentheoretische Untersuchung zentraler außen- und sicherheitspolitischer Krisen während der ersten beiden Amtszeiten Putins" als Qualifikationsarbeit an der Universität Trier im Jahr 2013 anfertigte. Zum damaligen Zeitpunkt konnte kaum jemand erahnen, dass das Jahr 2014 die westliche Politik mit einer qualitativ neuen Situation konfrontiert und in Europa erstmals seit langer Zeit wieder ein innerstaatlich überformter zwischenstaatlicher Konflikt militärisch ausgetragen wird. Dabei hätte es aus rollentheoretischer Perspektive durchaus Anzeichen dafür gegeben, dass Russland die wiedergewonnene außen- und sicherheitspolitische Handlungsfreiheit zur rollenkonzeptionellen Ausgestaltung jener dauerhaften Einstellungen und Verhaltensmuster nutzt, die tief in den identitären *Code* Russlands eingewoben sind. Als ein Analyseinstrument von Außenpolitik vermag die Rollentheorie zwar keine Prognosen über das künftige Verhalten von außenpolitischen Entscheidungsträgern abzugeben. Dies gilt vor allem dann, wenn Rollenkonzepte im Wandel begriffen bzw. nur schwach oder vage ausgeprägt sind. Dennoch geht die Rollentheorie davon aus, dass Vorstellungen über Rollen – verstanden als geplante (d.h. kollektiv normierte und individuell konzipierte) und von Repräsentanten realisierte Einstellungs- und Verhaltensmuster von Staaten im internationalen System – über das nationale Rollenkonzept gefasst werden. Staaten verfolgen demnach in ihrer Außenpolitik über längere Zeiträume hinweg weitgehend unveränderliche (oder nur geringfügig modifizierte) Leitlinien, die ihrerseits wiederum durch die außenpolitische Identität (also das Selbstverständnis eines Staates) geprägt sind. Wie die vorliegende Studie der russischen Außen- und Sicherheitspolitik am Beispiel der Zusammenarbeit mit den USA nach dem 11. September 2001 und des Georgienkrieges zeigt, stecken außenpolitische Rollenkonzepte den Handlungsrahmen ab, innerhalb dessen außenpolitisches Verhalten zu erwarten ist.

Der bemerkenswerte Ertrag der vorliegenden Studie betrifft zum einen die Rekonstruktion des russischen Rollenkonzeptes während der ersten beiden

Amtszeiten Putins, das sowohl an den Grundkonstanten russischer Außenpolitik als auch an der konzeptionellen Neuausrichtung unter Michail Gorbatschow anknüpft. Damit betritt die vorliegende Studie Neuland, denn bislang liegen kaum rollentheoretische Analysen zur russischen Außen- und Sicherheitspolitik vor. Zum anderen wird aber auch empirisch nachgezeichnet, dass das Verhalten Russlands sich in außen- und sicherheitspolitischen Krisen zu keinem Zeitpunkt außerhalb des vorgegebenen Rollenkonzeptes bewegte. Johann Zajaczkowski konstatiert für das russische Rollenkonzept zwar eine gewisse Ambivalenz, die sich aber auflöst, sobald man sich vom statischen Charakter von Rollenkonzepten löst und Elemente des Wandels einbezieht. Trotz der Tatsache, dass das russische Rollenkonzept unter den außenpolitischen Entscheidungsträgern zunehmend verinnerlicht wurde und seit Anfang der 1990er Jahre an Kohärenz gewonnen hat, macht der Verfasser in mehrfacher Hinsicht Rollenkonflikte in der Außen- und Sicherheitspolitik aus. Einerseits wird der russischen Außenpolitik eine gewisse „weltanschauliche Schizophrenie" attestiert, die in der Unterscheidung zwischen einer kompetitiven und einer kooperativen Sichtweise auf die internationale Ordnung zum Ausdruck kommt. Beispielhaft dafür ist die ambivalente russische Attitüde gegenüber dem Konzept der Multipolarität, das unter den russischen Eilten sowohl positiv als auch negativ besetzt ist. Andererseits kollidiert mitunter die Rolle des „Unabhängigen", der dem Souveränitätsprinzip weltweit Geltung verleiht, mit der Fremdwahrnehmung von Russland als „imperiale Macht" im GUS-Raum.

Noch gewichtiger als die Erhebung des russischen Rollenkonzeptes sind die Erträge der Untersuchung für das Rollenverhalten im Afghanistan- und Kaukasuskrieg. Insgesamt ergibt sich dabei für die russische Außen- und Sicherheitspolitik in Zentralasien und im Kaukasus ein bemerkenswert differenziertes Bild, das *Grosso Modo* den auf der Analyse des allgemeinen Rollenkonzeptes aufbauend formulierten Erwartungen entspricht. Es entsteht das Bild einer Großmacht, die eine hohe Statusorientierung aufweist und deren Rollensegmente im Rollenkonzept globalen Maßstäben verpflichtet sind. Gleichzeitig ist diese Großmacht – wie der Krieg in Georgien und die Kooperation mit den USA in Afghanistan gegen den internationalen Terrorismus zeigen – aber auch von der Einsicht getrieben, von einer „Großmachtorthodoxie" abzulassen, nach den Regeln der interdependenten Politik des 21. Jahrhunderts zu spielen und eine am nationalen Interesse orientierte Kooperationsflexibilität zu pflegen. Die Charakterisierung des russischen Rollenkonzeptes als „pragmatische Großmacht", mit der sich die Ergebnisse der vorliegenden Studie resümieren lassen, erscheint damit mehr als plausibel. Darin spiegeln sich nicht zuletzt die Ambivalenzen des russischen Selbstverständnisses zwischen einer aktiv-kooperativen und kompetitiven Macht, zwischen Souveränitätsfixierung und Kooperationsoffenheit und zwischen Anspruch und Wirklichkeit des neurussischen Status- und Großmachtstrebens wider.

Mit der vorliegenden Studie, die als Magisterarbeit an der Universität Trier entstanden ist, leistet Johann Zajaczkowski nicht nur einen eigenständigen Forschungsbeitrag zur russischen Außen- und Sicherheitspolitik, die Studie relativiert auch die bislang vorherrschenden theoretischen Befunde, wonach sich die außenpolitische Rollentheorie primär – und vielleicht ausschließlich – zur Analyse der Rollenbeziehungen zwischen demokratisch verfassten Staaten eigne.

Siegfried Schieder   Trier/Darmstadt, im Mai 2015

Abbildungs- und Tabellenverzeichnis

Abkürzungen

ABM-Treaty	Anti-Ballistic-Missile-Vertrag[1]
AI	Amnesty International
ATZ	Antiterrorismus-Zentrum
BBSR	Baltic-Black Sea Region
BIOst	Bundesinstitut für ostwissenschaftliche und internationale Studien
BIP	Bruttoinlandsprodukt
CFR	Council on Foreign Relations
EUMM	European Union Monitoring Mission
FSB	Föderaler Dienst für Sicherheit der Russischen Föderation
G8	Gruppe der Acht
GIS	Gemeinschaft Integrierter Staaten
GUS	Gemeinschaft Unabhängiger Staaten
IB	Internationale Beziehungen
IBU	Islamistische Bewegung Usbekistans
ICG	International Crisis Group
IFSH	Institut für Friedens- und Sicherheitspolitik der Universität Hamburg
IGH	Internationaler Gerichtshof in Den Haag
IIFFMCG	Independent International Fact-Finding Mission on the Conflict in Georgia
INTERFET	International Force East Timor
IPA	International Political Anthropology

---

1   Die deutsche Übersetzung hierfür lautet regelmäßig „ABM-Vertrag". Das Akronym ABM meint Raketen zur Abwehr ballistischer Flugkörper.

ISAF	International Security and Assistance Force
KPdSU	Kommunistische Partei der Sowjetunion
KSZE	Konferenz über Sicherheit und Zusammenarbeit in Europa
MAP	Membership Action Plan
MGIMO	Staatliches Moskauer Institut für Internationale Beziehungen
NA	Nordallianz
NGO	Nichtregierungsorganisation
NRC	National Role Concept
NRR	NATO-Russland-Rat
NVV	Nichtverbreitungsvertrag
OECD	Organization for Economic Co-operation and Development
OEF	Operation Enduring Freedom
OSZE	Organisation für Sicherheit und Zusammenarbeit in Europa
OVKS	Organisation des Vertrags für kollektive Sicherheit
PACE	Parlamentarische Versammlung des Europarates
PfP	Partnership for Peace
PKA	Partnerschafts- und Kooperationsabkommen
R2P	Responsibility to Protect
RF	Russische Föderation
RULAC	Rule of Law in Armed Conflicts Project
SAR	Search and Rescue
SOF	Special Operation Forces
SOZ	Shanghaier Organisation für Zusammenarbeit
SSR	Sozialistische Sowjetrepublik
SWP	Stiftung Wissenschaft und Politik

UdSSR	Union der Sozialistischen Sowjetrepubliken
UNOMIG	United Nations Observer Mission in Georgia
VKS	Vertrag für Kollektive Sicherheit
VN / UN(O)	Vereinte Nationen / United Nations (Organisation)
WTO	World Trade Organization

1. Einleitung

„Our foreign policy as it formed by the beginning of the 21st century is an alloy of the legacy of pre-revolutionary Russia and of the Soviet Union and, of course, the basically new approaches that were conditioned by the radical changes in our country and in the international area over the last decade" (I. Iwanow 2002b: 1).

Diese vom Außenminister der Russischen Föderation aufgestellte Behauptung enthält Elemente des Wandels und der Kontinuität. Dabei reicht schon ein flüchtiger Blick auf die sprunghafte und reaktive (vgl. Putin 2004a: 1) Außen- und Sicherheitspolitik Russlands in den 1990er Jahren aus, um der „Wandelhypothese" einen gewissen Wahrheitsgehalt zuzusprechen: So basierte die Formulierung der außenpolitischen Ziele, Strategien und Instrumente entweder auf dem kleinsten gemeinsamen Nenner der um die außenpolitische Deutungshoheit konkurrierenden Denkschulen,[2] oder aber sie beruhte auf der Durchsetzung einer bestimmten Denkschule (vgl. Lo 2002: 7f., 21). Während die erste Hälfte der 1990er Jahre unter Präsident Boris Jelzin und seinem atlantisch denkenden Außenminister Andrei Kosyrew[3] (vgl. Grossmann 2005: 335) als prowestliche und marktliberale Phase bezeichnet wird (vgl. Heikka 1999: 60), versuchte der nachfolgende, einer eurasischen Denkschule verhaftete Außenminister Jewgeni Primakow ab 1996 den Großmachtstatus Russlands wiederherzustellen (vgl. Müller 2012: 46).

Die „Kontinuitätshypothese" ist schwerer zu durchdringen. Dazu braucht es eine Theorie, die in der Lage ist, die großen Grundkonstanten außenpolitischer Verhaltensmuster nachzuzeichnen. Hierbei könnte sich die Rollentheo-

---

2   In der Forschung werden zahlreiche Denkschulen unterschieden, deren Merkmale sich teilweise überschneiden oder deckungsgleich sind. Im Wesentlichen lassen sich drei große Denkschulen identifizieren: Die liberale oder westliche Denkschule, die autoritäre oder staatszentrierte Denkschule sowie eine zivilisatorische, später auch als neo-sowjetisch bzw. eurasisch bezeichnete Denkschule (vgl. Chafetz 1996: 672f.; Tsygankow 2006b: 9; Müller 2012: 43).

3   Bei der Transkription ins Deutsche wird im Folgenden ausschließlich die gängige Duden-Transkription verwendet (siehe Duden 2006: 139). Bei Übersetzungen wird die jeweilige Originalsprache in eckigen Klammern beigefügt.

rie, die aus der Soziologie adaptiert und politikwissenschaftlich fruchtbar gemacht wurde, als geeignetes Analysewerkzeug erweisen. Sie fußt auf der zentralen Annahme, dass die

> „Außenpolitik eines Staates dauerhafte Einstellungen und Verhaltensmuster aufweist, die die Summe der geographischen, historischen und situativen Einflüsse und Erfahrungen einer Gesellschaft gewissermaßen in geronnener und verfestigter Form wiederspiegeln" (Kirste/Maull 1997: 1).

Die dauerhaften Einstellungen und Verhaltensmuster manifestieren sich in nationalen Rollenkonzepten, die von den nationalen Entscheidungsträgern internalisiert werden und den Orientierungsrahmen für angemessenes außenpolitisches Verhalten abstecken.

Eine Annäherung an die oben beschriebene Thematik aus einer rollentheoretischen Perspektive führt zu folgender Lesart: Mit dem Zusammenbruch der Sowjetunion ging eine tiefgreifende Identitätskrise (bzw. eine Auflösung des kollektiv geteilten Selbstverständnisses) Russlands als faktischen Nachfolgestaat[4] einher. Der ko-konstitutive Nexus zwischen der Identität des Staates und seinem außenpolitischen Verhalten (vgl. Aggestam 1999: 1) war nicht länger wirkmächtig, da für sicher geglaubte Gewissheiten über die Rolle Russlands in der Welt verlorengingen (vgl. Prizel 1998: 10). Gleichzeitig erwiesen sich die tiefliegenden Quellen der Identität als äußerst wandlungsresistent, da sich Staaten nicht einfach davon lösen können (vgl. Richter 1992: 274). Diese Beobachtung trifft auch auf Russland zu, welches aus einem zwar begrenzten, dafür aber sakrosankten Repertoire an identitären Quellen schöpft (vgl. Heinemann-Grüder 2001: 328).

Mit dem Beginn der ersten Amtszeit Putins ist Russland wieder als handelndes Subjekt auf die politische Weltbühne zurückgekehrt (vgl. Lo 2002: 8; Lynch 2012: 7) und scheint dabei eine feste Vorstellung von seinem Platz und seiner Rolle in der Welt zu haben (vgl. Haas 2009: 82; Müller 2012: 47). Für diesen Befund spricht auch die Tatsache, dass das Jahr 2000 – also das

---

4   Korrekterweise müsste man von „Fortsetzerstaat" sprechen, einer speziellen, von der russischen Führung entwickelten Konzeption, die auf die Bewahrung machtpolitischer Kontinuität gerichtet war (vgl. Unser 2008: 251).

Jahr der Wahl Putins zum Präsidenten der Russischen Föderation (RF)[5] – „could be considered as the year of completion of the process towards an integrated and comprehensive Russian security policy, after the ,roaring' 1990s" (Haas 2010: 16). Fast zeitgleich mit der Machtübernahme Putins stiegen die Einnahmen aus dem Energie- und Rohstoffsektor massiv – beflügelt durch einen Anstieg des Ölpreises von rund 30 Dollar auf 145 Dollar kurz vor dem Ausbruch der Finanzmarktkrise 2008 (vgl. Lynch 2012: 3) – und bescherten Russland einen Zuwachs an außenpolitischer Handlungsfreiheit. Die vorliegende Arbeit gründet auf der These, dass die unter Putin wiedergewonnene außenpolitische Handlungsfreiheit zur rollenkonzeptionellen Ausgestaltung jener dauerhaften Einstellungen und Verhaltensmuster genutzt wird, die tief in den identitären Code Russlands eingewoben sind.

---

5   Der verschiedentliche Gebrauch von Begriffen wie „Russland", „Russische Föderation", „Kreml", „Moskau" etc. dient – ebenso wie die Begriffe „USA", „Amerika", „Washington" usw. – der semantischen Abwechslung. Gemeint sind damit die außenpolitischen Entscheidungsträger. Die männliche Konnotation impliziert stets auch das weibliche Geschlecht.

1.1 Erkenntnisinteresse

Aus diesen Überlegungen ergibt sich die zentrale Frage der vorliegenden Arbeit: Wie nehmen die maßgeblichen außenpolitischen Entscheidungsträger das Rollenkonzept der russischen Föderation wahr und inwieweit orientieren sich die Entscheidungsträger in ihrem außenpolitischen Verhalten an diesem Rollenkonzept? Die Fragestellung beinhaltet die zwei wesentlichen Elemente der Arbeit: Zum einen wird untersucht, wie die Entscheidungsträger das Rollenkonzept ihres Landes selbst wahrnehmen und wie sie dieses sprachlich vermitteln. Zum anderen stellt sich die Frage nach der Bedeutung des Rollenkonzeptes für das konkrete außenpolitische Handeln. Stellt das Handeln eine sehr genaue Übersetzung des Rollenkonzeptes dar? Dient das Rollenkonzept lediglich als grober Orientierungsrahmen? Oder hat es überhaupt keinen Einfluss auf das Handeln und ist damit als rhetorische Augenwischerei komplett zu vernachlässigen?

Nicht untersucht wird der Umwandlungsprozess der der historischen Erfahrungen und Sedimente in einzelne Rollensegmente.[6] Der Schwerpunkt der vorliegenden Arbeit liegt auf der Außen-, und Sicherheitspolitik, daher werden wirtschaftlichen Aspekte des russischen Rollenkonzeptes lediglich kursorisch behandelt.

---

6   Dies erfordert eine „theory to explain when historical experiences do and do not translate into NRC [National Role Concept] components, as well as why some roles emerge while other conceivable roles do not" (Krotz 2002: 10).

1.2 Relevanz

Russland erlitt – bedingt durch das Ende des Kalten Krieges – einen politischen Bedeutungsverlust, der sich nicht zuletzt im abflachenden akademischen Interesse widerspiegelte. Bis heute ist daher festzustellen, dass sich die deutsche Russlandexpertise in einer Krise befindet (vgl. Sapper 2012: 505).[7] Die Untersuchung grundlegender Handlungsaxiome hoher Kontinuität könnte Rückschlüsse auf das zukünftige Verhalten Russlands ermöglichen (vgl. Chafetz 1996: 661). Zumindest ist jedoch ein besseres Verständnis für die Denkmuster russischer Entscheidungsträger zu erwarten – ein Mehrwert, der sich angesichts der stagnierenden Differenziertheit des öffentlichen Diskurses gegenüber der russischen Politik auszahlen (vgl. etwa Sapper/Weichsel 2008: 2) und zur besseren Erklärbarkeit russischen Verhaltens beitragen könnte. Aus theoretischer Sicht ist die vorliegende Arbeit in dreierlei Hinsicht relevant:

Erstens handelt es sich bei der vorliegenden Arbeit um eine Pilotstudie, da bislang noch kein induktives außenpolitisches Rollenkonzept für Russland entwickelt wurde – nicht zuletzt aufgrund einer Vielzahl von rollentheoretischen Annahmen, die den Kreis infrage kommender Untersuchungsobjekte a priori stark begrenzen (vgl. Gaupp 1983: 165f.) und kritisch hinterfragt werden sollen. Die vorliegende Arbeit verfolgt das Ziel, das Rollenkonzept mithilfe von ausgewählten Primärquellen zu erstellen.

Zweitens soll der Versuch einer engeren Verzahnung von Identitäts- und Rollentheorie unternommen werden, einem Vorschlag, der seit geraumer Zeit in der wissenschaftlichen Debatte kursiert. Der Mehrwert wird dabei insbe-

---

7   Gerade für Deutschland stellt dies einen unhaltbaren Zustand dar. Rund 6000 deutsche Firmen sind in Russland tätig; das Handelsvolumen lag zuletzt bei 28,1 Milliarden Dollar (vgl. Schewzowa 2013: 62) – damit ist Deutschland der weltweit drittgrößte Handelspartner Russlands (vgl. Auswärtiges Amt 2011). Umkehrt nimmt Russland den siebten Rang bei den deutschen Gesamtimporten ein. Die wichtigsten Exportgüter Russlands sind nach wie vor Erdöl und -gas. 2011 hat Deutschland mehr als ein Drittel seines Bedarfs an diesen strategisch wichtigen Rohstoffen aus Russland bezogen (vgl. Triebskorn 2012: 337). Historisch betrachtet ist das grundlegende Beziehungsmuster zwischen Deutschland und Russland in einem Spannungsfeld zwischen wirtschaftlicher Kooperation (und der damit einhergehenden Modernisierung Russlands) und geopolitischem Konflikt angesiedelt (vgl. Stent 2010: 248f.).

sondere bei der Untersuchung der Quellen einzelner Rollen gesehen (vgl. Kaarbo 2003: 160).

Drittens haben Rollentheoretiker die Existenz von multiplen Rollen zwar konstatiert,[8] doch sind diese bisher kaum auf ihr geographisches oder politikbereichsspezifisches Auftreten hin untersucht worden (vgl. Breuning 2012: 32f.; Holsti 1970: 298f.). Aus dem auf Kontinuität angelegten Wesen außenpolitischer Verhaltensmuster ergibt sich darüber hinaus die Notwendigkeit der Untersuchung längerfristiger Prozesse (vgl. Folz 2013: 75). Vor diesem Hintergrund wird das Falldesign so zugeschnitten, dass die Bedeutung des russischen Rollenkonzepts für das außenpolitische Verhalten im zeitlichen, räumlichen und sachlichen Wirkungszusammenhang überprüft werden kann.

Dementsprechend wird zunächst ein größeres Narrativ entwickelt, in welchem die Rollenwahrnehmung und das Rollenverhalten in der Außen- und Sicherheitspolitik der RF in Zentralasien bzw. im Kaukasus (räumlicher Zusammenhang) seit der Auflösung der Sowjetunion (zeitlicher Zusammenhang) skizziert werden. Damit lässt sich die eingangs erwähnte Wandelhypothese rollentheoretisch durchdringen. Dies geschieht stets in Hinblick auf die konkrete Bedeutung dieser Politik für zwei sicherheitspolitische Krisensituationen (sachlicher Zusammenhang), die sich während der ersten langen Amtszeit Putins (2000-2008) ereignet haben und den Schwerpunkt des empirischen Teils bilden: Es handelt sich um die Kooperation mit den USA im Rahmen der Terrorismusbekämpfung nach den Anschlägen auf das Word-Trade-Center am 11. September 2001 sowie den russisch-georgischen Krieg (Fünftagekrieg) im August 2008.[9] Sicherheitspolitik gilt traditionell als „hartes"

---

8   In einer quantitativen Untersuchung nationaler Rollenkonzepte kommt Holsti (1970: 277f.) zu dem Ergebnis, dass ein Staat – je nach Interpretation der Daten – zwischen 3,4 und 4,6 unterschiedliche Rollenkonzepte aufweist.

9   Der Fünftagekrieg in Georgien dürfte aus einer streng forschungslogischen Sicht nicht als Untersuchungsgegenstand dienen, da er sich unter der Amtszeit Medwedews ereignete, der am zweiten Mai 2008 ins Amt gewählt und am siebten Mai inauguriert wurde. Es lassen sich mindestens zwei Argumente ins Feld führen, weshalb die Fallauswahl dennoch legitim ist: So versicherte Medwedew während seines einzigen Wahlkampfauftrittes, den außenpolitischen Kurs Putins weiterführen zu wollen (vgl. Lynch 2012: 92). Darüber hinaus hat Putin die Außen- und Sicherheitspolitik während des Krieges maßgeblich mitgeprägt (vgl. ICG 2008a: 17) und zeichnet auch

und von nationalen Interessen dominiertes Politikfeld (vgl. Folz 2013: 73), weshalb eine Bezugnahme auf das Rollenkonzept zu erwarten ist. Darüber hinaus konstatieren Rollentheoretiker, dass Rollenkonzepte „insbesondere in außenpolitischen Krisensituationen [...] eine wichtige Orientierungshilfe dar[stellen]" (Folz 2013: 43). Der Fünftagekrieg als zwischenstaatlicher regionaler Konflikt stellt zweifellos eine solche Krisensituation dar und firmierte ganz oben auf der sicherheitspolitischen Agenda Russlands (vgl. Haas 2010: 8). Auch die Anschläge am 11. September erschütterten die internationale Staatengemeinschaft tiefgehend und wurden weithin als globale Krise wahrgenommen.

Die Leistung der Rollentheorie besteht darin, die russischen Verhaltensmuster in den beiden Krisen, die unterschiedlicher kaum gewertet werden können, unter das Rollenkonzept der Russischen Föderation zu subsumieren: Während die russische Unterstützung der US-Amerikaner als „profound reappraisal of Russia's national interests, reversing centuries-old imperial paradigms" (S. Medwedew 2004: v) gedeutet wurde, nährte der Fünftagekrieg in weiten Teilen des westlichen Medienbetriebes (vgl. Müller 2012: 5) den Verdacht, dass „an ‚imperial syndrome' remains explicit in many elite attitudes toward the CIS and more generally in the belief in Russia's global mission" (Lo 2002: 20).

---

für konkrete Entscheidungen während der Kriegsphase verantwortlich (vgl. Allison 2008: 1162, Fn. 64).

1.3 Forschungsstand

Im ersten Jahrzehnt nach der Auflösung der UdSSR überwogen in der Literatur zur russischen Außenpolitik liberale Forschungsansätze, die außenpolitische Orientierungsmuster auf die Durchsetzungsfähigkeit von bestimmten weltanschaulichen Gruppen zurückführten und dem mangelnden gesellschaftlichen Konsens über den zukünftigen Kurs des Landes geschuldet waren (vgl. Tsygankow 2006b: 11). Daneben führte die durch das Ende des Systemgegensatzes zwischen Ost und West begünstigte Ausdifferenzierung und sogenannte interpretative Wende[10] der Außenpolitikforschung zu einem Bedeutungszuwachs sozialkonstruktivistisch orientierter Forschung (vgl. Harnisch 2003: 319),[11] gleichzeitig kam es infolge der Öffnung des Landes zu einer Integration der Russlandforschung in bestehende Forschungsstränge und -paradigmen (vgl. Gelman 2011: 3f.). Daher arbeitete sich die Wissenschaft zu Beginn des neuen Jahrtausends insbesondere an konstruktivistischen Identitäts- und Diskurskonzepten ab (vgl. Hernández 2006: 2). Im Falle Russlands sind Ted Hopf und Andrei Tsygankow die exponiertesten Köpfe der konstruktivistischen Identitätsforschung. In zahlreichen Werken weisen sie einen Zusammenhang zwischen Identität und Außenpolitik Russlands nach. Während Hopf (1999; 2002; 2005) dabei einem breiten Identitätsbegriff verpflichtet ist, beleuchtet Tsygankow (2005; 2006a; 2006b; 2006c; 2007; 2009) insbesondere die unterschiedlichen Denkschulen der Elite. Auch „radikalere" poststrukturalistische Ansätze, etwa die Diskurstheorie von Laclau und Mouffe finden Anwendung. In dieser Hinsicht sind die Arbeiten Makaritschews (2005; 2008; 2009) für die Russlandforschung von großer Bedeutung.

In jüngster Zeit führt die anhaltende Enttäuschung über die ausbleibende Modernisierung und Demokratisierung Russlands sowie weiterer postsowjetischer Staaten zu einer (Re)naissance von „neo-Kremlinological stu-

---

10　Als interpretative Wende wird die dritte große Theoriedebatte in den Internationalen Beziehungen bezeichnet. Dabei geht es im Kern der Sache um die Auseinandersetzung zwischen positivistischen und im weitesten Sinne post-positivistischen Ansätzen (vgl. Schaber/Ulbert 1994: 139).

11　Der einstige Leiter des 2000 aufgelösten Bundesinstituts für ostwissenschaftliche und internationale Studien (BIOst), Gerhard Wettig, hat schon früh (1981: 115) implizit auf die Notwendigkeit einer konstruktivistisch motivierten Forschungsagenda im Bereich sowjetisch-amerikanischer Sicherheitsrezeption hingewiesen.

dies of the minutiae of leadership politics" (Sakwa 2011: 5) und begünstigt das Aufkommen neuer Forschungsansätze wie der „International Political Anthropology (IPA)", da „the micropolitical approach suggests that the study of the capillaries of power at the meso-level can provide important insights" (ebd.: 7).[12]

Insgesamt ist die russische Außenpolitik durch eine Fülle an Publikationen[13] gut erschlossen, wobei englischsprachige Werke mit einem sicherheitspolitischen Fokus dominieren. Der Sammelband „Russia as a Great Power" (Hedenskog et al. 2005) stellt ein gutes konstruktivistisch orientiertes Standardwerk dar, das auch alternierenden (realistischen, institutionalistischen) Erklärungsansätzen Raum gibt. Für den deutschsprachigen Raum ist insbesondere der 2003 von der Stiftung Wissenschaft und Politik (SWP) publizierte umfassende Sammelband zur russischen Außenpolitik im postsowjetischen Raum (Alexandrova et al. 2003) zu nennen. Das erste Fallbeispiel stützt sich maßgeblich auf die Monographie „Air Power Against Terror" von Lebath (2005), die minutiöse Informationen über den Ablauf des Afghanistankrieges bereithält. Der Georgienkrieg stößt in der Forschung bis heute auf reges Interesse und ist Gegenstand zahlreicher Zeitschriftenartikel. Darüber hinaus beschäftigten sich mehrere Nichtregierungsorganisationen (NGO's) wie etwa die International Crisis Group (ICG) oder auch staatliche Akteure wie die Independent International Fact-Finding Mission on the Conflict in Georgia (IIFFMCG) der Europäischen Union (EU) mit der Krise und veröffentlichten umfassende Publikationen dazu.

Auch die Rollentheorie ist gut erschlossen und wurde stetig weiterentwickelt, darunter von Walker (1979; 1987) und Gaupp (1983) im deutschsprachigen Bereich. Im Rahmen der konstruktivistischen Rollentheorie sticht insbesondere die Trierer Schule hervor: Während die Rollentheorie von Kirste (1998), Maull (1997), Frank (2007; 2011) und nicht zuletzt Folz (2013) mit vergleichenden Außenpolitikanalysen der Länder Deutschland, USA, Polen und Schweden zusammengebracht wurde, beschäftigte sich Harnisch (2009;

---

12   Beispiele hierfür etwa Urban (2010) und Müller (2012).
13   Die Forschungsstelle Osteuropa der Universität Bremen erstellt jedes Quartal einen bibliographischen Bericht über neue englisch- und deutschsprachige Publikationen zum Thema russischer Außenpolitik. Das Archiv kann auf der Seite www.laenderanalysen.de unter dem Menüpunkt Bibliographies eingesehen werden.

2011) insbesondere mit dem Wandel von Rollenkonzepten und nationalen außenpolitischen Identitäten.

Rollentheoretische Arbeiten mit Russlandbezug sind indes rar gesät. Holsti (1970) nennt in seiner quantitativen Arbeit mehrere Rollenkonzepte, die sich die Entscheidungsträger der Sowjetunion während seines Untersuchungszeitraumes (1962-67) zu Eigen gemacht haben. Chafetz (1996) zeichnet die divergierenden Rollenkonzeptionen der Machthaber der postsowjetischen Ära nach. Thibault und Lévesque (1997) zeigen mithilfe der Rollentheorie den Zusammenhang zwischen Status, Identität und Rolle auf. Grossman (2005) argumentiert, dass sich mit der Rollentheorie Wandel vorhersagen lasse. In seiner Untersuchung deckt er den Zusammenhang zwischen dem Wandel des russischen Abstimmungsverhaltens im Sicherheitsrat der Vereinten Nationen (UN) und dem Wandel des russischen Rollenkonzeptes in den 1990ern auf. Erst 2013 beschäftigte sich ein großes Projekt am Institut für Friedens- und Sicherheitspolitik der Universität Hamburg (IFSH) unter dem Titel „Das Streben nach Respekt. Eine Untersuchung der sozio-emotionalen Dimension in Russlands Beziehungen zum Westen" ausführlicher mit diesem Thema (vgl. Heller 2013).

1.4 Methodik und Aufbau

Die Arbeit ist angelegt als vergleichende Außenpolitikanalyse. Aus dem nationalen Rollenkonzept Russlands ergeben sich die Spielräume angemessenen Verhaltens, die mit dem konkreten außenpolitischen Verhalten Russlands abgeglichen werden. Dadurch lässt sich die Übereinstimmung zwischen Rhetorik und Verhalten untersuchen (vgl. Hudson 1999: 769). Die Erstellung des Rollenkonzeptes erfolgt über eine qualitative Inhaltsanalyse außenpolitischer Texte (Reden, Interviews, Zeitschriftenartikel) und Schlüsseldokumente (Sicherheitsstrategien, Weißbücher etc.). Das Vorgehen ist induktiv, so dass die relevanten Elemente des nationalen Rollenkonzeptes erst im Laufe des Forschungsprozesses identifiziert werden.[14] Das methodische Vorgehen wird in Kapitel 2.3 eingehend erläutert.

Zunächst werden die Grundlagen der Rollentheorie als Instrument der Außenpolitikanalyse skizziert und das methodische Vorgehen offengelegt (Abschnitt 2). Anschließend wird das Rollenkonzept für die Russische Föderation erarbeitet (Abschnitt 3) und die russische Außen- und Sicherheitspolitik seit der Auflösung der SU im Kaukasus und in Zentralasien skizziert (Abschnitt 4). Auf dieser Grundlage wird anschließend das Verhalten Russlands in den beiden genannten Krisensituationen überprüft (Abschnitte 5 und 6). Im Schlussteil (Abschnitt 7) werden die Ergebnisse zusammengefasst und einem kritischen Resümee unterzogen.

---

14 Damit weicht das Vorgehen ab von der Methode Maulls, dessen idealtypische Werte, Ziele, Verhaltensweisen und Instrumente einer Zivilmacht in Teilen von Senghaas' zivilisatorischem Hexagon deduziert sind (vgl. Kirste/Maull 1997: 23; siehe auch Folz 2013: 29). Holsti (1970) wählt ebenfalls einen induktiven Ansatz; dieser ist jedoch quantitativ orientiert und unterscheidet sich daher in diesem wesentlichen Punkt von der vorliegenden Arbeit.

2. Die Rollentheorie als Instrument der Außenpolitikanalyse

„Und wie lässt sich nachweisen, dass Iwan der Schreckliche (16. Jahrhundert) Verantwortung für Jelzins und Putins Politikstil trägt?" (Heinemann-Grüder 2001: 328).

Im Folgenden wird zunächst die wissenschaftshistorische Herkunft der Rollentheorie erläutert und ihr metatheoretisches Grundgerüst bloßgelegt. Anschließend werden relevante Begriffe definiert und voneinander abgegrenzt. Im letzten Unterkapitel werden zur besseren Nachvollziehbarkeit das methodische Vorgehen und die Operationalisierung erläutert.

2.1   Herkunft und theoretische Verortung

Die Rollentheorie wurde in den späten 1920ern in der Soziologie und benachbarten Disziplinen entwickelt (vgl. Adigbuo 2007: 88), um das Verhalten von Individuen und Gruppen (oder auch weiter gefassten sozialen Strukturen) im Rahmen sozialer Beziehungen (vgl. Kirste/Maull 1997: 4) zu erklären (vgl. Gaupp 1983: 21). Der Begriff „Rolle" wurde verstanden als „Verhalten, das vom Inhaber einer bestimmten gesellschaftlichen Stellung [...] im Umgang mit anderen allgemein erwartet wird" (ebd.). Deutlich wird hier der Einfluss von George Herbert Mead als einem der Pioniere der Rollentheorie, der zwischen dem *Self* – also den eigenen Rollenzuschreibungen – und dem *Alter*, also den Fremdzuschreibungen bzw. Verhaltenserwartungen anderer Personen unterschied (vgl. Holsti 1970: 237). Soziologen maßen den an den Inhaber einer Rolle herangetragenen Verhaltenserwartungen die größere Bedeutung bei, da Individuen in ein dichtes soziales Beziehungsgeflecht eingebettet sind, das vielfältige und unmittelbare Sanktionsformen kennt und dadurch verhaltensdisziplinierend wirken kann (vgl. Kirste/Maull 1997: 4f.).

Ab 1970 wurde die Rollentheorie von der Außenpolitikforschung adaptiert und zur Außenpolitikanalyse herangezogen.[15] Der frühe, in den USA entwickelte Zweig der Rollentheorie richtete sein Augenmerk nun vornehmlich auf den *Self-* bzw. *Ego-part* einer Rolle[16] (vgl. Folz 2013: 35) und sah in

---

15   Dabei stellte sich die Frage nach der Übertragbarkeit des soziologischen Konzeptes in die Politikwissenschaft. Grundsätzlich sind solche „Theorieverpflanzungen" (Gaupp 1983: 22) üblich, insbesondere aus der Soziologie als „Konzept- und Hypothekenreservoir" in die Politikwissenschaft. Eine Übertragung ist deshalb unproblematisch, weil die Disziplinen zwar unterschiedliche Akteurstypen betrachten (hier Staaten, dort Individuen), sich aber beide mit Beziehungen zwischen den Akteuren beschäftigen (vgl. ebd.: 22f.). Darüber hinaus ist das internationale System als „letztlich aus Menschen zusammengesetztes und in menschlichem Verhalten sich manifestierendes Gebilde den selben Prinzipien sozialen Lebens unterworfen [...] wie eine Gesamtgesellschaft und ihre Untereinheiten" (ebd.: 160). Zur Übertragbarkeit der Rollentheorie auf die Russische Föderation siehe Abschnitt 2.4.

16   Holsti (1970: 243) sieht die Konzentration auf den *Ego-part* dadurch bedingt, dass die „national sovereignty makes the impact of prescriptions external to the nation relatively small." Gaupp (vgl. 1983: 87ff.) bietet einen kritischen Überblick über den innerhalb der Politikwissenschaft häufig auf den *Ego-part* beschränkten Rollenbegriff. Es scheint plausibel, die in den letzten Jahrzehnten erfolgte stetige Intensivierung der transnationalen Beziehungen als Indiz für die Heranbildung einer internationalen

den Rollenvorstellungen individueller Entscheidungsträger den Schlüssel zum Verständnis außenpolitischen Verhaltens. Die Rollenvorstellungen wurden dabei über das nationale Rollenkonzept analytisch gefasst. Dieses

> „includes the policymakers' own definitions of the general kinds of decisions, commitments, rules and actions suitable to their state, and of the functions, if any, their state should perform on a continuing basis in the international system or in subordinate regional systems. It is their ‚image' of the appropriate orientations or functions of their state toward, or in, the external environment" (Holsti 1970: 245f.).

Auffallend hierbei ist der Widerspruch zwischen dem dieser Definition inhärenten Akteurbild des *Homo Sociologicus*, der nach der Logik der Angemessenheit handelt (vgl. Folz 2013: 41) und somit eher einem konstruktivistischen Weltbild entspricht,[17] und dem Vorrang systemischer (insb. neorealistischer) Erklärungsmuster in jener Zeit, die den Schwerpunkt legten auf „decision makers' perceptions of the constraints and opportunities presented by the international environment rather than on domestic sources of role conceptions" (Breuning 2011: 17).

Im Zuge der interpretativen Wende[18] in den 90er-Jahren wurde die Rollentheorie zum programmatischen Bestandteil des konstruktivistischen Forschungsparadigmas und konnte sich dadurch von ihren „realistischen Altlasten" lösen. Damit ging eine Übernahme der konstruktivistischen Grundannahmen einher (vgl. Folz 2013: 40), außerdem kam es – bedingt durch die Unzulänglichkeiten systemischer Faktoren bei der Erklärung des Ende des Kalten Krieges – zu einer Rückbesinnung auf die Akteursebene (vgl. Harnisch 2003: 319). Die in der vorliegenden Arbeit verwendete Ausprägung der Rollentheorie fußt auf folgenden metatheoretischen Grundannahmen:

(1) Konstruktivistische Ansätze fußen auf den Prämissen einer ideellen Ontologie. Die Beschaffenheit der Welt basiert folglich auf ideellen, d.h. intersubjektiv geteilten Strukturen, die erst durch den ihnen zugewiesenen Bedeutungsinhalt zu objektiven Tatsachen werden. Dasselbe gilt auch für mate-

---

Gemeinschaft anzusehen (vgl. Kirste/Maull 1997: 7). Dadurch käme den Fremderwartungen – analog zur interpersonalen Rollentheorie – größere Bedeutung zu.

17   Dazu Breuning (2011: 19): „Holsti adopted a position that may be classified as constructivist, but he did so well before constructivism was part of the intellectual landscape of international relations."

18   Siehe hierzu Fußnote 10.

rielle Faktoren und Strukturen (vgl. Ulbert 2005: 5). In dieser Hinsicht ergibt sich die Bedeutung eines Rollenkonzeptes aus dem intersubjektiv geteilten Bedeutungsinhalt, den außenpolitische Entscheidungsträger diesem zuweisen.

(2) Das Akteurskonzept basiert auf dem *Homo Sociologicus*, der nach der Logik der Angemessenheit handelt und in ein Netz von Normen und Werten eingebunden ist (vgl. Kirste/Maull 1997: 2). Die Akteure „unterscheiden sich im Hinblick auf kognitive Variablen [...] qualitativ und grundsätzlich" (Kirste 1998: 27) voneinander. Damit verbunden ist die Art der Präferenzbildung. Diese unterliegt nicht den systemischen Zwängen einer anarchischen internationalen Staatenwelt (vgl. Hernández 2006: 4), sondern findet endogen statt. Die Ziele und Interessen von Staaten sind damit wandelbar (vgl. Ulbert 2006: 412) und entstehen „vor dem Hintergrund subjektiver Faktoren, historisch-kultureller Erfahrungen und institutioneller Einbindungen" (Schaber/Ulbert 1994: 142).

(3) Die dritte große Theoriedebatte in den Internationalen Beziehungen (IB) kreist um das Akteur-Struktur-Problem. Dieses beschäftigt sich mit der Frage, wie sich soziale Phänomene erklären lassen: Mithilfe individualistischer Erklärungsmuster auf der Ebene der Akteure oder über strukturalistische Erklärungsmuster auf systemischer Ebene (vgl. Ulbert 2006: 416). Die Rollentheorie stellt einen Mittelweg zwischen der holistischen und der individualistischen Position dar (vgl. Beneš 2011: 13).[19]

(4) Die Epistemologie konstruktivistischer Ansätze geht davon aus, dass Wissen über die Welt nur über kollektiv geteilte Zeichensysteme wie Sprache und Symbole erschlossen werden kann und diese sowie andere soziale Praktiken (wie etwa der Diskurs) die Welt als solche erst konstruieren (vgl. Ulbert 2005: 10). Die Wissensgenerierung erfolgt dabei über verstehende Interpretation. Die Rollentheorie „produces interpretative knowledge rather than causal

---

19   Auf dieser Integrationsoffenheit gegenüber den möglichen Analyseebenen Individuum – Staat – System basiert das Potential der Rollentheorie zur Überwindung des Akteur-Struktur-Problems: Auf der Mikroebene tritt der Einfluss des nationalen Entscheidungsträgers – sein persönliches Weltbild – auf das Rollenkonzept in den Vordergrund (vgl. Kirste/Maull 1997: 10f.). Auf der (sub)staatlichen Ebene wird dieser angesehen als „institutional actor, in which top officials express the continuity of its institutions" (Thies 2009: 14). Auf systemischer Ebene wird der Einfluss des Systems selbst auf das Rollenkonzept untersucht (vgl. ebd.: 20).

explanations" (Beneš 2011: 7). Damit richten sich der Konstruktivismus und die Rollentheorie gegen ein positivistisches Wissenschaftsverständnis (vgl. Harnisch 2003: 330).

Zusammenfassend kann man die hier praktizierte Spielart der Rollentheorie als konstruktivistischen, reflexiv-interpretativen Ansatz (vgl. Schaber/Ulbert 1994: 140) kategorisieren, der an der Schnittstelle zwischen Außenpolitikanalyse und Konstruktivismustheorie ansetzt (vgl. Beneš 2011: 12).

2.2 Definition und inhaltliche Verortung

Um aus der Mittlerposition der Rollentheorie den größten Mehrwert ziehen zu können, muss der Rollenbegriff sowohl systemische als auch staatliche Einflüsse integrieren (vgl. Kirste/Maull 1997: 8). Daher sollen Rollen verstanden werden als „geplante – d.h. kollektiv normierte und individuell konzipierte – und von Repräsentanten realisierte Einstellungs- und Verhaltensmuster von Staaten [...] in internationalen Systemen" (Gaupp 1983: 109).

Die kollektive Normierung erfolgt durch den *Ego-* und den *Alter-part* einer Rolle, also die Eigen- und die Fremderwartungen. Während sich erstere auf das kollektive Selbstverständnis eines Akteurs bzw. die Selbstwahrnehmung beziehen, die dieser von seiner eigenen Rolle hat, geht es bei letzteren um die Erwartungen anderer Akteure bzw. systemische Einflüsse (vgl. Kirste/Maull 1997: 9). Das Gros der rollentheoretischen Arbeiten geht davon aus, dass die Eigenerwartungen der Akteure die Außenpolitik stärker beeinflussen als die Fremderwartungen. Nicht so der Einfluss des signifikanten *Alter*. Dieser übt einen signifikanten Einfluss auf den *Ego-part* einer Rolle aus und kann sogar einen Rollenwandel auslösen (vgl. Folz 2013: 46). Die Bezugnahme auf einen signifikanten *Alter* basiert häufig auf den historischen Erfahrungen des Rollenträgers (vgl. Harnisch 2011: 12).

Die Gesamtheit aller Rollen stellt ein komplexes Rollenbündel dar (vgl. Kirste/Maull 1997: 10) und soll im Folgenden als Rollenkonzept verstanden werden. Dieses umfasst sämtliche „general kinds of decisions, commitments, rules and actions suitable to their state" (Holsti 1970: 245f.). Ein einzelnes Rollenkonzept kann mehrere Rollen umfassen, die sich wiederum aus einzelnen Rollensegmenten[20] zusammensetzen, in verschiedenen Kontexten hand-

---

20   Der Begriff „Rollensegment" wird unterschiedlich verwendet. Die vorliegende Arbeit folgt dem hierarchischen Verständnis von Folz (2013: 90), die unter die jeweiligen Rollen verschiedene Rollensegmente subsumiert. Vogel (2010: 119-126) versteht darunter ein bestimmtes Rollenverhalten gegenüber einem bestimmten Rollenpartner und stellt folglich das Rollensegment Indien-China auf. Beide Lesarten lassen sich auf eine jeweils andere soziologische Schwerpunktsetzung zurückführen. So schreibt der Soziologe Erving Goffman, dass jede Rolle in Rollensegmente zerfällt, die sich wiederum einem bestimmten Rollenpartner zuweisen lassen. Er nennt die Beispiele Arzt-Krankenschwester sowie Arzt-Patient. Dies entspricht dem Verständnis von Vogel. Goffman schreibt jedoch weiter, dass im Laufe der Zeit die rela-

lungsleitend werden und in Widerspruch zueinander stehen können, ohne dadurch das ganze Rollenkonzept in Frage zu stellen (vgl. Kirste/Maull 1997: 9). Dabei unterscheidet man zwischen *inter-* und *intra-*Rollenkonflikten. Erstere entstehen durch widersprüchliche Anforderungen unterschiedlicher Rollen eines Rollenkonzeptes, letztere durch divergierende Eigen- und Fremderwartungen.

Rollenkonzepte sind Produkt und Bestandteil der außenpolitischen Kultur eines Staates. Diese lässt sich in einem umfassenden Sinne definieren als

> „Summe der in einer Gesellschaft vorherrschenden Einstellungen und Wertvorstellungen zur Außenpolitik, die sich – mit ihren wesentlichen, breit geteilten und gesamtgesellschaftlich verankerten Elementen – zu außenpolitischen Identitäten bzw. zu umfassenden nationalstaatlichen Rollenkonzepten verdichten [können]" (Maull 2001: 4).[21]

Vor diesem Hintergrund sollen außenpolitische Rollenkonzepte als handlungsanleitende und sprachlich vermittelte Verfestigungen einer außenpolitischen Kultur verstanden werden.

Ähnliches gilt für die Identität eines Staates. Aufgrund der inhaltlichen Nähe von identitäts- und rollentheoretischen Ansätzen[22] und begrifflichen Überschneidungen (vgl. Breuning 2011: 22) ist eine Abgrenzung der Konzepte angebracht. Beide Ansätze befassen sich im weitesten Sinne mit ideellen Erscheinungsformen, doch während die Identität ausschließlich auf die „Idee von sich selbst" beschränkt bleibt, kommt einer Rolle – wie schon die Abgrenzung zur außenpolitischen Kultur gezeigt hat – eine handlungsanleitende Funktion zu (vgl. Harnisch 2003: 331ff.). Darüber hinaus sind Identitäten als kollektiv geteilte Ideen in und von der Gesellschaft zwangsläufig breit angelegt und weisen einen „more amorphous and more deeply psychological" (Breuning 2012: 21) Charakter auf als soziale Rollen. Aus dieser Unterschei-

---

tionale Bindung der Rollensegmente zum Rollenpartner zerfalle und sich dadurch unabhängige Rollensegmente bilden (vgl. Goffman 1973: 96). Dies wiederum entspricht eher der Sichtweise von Folz.

21   Einen umfassenden Überblick über Ansätze zur Nutzbarmachung des Konzepts der Kultur in der Politikwissenschaft bieten Jetschke und Liese (1998: 149-179).

22   Dies hängt mit dem gleichzeitigen Auftreten beider Ansätze im Rahmen der konstruktivistischen Wende zusammen (vgl. Folz 2013: 34).

dung ergibt sich eine Reihe gewichtiger methodischer Probleme.[23] Um identitätstheoretische Zugänge dennoch für die vorliegende Arbeit fruchtbar zu machen, soll Identität verstanden werden als „not in an abstract sense, as part of the broader cultural system, but how decision-makers and those with an influence on them view that political project" (Hernández 2006: 13f.). Indem außenpolitische Entscheidungsträger die Bezugspunkte versprachlichen, machen sie deutlich, welche identitären Elemente sie als handlungsanleitende Bestandteile des nationalen Rollenkonzeptes ansehen (vgl. Kirste/Maull 1997: 26).

Diese Überlegungen dienen der Nutzbarmachung der Quellen nationaler Rollenkonzepte. Diese basieren auf einer komplexen Mischung nationaler und internationaler ideeller und materieller Faktoren, die jegliche analytische Trennschärfe vermissen lassen und alles und nichts umfassen.[24] In dieser

---

23   So gehen beide Ansätze von unterschiedlichen Analyseebenen und Untersuchungsgegenständen aus. Identitätstheoretiker wie Hopf (1999, 2002; 2005) begreifen die Herausbildung von Identität eher als *Bottom-up*-Ansatz, bei dem die Entscheidungsträger eingebettet sind in die kognitive Sozialstruktur ihrer Gesellschaft und von den dort zirkulierenden Ideen beeinflusst werden (vgl. Hernandez 2006: 14f.). Als Konsequenz fiele die Datenbasis zur Ermittlung von Identitäten sehr umfassend aus und müsste neben Publikationen von einflussreichen Intellektuellen (vgl. Lomagin 2005: 261) auch Fachzeitschriften, Zeitungen, Romane, Memoiren und sogar *Science-Fiction* beinhalten (vgl. Hopf 2002: 34f.). Hopf geht es dabei in methodischer Hinsicht um die analytische Trennung des Identitätsdiskurses von der abhängigen Variable und damit um die Vermeidung von Tautologien (vgl. Hopf 2005: 233). Rollentheoretiker begreifen die Herausbildung eher als *Top-down*-Ansatz und verweisen auf den Informationsvorsprung und die meinungsbildende Macht außenpolitischer Eliten (so etwa Folz 2013: 42f.). Dementsprechend argumentiert Krotz (2002: 6f.): „However, given that the distance is shortest between national interest formation and policy formulation and what is shared among public elites, their advisors, and professional observers near the centers of authority, these groups deserve priority when researching and coding an NRC."

24   Auf nationaler Ebene können sich die Eigenerwartugen ableiten von „location and major topographical features of the state; natural, economic and technical resources; available capabilities; traditional policies; socio-economic demands [...]; national values, doctrines, or ideologies; public opinion ‚mood'; and the personality or political needs of key policymakers" (Holsti 1970: 246). Auf internationaler Ebene kommen als mögliche Quellen für die Fremderwartungen in Betracht „the structure of the international system; system-wide values; general legal principles which ostensibly command universal support [...]; and the rules, traditions, and expectations of states as expressed in the charters of international and regional organizations [...]; and less formal or implicit commitments and ‚understandings'" (ebd.).

Hinsicht trägt der konstruktivistische Entstehungsmechanismus der nationalen Rollenkonzepte maßgeblich zu einer Reduktion bei: Da Rollenkonzepte als „intersubjective products of history, memory, and socialization" (Krotz 2002: 9) entstehen, lassen sich die möglichen Faktoren auf solche eingrenzen, denen vonseiten der Entscheidungsträger ein bestimmter Bedeutungsinhalt beigemessen wird.

Rollenkonzepte beeinflussen das Rollenverhalten, also das „tatsächliche Verhalten eines staatlichen Rolleninhabers in konkreten Situationen außenpolitischer Interaktion" (Kirste/Maull 1997: 10), auf drei Ebenen: „NRCs [...] prescribe, proscribe, and induce preferences regarding process and style of policy- and decision-making" (Krotz 2002: 9). Rollenkonzepte sind also keine verhaltensdeterminierenden Variablen, sondern konstituieren lediglich den Rahmen, in dem sich außenpolitisches Verhalten abspielen kann (vgl. Kirste/Maull 1997: 8). „Roles are neither deterministic nor infinitely elastic" (Chafetz 1996: 664).

Damit ist die Frage verknüpft, wer genau als Rollenträger fungiert und damit innerhalb dieses Rahmens als Akteur in Erscheinung tritt. Anders als in der soziologischen Rollentheorie, in der das Individuum gleichzeitig Positionsinhaber und Rollenträger ist, geht man in der reflexiv-interpretativen Rollentheorie von einer Trennung zwischen dem Staat als dem Positionsinhaber und den staatlichen Repräsentanten als den Rollenträgern aus (vgl. Gaupp 1983: 158). Dies impliziert aus forschungslogischer Sicht einen Vorrang der staatlichen gegenüber der individuellen Analyseebene, denn während die Repräsentanten eines Staates etwa aufgrund zeitlich begrenzter Amtsperioden einem Wandel unterworfen sind, ist die Existenz von Staaten in der Regel von einer stärkeren Kontinuität geprägt. Insofern stellt „individuelles Verhalten staatlicher Repräsentanten also eine Ableitung des außenpolitischen Rollenkonzeptes einer Nation dar [...]" (Kirste/Maull 1997: 5f.). Somit weisen Rollenkonzepte einen längerfristigen, statischen Charakter auf. Sie werden über Sozialisations- und Lernprozesse internalisiert.[25] Je stärker ein Rollenkonzept in der außenpolitischen Kultur verankert ist, desto deutlicher wird es die Bandbreite außenpolitisch angemessener Entscheidungen vorzeichnen

---

25 Für eine ausführliche Auseinandersetzung mit Sozialisation- und Lernprozessen und Abstufungen von Rollenwandel siehe Harnisch (2011: 252-255).

(vgl. Holsti 1070: 298). Im Gegensatz dazu verliert ein Rollenkonzept insbesondere dann an analytischem Wert, wenn es im Kreis der Repräsentanten umstritten oder undeutlich und vage ausformuliert ist (vgl. Krotz 2002: 7).

2.3 Methodisches Vorgehen und Operationalisierung

Bislang findet die Rollentheorie in der Politikwissenschaft nur in beschränktem Maße Anwendung, obwohl zu ihren Vorzügen „conceptual rigor, methodological openness and rich empirical applications" (Beneš 2011: 1) gehören. Auf der anderen Seite der Medaille steht der Vorwurf der Methodenarmut (vgl. Walker 1979: 176), der eine konsequente Fortentwicklung und kontinuierliche Handhabung der Theorie erschwert (vgl. Folz 2013: 38). Daher ist es sinnvoll, bei der Methodik besondere Sorgfalt walten zu lassen[26] und auf bewährte rollentheoretische Methoden zurückzugreifen (vgl. Thies 2009: 32).

Ausgangspunkt der methodischen Überlegungen ist die Verankerung der Rollentheorie im konstruktivistischen Zweig der IB: Dieser hebt die zentrale Bedeutung der Sprache „als Mittel des Denkens und Erkennens" (Ulbert 2006: 427) hervor.[27] Dabei wird im Sinne des Repräsentationsmodells von Osgood davon ausgegangen, dass die Analyse von Texten Rückschlüsse auf die Einstellung und Intention des Sprechers ermöglicht (vgl. Merten 1995: 112).

Vor diesem Hintergrund bietet sich die qualitative Inhaltsanalyse als geeignete Methode zur Erhebung der sprachlich konstruierten Wirklichkeit an (vgl. Wagner 2006: 171). Mit ihr sollen verschriftlichte Sprechakte relevanter außenpolitischer Entscheidungsträger untersucht werden. Da sich das Regierungssystem Russlands als präsidentiell-parlamentarisches Mischsystem bezeichnen lässt – dem Semipräsidentialismus Frankreichs nicht unähnlich –,

---

26 Ulbert (2005: 17) kritisiert, dass „die geforderte Offenlegung der Methoden häufig bei konstruktivistischen Analysen [fehlt], von der Reflexion der methodischen Herangehensweise ganz zu schweigen".

27 Nach dieser Lesart wird Sprache als soziale Handlung begriffen, da sie maßgeblich zur Schaffung von kollektiven Bedeutungsinhalten – und damit von Realität – beiträgt (vgl. Ulbert 2006: 427, 429). Auch Aggestam (1999: 10) und Prestre (1997: 14) verstehen die Rede in Anlehnung an Eban (1983) als „an incisive form of action". Zur besseren Abgrenzung zwischen einem rhetorischen Sprechakt und konkreten außenpolitischen Handlungen dient der Verweis auf die oben formulierte Definition von Rollenverhalten, die auf direkte Formen der Einflussnahme und somit konkrete außenpolitische Handlungen – und weniger auf die Schaffung intersubjektiver Bedeutungszusammenhänge – abzielt. Walker (1979: 174) trifft hier eine qualitative Unterscheidung: „The rhetorical component of foreign policy defines the normative criteria for the enactment of the role".

kommt dem Präsidenten formal und *de facto* die größte Machfülle zu (vgl. Mommsen 2010: 423).[28] Diese reicht insoweit in die außenpolitische Sphäre hinein, als der Präsident den „maßgeblichen Kurs der Außenpolitik" [основные направления [...] внешней политики государства] (Russische Verfassung 1993: Art. 80 Abs. 4) bestimmt.[29] Somit muss der Untersuchungsfokus insbesondere auf den Sprechakten des Präsidenten als dem maßgeblichen außenpolitischen Entscheidungsträger liegen.[30] Weitere relevante Entscheidungsträger sind die jeweiligen Außenminister und ihre Stellvertreter. Diese zeichnen sich durch eine hohe Redenfrequenz aus. Als weitere staatliche Rollenträger werden angesehen: Ministerpräsidenten, Pressesprecher und Botschafter sowie deren offizielle Stellvertreter.

Das Ziel der qualitativen Inhaltsanalyse ist die systematische, das heißt regel- und theoriegeleitete Interpretation von sprachlich fixierter Kommunikation, die nicht nur den Kommunikationsinhalt, sondern auch den – weiter gefassten – Kommunikationsgehalt im Blick hat (vgl. Mayring 2008: 11f.). Für eine gute Inhaltsanalyse sind drei Punkte wesentlich:

- Die Entstehungsbedingungen des ausgewählten Materials müssen reflektiert und das Material in den Kommunikationszusammenhang eingebettet werden.
- Das theoretische und implizite Vorverständnis muss dargelegt werden.
- Der latente und tiefgehende Sinngehalt muss erfasst werden (vgl. Mayring 2008: 29; 42).

---

28 Dies wurzelt in der verfassungsrechtlich festgeschriebenen Kompetenz des Präsidenten, das „koordinierte Funktionieren und Zusammenwirken der Organe der Staatsgewalt zu gewährleisten" [Президент [...] обеспечивает согласованное функционирование и взаимодействие органов государственной власти] (Russische Verfassung 1993: Art. 80 Abs. 2).
29 Diese formale Kompetenz bekräftigte Putin bei seinem Amtsantritt gegenüber dem Diplomatenkorps deutlich (vgl. Wipperfürth 2011: 58). Für eine ausführliche Auseinandersetzung mit den staatlichen Akteuren russischer Außenpolitik siehe Schneider (2003: 73-97); für eine Bewertung des Einflusses staatlicher Akteure speziell im GUS-Raum siehe Lapina (2003: 106-121).
30 Nicht so in parlamentarischen Regierungssystemen. Dort findet die politische Selbstverortung im Parlament durch Angehörige der Regierung statt, wodurch sich dieses „in besonderer Weise zur Erhebung von Wirklichkeitskonstruktionen" (Wagner 2006: 174) eignet.

Wenn die Inhaltsanalyse diesen Kriterien gerecht wird, stellt sie eine geeignete Methode dar, um den Forschungsprozess ganz im Sinne des interpretierenden, auf das Verstehen ausgelegten Erkenntnisinteresses zu leiten.[31] In diesem Sinne erschließt sich der ganze Sinngehalt der einzelnen Texte erst dadurch, dass man sie in ein Verhältnis zum Rollenkonzept als dem größeren Sinnzusammenhang setzt und überdies die historischen Wurzeln und Narrative ihrer Entstehung bloßlegt.

Zentral für ein systematisches Vorgehen ist die Bildung eines an der Fragestellung orientierten Kategoriensystems (vgl. Mayring 2008: 82; siehe auch Tabelle 1). Die Darstellung bzw. Wahrnehmung der außenpolitischen Entscheidungsträger soll die Oberkategorie bilden, welche weiter in drei Unterkategorien aufgeteilt wird: Diese umfassen Textpassagen, in denen die Sprecher (1) einen direkten Bezug zu den Rollen bzw. Rollensegmenten ihres Landes herstellen, (2) die sich auf die Quellen, Narrative und historischen Sedimente der Rollen(segmente) beziehen, oder (3) solche, in denen ein Bezug zu den Erwartungen anderer Staaten zu erkennen ist.

Die Zugehörigkeit zu einer Unterkategorie lässt sich mithilfe von bestimmten Signalwörtern feststellen. Im Laufe des Forschungsprozesses können weitere bzw. andere Signalwörter und Unterkategorien erkannt und modifiziert werden (vgl. Wagner 2006: 173), sodass die Liste nicht abschließend zu verstehen ist. Um aus den relevanten Textpassagen das übergeordnete Rollenkonzept erstellen zu können, wird gleichzeitig eine Kategorisierung vorgenommen, die sich auf die Kategorien Werte – Interessen – Strategien – Instrumente stützt.[32] Zusätzlich werden zwei weitere Kategorien hinzugefügt, mit denen Fremderwartungen bei gleichzeitiger Unterscheidung zwischen systemischen Einflüssen und Erwartungen anderer Akteure untersucht[33] wer-

---

31   Nicht zuletzt bietet sich die Inhaltsanalyse auch für das vorliegende Falldesign an, da es aus sehr wenigen (N = 2) Stichproben besteht (vgl. Mayring 2008: 21).

32   Damit handelt es sich um eine deduktive, auf bisherigen Studien basierende Kategoriendefinition (vgl. Mayring 2008: 74). Innerhalb des Rahmens, den das Rollenkonzept setzt, werden „sowohl staatliche Interessen und Ziele formuliert als auch Strategien und Instrumente bestimmt" (Normann 2005: 22). Eine gewisse Interdependenz und Überschneidung der Kategorien ist nicht zu vermeiden.

33   Die systematische Operationalisierung der Fremderwartungen gestaltet sich bislang schwierig. Notwendige Bedingung zur Untersuchung des Einflusses eines relevanten *Alter* ist Folz zufolge ein ungelöster Rollenkonflikt. Basierend auf ihrer Argumen-

den können: Es ist dies zum einen die Kategorie Ideologie und Weltbild, worunter die grundlegende Wahrnehmung oder Sinngebung der systemischen Außenwelt verstanden werden soll. Zum anderen wird die Kategorie der alterorientierten Rollen hinzugefügt. Darunter soll die Gesamtheit an Rollen im russischen Rollenkonzept verstanden werden, die ihr Selbstverständnis nicht aus intrinsischen Quellen, sondern durch einen wie auch immer gearteten *Alter* beziehen.

Als verschriftlichte Sprechakte werden insbesondere außenpolitische Reden angesehen, da sie als „expressions of identity […] often reveal subjective we-feelings of a cultural group that are related to specific customs, institutions, territory, myths and rituals" (Aggestam 1999: 4). Die notwendige Datengrundlage liefern die Internetseiten des Kremls und des Außenministeriums, die ein umfassendes Archiv außenpolitischer Reden bereitstellen, das bis 1999 zurückreicht und somit die gesamten ersten beiden Amtszeiten Putins als Präsident abdeckt.[34]

---

tation, wonach „andere Staaten […] als Alter bezeichnet [werden], (1) deren Entscheidungsträger Erwartungen bezüglich des nationalen Rollenkonzeptes von Ego, untergeordneter Rollensegmente oder des Rollenhandelns verbal artikulieren und (2) auf die sich Ego bei der Ausbildung seiner Rollenvorstellung bezieht […]" (Folz 2013: 45f.), müsste man zunächst eine rhetorische Bezugnahme auf die Erwartungen eines signifikanten *Alter* im Rollenkonzept nachweisen. Anschließend müsste mithilfe von Primär- (Schlüsselreden der außenpolitischen Entscheidungsträger des signifikanten *Alter*) und Sekundärliteratur untersucht werden, inwieweit die jeweiligen Rollen bzw. Rollensegmente den Fremderwartungen entsprechen. In einem weiteren Arbeitsschritt ließe sich der fremdinduzierte Wandel etwa unter Rückgriff auf die von Hermann entwickelte Typologie außenpolitischen Wandels (vgl. ebd.: 48) untersuchen – eine andere Möglichkeit besteht darin, die Fremderwartungen einzuteilen nach „their degree of generality or specificity, their scope or extensiveness, their clarity or uncertainty, the degree of consensus among other individuals, and whether the positions are formal or informal" (Thies 2009: 9).

34   Da der überwiegende Teil der Primärquellen lediglich als Onlinequelle im HTML-Format zugänglich ist und keine Zwischenüberschriften oder Seitenangaben aufweist, beziehen sich die Seitenangaben der Primärliteratur des Rollenkonzeptes auf die Seitenzahlen, die sich aus der Übertragung des jeweiligen Textes in das Textverarbeitungsprogramm *Word* bei einer Schriftgröße von 10 ergeben.

Tabelle 1: Vorgehen bei der Materialauswahl

Oberkategorie	Wahrnehmung außenpolitischer Entscheidungsträger		
Unterkategorien	Direkter Bezug zu den Rollen bzw. Rollensegmenten Russlands	Bezug auf die Quellen des Rollenkonzeptes	Bezug auf alterorientiertes Selbstverständnis / systemische Außenwelt
Signalwörter	We/us/our Role; Russia; Position; State; Nation; Country; Interest; Status; ...	Historical experience; Past; Ties; Values; Commonalities; Identity; Explain; Tradition; Continuity; ...	Expectations; Demands; International environment; World; Developments; ...
Verwendete Literatur	Primärquellen (Reden, Interviews, Zeitschriftenartikel, Schlüsseldokumente)	Primärquellen (Reden, Interviews, Schlüsseldokumente); Sekundärliteratur (Identitätstheorie)	Primärquellen (Reden, Interviews, Schlüsseldokumente); Sekundärliteratur (Identitätstheorie)
Kategorisierung			
Kategoriensystem	Werte	Ziele	Strategien	Instrumente	Ideologie / Weltbild	Alterorientierung

Quelle: eigene Darstellung

Besonderes Augenmerk liegt auf den Reden Putins vor der Föderationsversammlung.[35] Der Präsident ist *qua* Verfassung dazu verpflichtet, einmal im Jahr diese Rede zu halten. Sie wird aufmerksam im ganzen Land verfolgt und steht in einem latenten Widerspruch zwischen stark verallgemeinerten und präzisen Aussagen (vgl. Władimirowicz et al. 2005: 5). Inhaltlich beschäftigen sich die Reden mit Fragen der internationalen Politik und beleuchten dabei insbesondere auch die Position Russlands in der Welt. Daneben existiert eine ganze Reihe von Interviews, Pressekonferenzen, Zeitungsartikeln und programmatischen Reden nachgeordneter Entscheidungsträger, aus denen die

---

35 Das russische Parlament besteht aus zwei Kammern (Staatsduma und Föderationsrat), die in ihrer Gesamtheit Föderationsversammlung genannt werden (vgl. Mommsen 2010: 441).

Wahrnehmung des eigenen Rollenkonzeptes ersichtlich wird.[36] Ergänzt wird das Material durch außen- und sicherheitspolitische Schlüsseldokumente,[37] die während des Untersuchungszeitraums publiziert wurden (vgl. Haas 2010: 15).[38] Das Material für den empirischen Teil besteht aus Primärliteratur (fallbezogene Reden und offizielle Pressemitteilungen) sowie Sekundärliteratur und Presseerzeugnissen.[39]

---

36   Die Texte wurden entweder zu periodischen Anlässen über einen längeren Zeitraum verfasst (Reden vor der Föderationsversammlung; Reden vor der Generalversammlung der Vereinten Nationen (UN); Reden bei der Münchener Sicherheitskonferenz sowie Reden anlässlich des Beginns des akademischen Jahres des Staatlichen Moskauer Instituts für Internationale Beziehungen (MGIMO)), oder aber es handelt sich um besonders ausführliche oder programmatische Texte, die explizit auf historische Konstanten und Leitlinien russischer Außenpolitik eingehen, wie etwa mehrstündige Pressekonferenzen oder Interviews mit führenden Leitmedien. Dazu ergänzend wurde eine Reihe von Artikeln in Zeitschriften in den Textkorpus integriert, die von Angehörigen des außenpolitischen Entscheidungsapparates verfasst wurde.

37   Einen guten Vorgeschmack auf die rollentheoretische Bedeutung dieser konzeptionellen Dokumente gibt der stellvertretende Außenminister Meschkow (2002: 1): „This [Foreign Policy] Concept has summed up the deep reflections at the state level and in society on the role and place of Russia in the world, on ways to realize its long-term national interests in the international arena. This document is based on the rich experience and traditions of Russian diplomacy, and at same time forward-looking, gives clearly defined guidelines with respect to not only the present day, but also in the long-term steps of Russia".

38   Insgesamt konnten so 85 Texte für den Korpus gewonnen werden, davon mussten jedoch nur 48 Texte verwendet werden, da ab einem gewissen Zeitpunkt im Forschungsprozess durch die Hinzunahme weiterer Texte keine neuen Erkenntnisse generiert wurden und somit kein Mehrwert für die Erstellung des Rollenkonzeptes vorlag (siehe Tabelle 2).

39   Strenggenommen müssten Presseerzeugnisse selbst weiter in Primär- und Sekundärliteratur unterteilt werden, da einige Texte etwa Entscheidungsträger zitieren oder es sich um einen analytischen Artikel handelt, der eher als Sekundärliteratur zu behandeln wäre. Der Übersichtlichkeit halber wird jedoch darauf verzichtet.

Tabelle 2: Übersicht über den Textkorpus

Entscheidungsträger	Amt	Art und Anzahl der Texte
Außenministerium	-	Pressemitteilung (2)
Iwanow, Igor	Außenminister	Artikel (1) Interview (1) Rede (2)
Iwanow, Sergej	Verteidigungsminister	Artikel (1) Rede (4)
Lawrow, Sergej	Außenminister	Artikel (3) Pressekonferenz (1) Rede (8) Strategiepapier (1)
Medwedew, Dimitri	Präsident	Rede (1)
Meschkow, Alexej	Stellvertretender Außenminister	Artikel (1) Interview (1)
Mitrowanowa, Eleonora	Stellvertretende Außenministerin	Interview (1)
Putin, Wladimir	Präsident	Interview (4) Pressekonferenz (2) Rede (11) Strategiepapier (3)
Gesamt nach Textarten		Artikel (6) Interview (7) Pressekonferenz (3) Pressemitteilung (2) Rede (26) Strategiepapier (4)
Gesamt		**48**

Quelle: eigene Darstellung

Das Vorgehen im empirischen Teil organisiert sich wie folgt: Zunächst wird in einem Längsschnitt die russische Außen- und Sicherheitspolitik in Zentralasien sowie im Kaukasus von der Auflösung der Sowjetunion bis zum Ende von Putins zweiter Amtszeit in Form eines rollentheoretischen Narratives darstellt. Dies ist für ein tieferes Verständnis russischen Handelns in den jeweiligen Krisensituationen von Bedeutung. Anschließend wird jede Krisensituation als Querschnitt in einem gesonderten Kapitel behandelt. Hier ist eine feinere analytische Trennschärfe geboten, sodass jede Krisensituation in drei Phasen unterteilt wird: Vorkriegsphase, Kriegsphase und Nachkriegsphase. Jede einzelne Phase orientiert sich an der Kategorisierung aus Abschnitt 3 und nimmt sowohl die Rollenwahrnehmung als auch das Rollenverhalten in den Blick.

2.4 Übertragbarkeit auf die Russische Föderation

Da im Prinzip jeder Staat ein Rollenkonzept besitzt (vgl. Folz 2013: 20), müsste sich dieses im Grunde auch für jeden Staat nachweisen lassen. Folgt man jedoch der Ansicht einiger zentraler Rollentheoretiker, wonach sich die Theorie „besonders – und vielleicht ausschließlich – zur Analyse der Rollenbeziehungen zwischen demokratisch verfassten Staaten [...] [sowie] für zahlreiche kleinere Industriestaaten" (Kirste/Maull 1997: 7) eigne, dann wäre eine Übertragung der Rollentheorie auf die Russische Föderation bereits im Rahmen der Vorüberlegungen auszuschließen, da kritische Beobachter seit der zweiten Amtszeit Putins eine Tendenz hin zu einem autoritären Regierungssystem sehen.[40] Russlands soll daher als *Hard Case* für die Rollentheorie behandelt werden. Gaupp (vgl. 1983: 165f.) nennt in Anlehnung an Holsti fünf wesentliche Hürden, die gegen die Geeignetheit eines Untersuchungsgegenstandes sprechen:

(1) Die Präzision bzw. Stringenz des russischen Rollenkonzeptes. Diese kann jedoch erst im Laufe des Forschungsprozesses untersucht werden. Allerdings werden Rollenkonzepte nur selten die Präzision einer konkreten Handlungsanweisung erreichen, da sie als sprachlich vermittelte Konstrukte immer auch politischen Einschränkungen beim Zeitpunkt ihrer Entstehung unterworfen sind. Dies zeigt sich bereits bei einer kursorischen Durchsicht der Datengrundlage: Ähnlich wie die Reden Putins vor der Föderationsversammlung weisen auch die außen- und sicherheitspolitischen Schlüsseldokumente einen hohen Generalisierungsgrad auf: „They deal for the most part in generalities that allow ample scope for subjective and selective interpretation" (Lo 2002: 68). Dies ist jedoch keine genuin russische Eigenheit, sondern betrifft im Kern sämtliche außenpolitischen Konzepte (vgl. ebd.: 66, 69). Darauf gründet die Beobachtung, dass der Zusammenhang zwischen Reden und

---

40 Eine Reihe von Begriffen („Superpräsidentialismus", „manipulierte" oder „gelenkte", „simulierte" oder auch „defekte Demokratie") greift bestimmte Aspekte davon auf (vgl. Mommsen 2010: 424). Die Bewertung beruht dabei zumeist auf legalistischen bzw. institutionalistischen Überlegungen; die Frage der Legitimität bleibt häufig ausgeklammert. Würde man sich bei der Analyse auf das Ausmaß der öffentlichen Unterstützung beschränken, wäre das politische System Russlands dem russischen Politikwissenschaftler Tsygankow (2012: 703) zufolge nur schwerlich als undemokratisch zu bezeichnen.

Handeln generell nur schwach ausgeprägt ist (Kirste/Maull 1997: 17) und in dem Maße sinkt, in dem das Rollenkonzept in einer universalistischen Rhetorik (z.B. proklamierte universelle Werte) verschriftlicht ist (vgl. Wish 1980: 539).

(2) Kirste und Maull präzisieren den von Gaupp verwendeten Begriff der mangelnden systemischen Integration und setzen eine „ausreichend arbeitsteilige internationale Gesellschaft voraus, die durch ein hohes Maß sozialer und zwischenstaatlicher Interaktion gekennzeichnet ist" (Kirste/Maull 1997: 7). Diese Bedingung sehen sie insbesondere im Rahmen der Organisation für wirtschaftliche Zusammenarbeit und Entwicklung (OECD) als erfüllt an (vgl. ebd.). Da die Vollmitgliedschaft in der OECD im Falle Russlands noch nicht gegeben ist, müssen vergleichbare Indikatoren für den internationalen Verflechtungsgrad herangezogen werden. Hierbei kommt insbesondere die Einbindung in den Welthandel (mittels der Außenhandelsquote[41]) sowie die Höhe der grenzüberschreitenden Direktinvestitionen (mittels der Investitionsquote[42]) infrage (vgl. Taube 2003: 10).[43] Die Außenhandelsquote Russlands betrug 2012 41,6 Prozent[44] bei einem Außenhandelsüberschuss von 208,6 Milliarden Dollar (vgl. Germany Trade & Invest 2013: 3). Die Investitionsquote lag zuletzt nur bei rund 18 Prozent – und damit im internationalen Vergleich im unteren Drittel. Seit der Liberalisierung des Kapitalverkehrs 2006 steigt der Zufluss von spekulativem Kapital jedoch allmählich wieder an (vgl. Götz 2008: 5f.), zuletzt auf 19,7 Prozent im vergangenen Jahr (vgl. Central Intelligence Agency 2012). Russland lässt sich also durchaus als Staat mit einer hohen internationalen Interaktionsdichte bezeichnen (vgl. auch S. Medwedew 2004: 36).

---

41 Die Außenhandelsquote bzw. der Offenheitsgrad misst den Außenhandelsumsatz (also Im- und Exporte) und dient damit als Kennzahl für die Stärke des Güteraustausches.

42 Die Investitionsquote drückt den Anteil aller in einer Volkswirtschaft getätigten Investitionen am Bruttoinlandsprodukt (BIP) aus.

43 Als weiterer Indikator käme Russlands Mitgliedschaft in zahlreichen regionalen und internationalen Organisationen in Betracht. Seit 2012 ist Russland auch Mitglied der WTO, die als treibende Kraft zur Liberalisierung des weltweiten Freihandels gilt. Seit der Aufnahme regulärer Beitrittsverhandlungen 2001 wurde dem Beitritt von russischer Seite höchste Priorität eingeräumt (vgl. Władimirowicz et. al. 2005: 45).

44 Zum Vergleich: Deutschland wies 2011 eine überdurchschnittlich hohe Außenhandelsquote von 76,3 Prozent auf (vgl. Statistisches Bundesamt 2012: 47).

(3) Bei autokratischen Regierungssystemen[45] treten die Rollenkonzepte Gaupp (1983: 166) zufolge zugunsten der individuellen Ausgestaltung durch den Machthaber in den Hintergrund. Singer und Hudson bestätigen in ihrer Untersuchung diese Vermutung. Sie weisen nach, dass sich außenpolitisches Verhalten in einigen afrikanischen Staaten auf die autokratischen Entscheidungsträger zurückführen lassen kann (vgl. Thies 2009: 17). Für das Festhalten an der staatlichen Analyseebene in autokratischen Regimen lassen sich zwei Argumente anführen:

So schwingt bei autokratischen Herrschern implizit die Annahme mit, dass sie gewissermaßen im wertfreien Raum agieren, norm- und erfahrungsresistent sind und ihr Handeln somit in letzter Konsequenz auf die individuelle Nutzenmaximierung ausgelegt ist. Folgt man dieser Sichtweise, hat man rollentheoretisches Terrain bereits verlassen. Es mag zwar – zumal in totalitären Regierungssystemen – vorkommen, dass „the preferences of the top leader matter much more than they do in well-institutionalized political systems" (Lynch 2012: xiv),[46] doch dies rechtfertigt noch keine Abkehr vom nationalen Rollenkonzept *per se*. Aus rollentheoretischer Sicht handeln selbst Despoten und Tyrannen wertrational, d.h. „[…] im Rahmen einer akteursspezifischen Werteordnung, die es zu verwirklichen gilt" (Kirste/Maull 1997: 3). Diese kann durchaus in Einklang stehen mit dem nationalen Rollenkonzept. Der erste Schritt muss also darin bestehen, die spezifische Werteordnung des autokratischen Herrschers auf ihren Bezug zum nationalen Rollenkonzept zu überprüfen. Bei einem Blick auf Putins Biographie zeigt sich, dass seine individuelle Werteordnung eine förderliche Grundkompatibilität in Hinblick auf das Rollenkonzept Russlands aufweist: „Among Putin's character traits are devo-

---

45   Der Begriff „Autokratie" stellt aus politikwissenschaftlicher Perspektive einen Überbegriff für sämtliche nicht-demokratischen Regierungsformen dar und umfasst somit sowohl autoritäre als auch totalitäre Diktaturen. Im vorliegenden Fall lässt sich auch der eher umgangssprachliche Bedeutungsinhalt des Begriffes anbringen. Dieser meint mit Autokratie ein Regierungssystem, in dem ein selbstherrlicher Herrscher die Macht hat.

46   Holsti verdeutlicht dies anhand des radikalen Umschwunges, den Stalin 1939 durch den Nichtangriffspakt mit dem nationalsozialistischen Deutschland – und damit dem jahrelang proklamierten ideologischen Feind schlechthin – vollzogen hatte, ohne dass ihm dafür politische Konsequenzen gedroht hätten (vgl. Holsti 1970: 301). Light sieht diesen Umschwung dadurch bedingt, dass die ideologischen Grundlagen der Sowjetunion sehr flexible Interpretationsmöglichkeiten boten (vgl. Light 1988: 65).

tion to the state, pride in country, a fierce sense of personal honor and loyalty […] as well as a profound fear of disorder" (Lynch 2012: xiv). Ungeachtet des faktischen Inhalts des nationalen Rollenkonzeptes wird Putin in seiner Funktion als oberster Machthaber also versuchen, außenpolitische Entscheidungen in Einklang mit diesem zu treffen.[47] Zusätzliches Gewicht erhält das Argument durch die uniforme Sozialisation der Regierungsclique im Kreml. Da außenpolitische Verhaltensmuster durch Sozialisationsprozesse weitergegeben werden und der Verwaltungsapparat unter Putin umfassend mit Vertrauten aus seiner Zeit als Jurist und Vizebürgermeister von St. Petersburg sowie mit Bekannten aus dem Geheimdienst besetzt wurde (vgl. Urban 2010: 51), ist davon auszugehen, dass die Eliten ähnliche Vorstellungen über das außenpolitische Rollenkonzept teilen.

Das zweite Argument bezieht sich auf die formellen Aspekte der Entscheidungsfindung in einem autoritären und damit zentralisierten Regierungssystem, die Grossman sogar als gewinnbringend für die Rollentheorie erachtet:

„In a more decentralized system the role-theoretic approach does not work as well since in these cases, the group of people involved in the foreign policy-making process is considerably larger. Therefore, the views and beliefs of a small foreign policy elite are lessened as foreign policies are mediated through a complex process of institutional, societal, and bureaucratic bargaining" (Grossman 2005: 359).

Da in Demokratien mehr Institutionen in den Entscheidungsfindungsprozess eingebunden sind, ist die Wahrscheinlichkeit höher, dass sie unterschiedliche Rollen wahrnehmen und damit den Konsens über das Rollenkonzept negativ

---

47 Einen Einblick in seinen Wertekodex gab Putin in seiner letzten Rede vor der Föderalversammlung am Ende seiner zweiten Amtszeit: „All of us who are involved in administrative, public, and all the more so political work, bear particular responsibility. This applies fully to everyone present here today, to the Russian Government, the federal ministers, the regional governors, the members of both houses of parliament, the judges, to the representatives of all the branches of power. We must make the utmost effort and give all our strength to the very last minute of our lawful constitutional mandates and use effectively the time that destiny has given us to serve Russia" (Putin 2007a: 17). Einer Umfrage des Lewada-Zentrums zufolge ist immerhin mehr als die Hälfte der Befragten der Meinung, dass sich die Entscheidungselite um die Probleme des Landes kümmere (vgl. Lewada-Zentrum 2008).

beeinflussen (vgl. Harnisch 2011: 14).[48] Darüber hinaus müssen autoritäre Regierungen tendenziell weniger Rücksicht auf die Meinung des Staatsvolkes nehmen, da sie von dieser Seite keine Sanktionen (etwa durch Abwahl) zu erwarten haben (vgl. Aggestam 1999: 9). „If the audience accepts the role enactment as appropriate then they serve as confirmation of the reality of the role" (Thies 2009: 11). Somit wird die Erwartungshaltung, die sich aus dem gesprochenen Wort in Hinblick auf konkrete Handlungen ergibt, in autoritären Regimen weniger stark ins Gewicht fallen.[49]

(4) Die Abwesenheit widersprüchlicher Rollenkonzepte stellt bei den Ausgangsüberlegungen eine wesentliche Bedingung dar. So wurde in der Einleitung argumentiert, dass sich mit dem Amtsantritt Putins im Jahre 2000 zunehmend eine einheitliche Betrachtungsweise des nationalen Rollenkonzeptes durchgesetzt hat und eine rollentheoretische Betrachtung ab diesem Zeitpunkt als lohnenswertes Unterfangen betrachtet wird.

(5) Gaupp sieht in Staaten, deren Außenpolitik nur der Sicherung interner Bedürfnisse dient, ebenfalls keine geeigneten Untersuchungsgegenstände. Ungeachtet der Tatsache, dass dies auf einen sehr großen und tief in die Weltwirtschaft integrierten Staat wie Russland nicht zutrifft, ist dem entgegenzuhalten, dass selbst solch ein außenpolitisches (Nicht)Verhalten unter ein nationales Rollenkonzept subsumierbar wäre. Als ungeeignet können al-

---

48   Dies belegen etwa Untersuchungen im Bereich der Elitenwahrnehmung der EU, die einen signifikanten Unterschied zwischen den Selbstkonzepten der in Brüssel sozialisierten Kommissionsmitglieder und den aus den EU-Mitgliedstaaten entsendeten Bürokraten feststellen. Darüber hinaus ist der Anpassungsdruck in autoritären Regimen dahingehend höher, als die Akteure im bürokratischen Apparat aufgrund drastischerer Sanktionsmöglichkeiten eher vorgeben werden, dieselben Vorstellungen über das nationale Rollenkonzept zu teilen wie die Entscheidungsträger, auch wenn sie diese *de facto* nicht internalisiert haben (vgl. Grossman 2005: 349).

49   Speziell im Fall Russlands kommt noch die Tatsache hinzu, dass der Außenpolitik bei der Wahlentscheidung zumeist weniger Bedeutung beigemessen wird als innenpolitischen Faktoren. Dies spiegelt sich in einer aktuellen Umfrage wider, wonach rund ein Drittel der Befragten angab, keine Meinung zu ausgewählten außenpolitischen Themen zu haben (vgl. Ostaptschuk/Senik 2013). Davon abgesehen stieß der außenpolitische Kurs Putins während seiner ersten beiden Amtsperioden auf hohe Zustimmung in der Bevölkerung (vgl. Lynch 2012: 1). Eine grundlegende Divergenz zwischen der Erwartungshaltung des Staatsvolkes und dem außenpolitischen Verhalten der russischen Entscheidungsträger ist somit nicht erkennbar.

lenfalls neue Staaten erachtet werden, deren Rollenkonzepte sich noch in der Entstehungsphase befinden (vgl. Holsti 1970: 299).

Insgesamt entsteht der Eindruck, dass autoritäre Regierungssysteme bislang zu Unrecht in Hinblick auf die Anwendung der Rollentheorie gemieden wurden. Im vorliegenden Fall lässt sich zugespitzt sagen, dass nicht trotz, sondern gerade wegen des autoritären Systems ein höherer Mehrwert durch die Anwendung der Rollentheorie zu erwarten ist: So geht außenpolitisches Handeln fern aller demokratischen und öffentlichen Aushandlungsprozesse von einer kleinen und ähnlich sozialisierten Elite aus, deren oberster Entscheidungsträger eine hohe Deckungsgleichheit zwischen seinem eigenen und dem nationalen Rollenverständnis aufweist und demensprechend versucht wird, den Verhaltenserwartungen des nationalen Rollenkonzeptes zu entsprechen – zumal dessen Bemühungen vonseiten der Bevölkerung aufs Höchste goutiert werden.

3. Das außenpolitische Rollenkonzept der Russischen Föderation

„Our pragmatism is not a primitive arithmetic – how to gain more than you give. One should rather speak about higher mathematics" (S. Iwanow 2001: 6).

In diesem Kapitel wird zunächst der Herausbildungsprozess des grundlegenden Weltbildes russischer Entscheidungsträger skizziert. Anschließend wird das außenpolitische Rollenkonzept der Russischen Föderation aus dem Textkorpus und aus der Sekundärliteratur extrahiert. Tabelle 6 bietet eine Übersicht über sämtliche Rollen und Rollensegmente (siehe Anhang).

3.1 Ideologie und Weltbild

Der Niedergang der UdSSR lässt sich rückblickend als bereits im Keim der materialistischen Philosophie der Sowjetunion angelegtes Szenario bezeichnen, da diese durch ihre proklamierte systemische Überlegenheit gegenüber dem Kapitalismus ein außenpolitisches Überengagement geradezu beförderte, dabei jedoch „das Versprechen vom ‚Einholen und Überholen' des Westens" (Oldenburg 1999: 120) nicht erfüllen konnte. Dies zeigte sich bereits in der Anfangsphase des Kalten Krieges, als sich der Systemgegensatz in der Wahrnehmung sowjetischer Entscheidungsträger zu einem sowjetisch-US-amerikanischen Gegensatz zuspitzte und der Gegner sich in technischen und kulturellen Fragen als überlegen erwies (vgl. ebd.). Evident wurde die Rückständigkeit der UdSSR spätestens gegen Ende der siebziger Jahre im Rahmen des anhaltenden Rüstungswettlaufs, aber auch infolge der Misserfolge der sowjetischen Afghanistan- und Osteuropapolitik (vgl. Chafetz 1996: 667). Auch begannen sich nun die internationalen Rahmenbedingungen für die UdSSR zunehmend zu verschlechtern, befeuert durch einen simultan zu globalen Demokratisierungs- und Entkolonialisierungstrends verlaufenden Legitimitätsverlust des real existierenden und sich zunehmend als neofeudalistisch erweisenden Sozialismus (vgl. Oldenburg 1999: 121, 150). In dieser Zeit des allgemeinen Niedergangs wurde Michail Gorbatschow im März 1985 einstimmig zum neuen Generalsekretär der KPdSU gewählt und leitete mit *Glasnost* und *Perestroika* umfassende Reformen ein, die der Implosion des russischen Machtbereiches den Boden bereiteten (vgl. ebd.: 127f.).[50]

Unter diesem „Neuen Denken" verlor die marxistisch-leninistische Ideologie, die als theoretische Unterfütterung der Außenpolitik für einen offensiven Aktionismus im Namen der permanenten Revolution gesorgt hatte (vgl. Nogee/Donaldson 1981: 35), an Einfluss – und nach der Auflösung der Sowjetunion endgültig an Wirkmacht (vgl. Haas 2010: 4f.). Nachdem sich während der 90er Jahre insbesondere die orthodoxen und, in geringerem Maße, die reformbereiten Kommunisten vergeblich um eine Wiederaufnahme we-

---

50   So erklärte Gorbatschow in einer Rede vor den UN die Freiheit der Wahl des Gesellschaftssystems zum universellen Prinzip – und lockerte damit die faktische Herrschaft über die sozialistischen Kader in den Sowjetrepubliken (vgl. ebd.).

sentlicher ideologischer Bestandteile bemüht hatten (vgl. Chafetz 1996: 671), kam es unter Putin zu einer weitgehenden Distanzierung von der Ideologie der Bolschewiki und damit zu einem „principal change in the belief system of Russia's political class after the Soviet collapse" (Tsygankow 2007: 116):

> „Russia has consciously given up the global Messianic ideology that had been intrinsic to the former USSR and at the end of its existence had come into insurmountable contradiction with the national interests of our country" (I. Iwanow 2002b: 3).

Dabei legte man in Moskau Wert auf die Feststellung, dass der ideologische Rückbau auch das imperialistische und expansive Wesen der Sowjetunion betraf (vgl. Lawrow 2006b: 3).[51]

3.1.1 Aktive Außenpolitik

Allerdings ging man nicht soweit, sich von den Grundzügen einer „active, initiative-laden foreign policy, of the necessity to influence the formation of a new world pattern" (I. Iwanow 2002b: 3) zu verabschieden. Eine *aktive Außenpolitik* wird als große Konstante russischer Außenpolitik angesehen (vgl. Lawrow 2007d: 2) und stellt also das erste wesentliche Rollensegment des russischen Weltbildes dar.

3.1.2 Kompetitives Weltbild

Das zweite handlungsrelevante Rollensegment ist ein *kompetitives Weltbild*. So konnte sich im Laufe der 90er Jahre wieder ein Weltbild durchsetzen, „in dem internationale Politik eine Arena von Konflikten und Kämpfen ist und in der Machtverhältnisse, Kräftegleichgewichte und Einflusssphären eine zent-

---

51 Bei der Frage nach dem ideologischen Gehalt russischer Außenpolitik ist zu beachten, dass der zugrunde liegende Ideologiebegriff sich lediglich auf die als Kampf der Ideologien stilisierte Auseinandersetzung zwischen Kommunismus und Demokratie bezieht. Wenn man „Ideologie" in einem weiten Sinne als „,predispositional influence' on policy thinking and decision-making" (Lo 2002: 54) definiert, dann ließe sich beispielsweise auch das markthörige Denken der frühen Jelzin-Administration, die ihr Handeln Heinemann-Grüder (2001: 329) zufolge mit „einer beinahe bolschewistischen Revolutionsattitüde und einem ideologischen Glauben an die allein ökonomischen Imperative des Systemwechsels" rechtfertigte, als Ideologie bezeichnen, ebenso wie die „quasi-ideological/legalist allegiance to the international system of rules and conventions" (Lo 2002: 89).

rale Rolle spielen" (Adomeit 2012: 10). Diese Denkweise knüpft nahtlos an Jahrhunderte alte Traditionen an, die bis in die zaristische Zeit zurückreichen und sich durch Plünderungs- und Invasionserfahrungen tief in die Identität Russlands eingegraben haben (vgl. Lo 2002: 101). Zusätzlich wurde diese Entwicklung begünstigt durch die Erkenntnis der Entscheidungsträger, dass Russland kein solidarisches Verhalten vonseiten liberaler Demokratien westlicher Prägung erwarten dürfe (vgl. Putin 2002: 2). Auch das von Washington durchgesetzte Narrativ der USA als Sieger des Kalten Krieges, das aus russischer Sicht ein Beweis für die in der Weltpolitik herrschende Nullsummenmentalität war, trug zu dieser Erkenntnis bei (vgl. Lo 2002: 103f.). Zum Amtsantritt Putins war dieses Weltbild unter den Entscheidungsträgern bereits weitgehend Konsens (vgl. Lynch 2010: 45) und wurde in der Nationalen Sicherheitsstrategie folgendermaßen beschrieben: „The formation of international relations is accompanied by competition and by the striving of a number of states to increase their influence in global politics" (Putin 2000c: 1). Somit stellt ein offensiver Wettbewerb die oberste Maxime sämtlicher außenpolitischer Politikbereiche (vgl. Putin 2002: 2) und sogar der individuellen Handlungsebene dar (vgl. Putin 2006b: 27).[52]

3.1.3 Kooperatives Weltbild

Gleichzeitig bemühen sich russische Entscheidungsträger um die Vereinbarkeit des kompetitiven Weltbildes mit zwischenstaatlicher (wirtschaftlicher) Kooperation und der Zusammenarbeit im Rahmen internationaler Organisatio-

---

[52] Bemerkenswerterweise weist das Weltbild Moskaus einige Parallelen zu den grundlegenden Axiomen der Theorie des strukturellen Realismus auf. So kann es – bis auf wenige Ausnahmen – aufgrund systemischer Zwänge und vor dem Hintergrund rationalistischer Kosten-Nutzen-Rechnungen zu keiner freiwilligen Kooperation im Rahmen von internationalen Organisationen und Regimen kommen (vgl. Schörnig 2006: 71, 76f.). Die Sichtweise russischer Entscheidungsträger tritt während des Streits um das US-Amerikanische Raketenabwehrsystem in Europa (im Übrigen in einem sicherheitspolitischen Politikfeld, was nach realistischer Lesart als dominierender Politikbereich gilt (vgl. Schörnig 2006: 65)) besonders deutlich hervor: „The system of international relations is just like mathematics. There are no personal dimensions" (Putin 2007b: 11). Diese Nullsummenmentalität firmiert in Russland unter der aus der Herrschaftszeit der Bolschewisten entlehnten Bezeichnung „кто кого?" und meint so viel wie „wer obsiegt über wen?" (vgl. Lo 2002: 39).

nen.[53] Die Herausbildung eines *kooperativen Weltbildes* als dem dritten Rollensegment ist folgenden Gründen geschuldet:

Erstens wird der wirtschaftliche Bereich zwar aufgrund der relativen wirtschaftlichen Schwäche Russlands vorübergehend als besonders kompetitives Handlungsfeld wahrgenommen (vgl. Putin 2004a: 2). Gleichzeitig wird die Integration in die Welt und die damit einhergehende wirtschaftliche Interdependenz als unvermeidbarer Prozess angesehen, der den konfliktträchtigen Charakter der internationalen Staatenwelt eindämmt (vgl. I. Iwanow 2002d: 2) und von dem Russland – sofern es diesen auf politisch kluge Art und Weise meistert – profitieren kann: „The biggest success comes to those countries that consciously use their energy and intelligence to integrate themselves into the world economy" (Putin 2003a: 4). Russische Entscheidungsträger stehen also vor der Herausforderung, den Handlungsrahmen international geltender Normen und Regeln zu akzeptieren und diesen gleichzeitig mithilfe einer aktiven Außenpolitik in ihrem Sinne zu beeinflussen. Kooperation wird deshalb auf die größtmögliche eigene Nutzenmaximierung hinauslaufen (vgl. Wiecławski 2011: 171).[54]

Zweitens lässt sich im russischen Denken eine Neubewertung von Machtquellen feststellen, die auf den positiven Erfahrungen der außenpolitischen Elite mit multilateraler Kooperation im Bereich der Gemeinschaft Unabhängiger Staaten (GUS; vgl. Putin 2006a: 11) sowie im gemeinsamen Institutionengefüge mit der NATO in den neunziger Jahren des letzten Jahrhunderts beruht (vgl. S. Medwedew 2004: 40). Als Konsequenz deklarieren russische Entscheidungsträger kollektives Handeln als neue Machtressource: „The very nature of ‚power' has been changing in a radical way. Increasingly, power is determined by a capacity for collective actions" (Lawrow 2007e: 4).

---

53 Diese Beobachtung wiederum deckt sich mit der Axiomatik der Theorie des neoliberalen Institutionalismus von Keohane und Nye, wonach Staaten in einer feindlichen Umwelt den nationalen Interessen zwar Vorrang einräumen, gleichzeitig jedoch im Rahmen internationaler Kooperationen zusammenarbeiten, weil sie sich davon eine Absenkung der Transaktionskosten – und damit absolute Gewinne – versprechen (vgl. Zangl 2006: 127ff.).

54 Dies greift einen wesentlichen Kritikpunkt an der theoretischen Kooperationsaversion des Neorealismus auf. Demnach ist es „aufgrund von Anarchie und Selbsterhaltungstrieb [...] nicht von Bedeutung, *ob* Staaten durch Kooperation absolut gewinnen würden, sondern *wie* ein gemeinsamer Kooperationsgewinn [...] *aufgeteilt* würde" (Schörnig 2006: 87; Hervorh. des Autors).

In Russland hat also eine *Institutionalisierung des außenpolitischen Denkens* stattgefunden, was für die bislang vorwiegend souveränitätsorientierte russische Elite ein Novum darstellt (vgl. S. Medwedew 2004: 38).

Drittens wurde der Rahmen für diese Entwicklungslinien bereits unter Gorbatschow abgesteckt. Dieser hoffte, „die Regeln des internationalen Systems gemeinsam mit anderen neu definieren zu können, um das Spiel auf internationalem Parkett weniger konflikt- und kostenintensiv weiterspielen zu können" (Oldenburg 1999: 118) und legte mit dem Neuen Denken den Grundstein für die Aufweichung des konfliktiven Weltbildes (vgl. ebd.: 130). Dies war der Erkenntnis geschuldet, dass die UdSSR bereits ihren Weltmachtstatus verloren hatte und den USA nicht länger ebenbürtig war (vgl. Rühl 2003: 406).

Es lässt sich also festhalten, dass zwar eine ideologische Distanzierung stattgefunden hat, die maßgeblichen, mithilfe des Marxismus-Leninismus legitimierten Handlungsaxiome sich jedoch kompatibel zu den aktuellen Handlungsaxiomen russischer Entscheidungsträger verhalten und eine grundlegende Kontinuität festgestellt werden kann: „Indeed, to a striking degree, there is a compatibility between Marxist-Leninist theory and most theories of international relations […]. Both place a high degree of reliance upon the factor of power; both recognize the importance of economic influences motivating political behaviour" (Nogee/Donaldson 1981: 38; ähnlich Lynch 2012: 98). Dabei wird das Konkurrenzdenken insbesondere durch die Zunahme wirtschaftlicher Interdependenz und eine Neubewertung kooperativer Macht eingedämmt, wobei Letztere unter dem Vorbehalt eigener Nutzenmaximierung zu sehen ist und nationalen Interessen keinesfalls zuwiderlaufen wird.

3.2 Normen und Werte

Die Außenpolitik der Russischen Föderation basiert in erster Linie auf der Durchsetzung nationaler Interessen (vgl. I. Iwanow 2002b: 1) und orientiert sich daher eher an klassischen völkerrechtlichen Normen und Prinzipien wie der Souveränität und Unabhängigkeit, Nichteinmischung und Gleichbehandlung aller Staaten (vgl. Chafetz 1996: 668), die im Zuge der Herausbildung eines auf modernen Nationalstaaten basierenden internationalen Systems entstanden sind.

3.2.1 Unabhängigkeit

Russland nimmt die Rolle eines *unabhängigen Akteurs* wahr: „Russia is a country with a history that spans more than a thousand years and has practically always used the privilege to carry out an independent foreign policy. We are not going to change this tradition today" (Putin 2007b: 6). Die Rolle lässt sich in die Rollensegmente *Souveränität* und *Nichteinmischung* (1) sowie *territoriale Integrität* (2) aufteilen.

(1) Russische Entscheidungsträger leiten die Souveränität (ebenso wie die territoriale Integrität) ihres Landes aus dem Wert der Freiheit ab (vgl. Medwedew 2008: 2) und erklären sie zum unumstößlichen Prinzip (vgl. Lawrow 2007c: 2). Sie untersagen unter Bezugnahme auf den langen Kampf um die Unabhängigkeit Russlands (vgl. Lawrow 2007d: 1) jegliche externe Einflussnahme auf die nationalen Interessen (vgl. Lawrow 2005: 3). Über das Rollensegment Souveränität legitimiert der Kreml auch den innerstaatlichen Sonderweg Russlands (vgl. Putin 2005a: 6). Denn obwohl sich Moskau grundsätzlich zu demokratischen Werten bekennt (vgl. Putin 2000b: 6), begreift es „the use of the instruments of democracy to interfere in our internal affairs [as] attempts by certain countries to achieve some political goals in the relations with Russia" (Lawrow 2005: 3).

Das Prinzip der Nichteinmischung bleibt dabei nicht nur auf die Russische Föderation beschränkt. Stattdessen generalisieren russische Entscheidungsträger den Geltungsbereich auf die gesamte Staatenwelt und verwahren sich gegen Versuche, Drittstaaten ein bestimmtes Entwicklungsmodell aufzuzwingen „or to force the natural pace of the historical process" (Putin

2007a: 15). Dieses Rollensegment beinhaltet zwangsläufig ein konservatives Element, und so bewertet der Kreml die inneren Angelegenheiten anderer Staaten vornehmlich unter dem Gesichtspunkt der Stabilität. Moskau begründet dies mit den negativen Erfahrungen mit Revolutionen im eigenen Land (vgl. Lawrow 2007a: 2). Auch die Auflösung der Sowjetunion dient Moskau als Argument zugunsten der Nichteinmischung, da die daran anknüpfende Transformation hin zu einer demokratischen Staatsform weitgehend friedlich und ohne Hilfe von außen verlaufen sei (vgl. Putin 2007b: 3).

(2) Gleich zu Beginn seiner ersten Amtszeit erklärte Putin die Einheit und territoriale Integrität Russlands zu einer seiner wichtigsten Aufgaben (vgl. Furman 2011: 15). Damit einher ging die Zentralisierung des Landes und die Stärkung des Staates (vgl. Putin 2000a: 3).[55] Der hohe Stellenwert, den russische Entscheidungsträger der territorialen Integrität des Landes beimessen, folgt aus der Größe Russlands und den historischen Erfahrungen mit separatistischen Bestrebungen. Die russische Führung erlebte die Auflösung der Sowjetunion als einen Prozess, der den „Zusammenhalt Rußlands selber in der Hülle der bisherigen Russischen Föderativen Sozialistischen Sowjetrepublik (RFSSR)" (Rühl 2003: 410) bedrohte und starke zentrifugale Kräfte begünstigte. Daher sah sich Moskau mit der realen Gefahr des Auseinanderbrechens der Föderation konfrontiert (vgl. Putin 2005a: 1).

3.2.2 Verlässlichkeit und Partnerschaft

Schon für die Führungsriege der Sowjetunion war Vertrauen – insbesondere im Bereich der Sicherheitspolitik – ein wichtiger Faktor (vgl. Wettig 1981: 25). Auch der Nachfolgestaat will auf dem internationalen Parkett die Rolle eines *verlässlichen Partners* wahrnehmen und sieht dies als wesentliches Prinzip seines außenpolitischen Handelns an (vgl. I. Iwanow 2002b: 4).

---

55   Diesen Vorgang begreift er als „the only way to consolidate the state's resources to manage such a unique and vast country as Russia" (Putin 2005a: 3). Damit reiht er sich in eine lange Tradition russischer Herrscher ein, die die Aufrechterhaltung und Verwaltung solch eines riesigen und unwirtlichen Staates bzw. Imperiums nur mithilfe radikalisierter Formen zentralisierter Staatsgewalt leisten konnten: „The most expansive territory of modern history had therefore produced the most centralized state, [...] [having] carried European ideas of territoriality, sovereignty and total administration to an extent incomprehensible in Europe proper" (S.Medwedew 2004: 15).

Dabei wird Verlässlichkeit in dem Maße als politische Ressource wahrgenommen, in dem die Ausdifferenzierung des internationalen Systems zunimmt und Kosten-Nutzen-Abwägungen erschwert: „We have entered a complicated stage of creating a new system of international relations. It will most probably be a long and complicated process, as it includes a strong element of uncertainty, and, regrettably, unpredictability" (Putin 2004c: 1). Folgerichtig erklärte der russische Außenminister denn auch: „Trust costs us dear. But its lack is even more costly" (Lawrow 2007e: 4).

Daraus lassen sich zwei Rollensegmente ableiten. So betonen russische Entscheidungsträger ihre *Kooperationsoffenheit* (1) gegenüber sämtlichen Staaten und streben diversifizierte Außenbeziehungen an (vgl. Meschkow 2003: 2). Dies etabliert einen Handlungsspielraum zur Wahrnehmung des Rollensegmentes eines *unparteiischen Vermittlers* (2).

(1) Moskau nimmt eine vorbehaltslose Haltung gegenüber jeglichen potentiellen Kooperationspartnern ein: „Russia is open for constructive dialogue and equal cooperation with all states without exception" (Lawrow 2007c: 1), „including those who had come to power via revolution – what we would call abandonment of ideologized approaches in international affairs" (Lawrow 2007d: 3). Der Anstieg der Machtmittel stellt eine notwendige Bedingung für umfassendere und verlässliche Partnerschaften dar: „With the growth of Russia's confidence in its strength not only have its partner qualities arisen by one order of magnitude. Our country has also become a more predictable factor of world politics" (Lawrow 2006d: 2). Gleichzeitig betont Russland mit wachsendem wirtschaftlichen Einfluss und den damit verbundenen Gestaltungsmöglichkeiten den selbstbeschränkenden Charakter seiner Partnerschaft: „Russia seeks to develop equal relations with all countries avoiding any attitude of arrogance" (Putin 2007a: 15).

(2) Aus dem Wunsch, ein unvoreingenommener Partner zu sein, ergibt sich auch das Rollensegment eines unparteiischen Vermittlers, das beim Karabach-Konflikt zwischen Armenien und Aserbaidschan (vgl. Putin 2004b: 4) oder bei den Friedensbemühungen im Nahen Osten zur Beschreibung der eigenen Rolle herangezogen wird – wenn auch sprachlich umständlich vermittelt: „As for a role as mediators, I do not think we do not claim this role" (Lawrow 2006f: 5).

3.2.3 Altruismus

Mit dem Anstieg der Machtmittel internalisieren die außenpolitischen Entscheidungsträger zunehmend ein *altruistisches Denkmuster.* Hierbei geht es
beispielsweise um das „establishment of a just and violence-free democratic
world order serving the interests and aspirations of all states and peoples" (I.
Iwanow 2001a: 1). Mit zunehmender Stärke Russlands wird der Anspruch
vom Kreml deutlicher formuliert: „Being a truly strong, influential State means
seeing and helping to resolve the problems of small and economically weak
countries" (Putin 2003b: 5). Aus Sicht des Kremls ergeben sich aus der Position Russlands im internationalen Staatensystem also auch gewisse Pflichten
(vgl. Thibault/Lévesque 1997: 22, 32). Bereits während der neunziger Jahre
herrschte in Hinblick auf die globale Verantwortung Russlands weitgehend
Einigkeit unter der russischen Elite (vgl. Lo 2002: 20). Indirekt wird hier das
Selbstbild Russlands deutlich, da diese Pflichten als Bestandteil eines normativen Aufgabenkanons ausgelegt werden, den man als Führungs- und Großmacht zu erfüllen habe (vgl. Putin 2003b: 5). Auf diese Weise lassen sich
auch Prestigeinteressen[56] befriedigen, auf die im Folgenden noch näher ein-
gegangen wird.

---

56   Der Fokus der russischen Wahrnehmung auf die Pflichtenseite einer globalen Führungsmacht erklärt auch die Herausbildung neuer Rollensegmente wie dem *Entwicklungshelfer* (vgl. Lawrow 2006a: 6; Lawrow 2007b: 2). Darüber hinaus wird das
Segment auch auf einer moralischen Ebene mit den Gräueln der Zwangskollektivie-
rung während der Hochphase des stalinistischen Terrors in den 1930er Jahren begründet (vgl. Putin 2003b: 5).

3.3 Interessen und Ziele

3.3.1 Gestaltungswille

In Moskau herrscht die historisch gewachsene Überzeugung vor, dass das Überleben Russlands mit seiner einzigartigen geographischen Lage im „center of world politics" (I. Iwanow 2002b: 2) nur im Rahmen der Rolle einer politisch und wirtschaftlich starken Führungsmacht sichergestellt werden könne:

> „Our entire historical experience shows that a country like Russia can live and develop within its existing boarders only if it is a strong nation. All of the periods during which Russia has been weakened, whether politically or economically, have always and inexorably brought to the fore the threat of the country's collapse" (Putin 2003a: 1).[57]

Daraus folgt die Zielvorgabe, im Rahmen einer aktiven Außenpolitik ein *globales Interessenspektrum* zu verfolgen, das nicht weniger als systemformenden Charakter – also *global control over Outcome* – besitzt:

> „Russia under no circumstances could afford to pursue a passive or isolationist foreign policy. On the contrary, interests of the country always made it play not merely an active, but in many respects a system-forming role in international affairs" (I. Iwanow 2002b: 2).

Das Ausmaß an internationalem Engagement wird mithilfe pragmatischer Gesichtspunkte ausgelotet. Russische Entscheidungträger fragen danach, inwieweit das Engagement die Position des Landes stärken kann (vgl. Putin 2000b: 3) und in welchem Verhältnis die Kosten zum Nutzen stehen (vgl. I. Iwanow 2002b: 2).[58] An diesem Denkmuster lässt sich ein tiefgehender Mentalitätswandel der russischen Elite ablesen, den man als *Domestizierung russischer Außenpolitik* bezeichnen kann: „For the past several hundred years, geopolitical reasoning dominated domestic politics and dictated the mobiliza-

---

57 Władimirowicz (et. al. 2005: 42) übersetzen den im russischen Originaltext verwendeten Terminus „сильная Держава" mit *Superpower*, wohingegen das russische Außenministerium die Bezeichnung *Strong Nation* verwendet. Beide Übersetzungen zeigen jedoch die eindeutige Tendenz der russischen Selbstwahrnehmung als Großmacht auf.

58 Diese rationale Sicht entspricht den Annahmen der strukturellen Realisten, wonach „interests expand with power" (Prestre 1997: 255).

tion of internal resources. Today, it is precisely the opposite: foreign policy caters to domestic reform" (S. Medwedew 2004: vii).[59]

3.3.2 Status und Prestige

Das russische Handeln ist sehr stark von *Status-* und *Prestigeinteressen* geleitet. Darin spiegelt sich die Selbstwahrnehmung eines Staates, dem aus Gründen der Gerechtigkeit ein angemessener Platz in den Reihen der mächtigsten Staaten der Welt zustehe (vgl. Medwedew 2008: 2). Daher setzen sich russische Entscheidungsträger das Ziel „to return Russia to its place among the prosperous, developed, strong and respected nations" (Putin 2003a: 6). Man kann zwischen drei Rollensegmenten unterscheiden:

(1) So dienen ein hoher Status und Prestige aus Sicht Moskaus als Legitimationsquelle für den globalen Führungsanspruch (vgl. Putin 2000b: 1; Wish 1980: 536). Der Begriff „Status" umfasst die „subjective perception that leaders have of the position of their country" (Prestre 1997: 8) und wird als Indikator für den Erfolg bzw. politischen Einfluss des Landes in der internationalen Arena angesehen: „Our ability to compete and our readiness to fight for resources and influence directly determines [...] Russia's authority in international affairs" (Putin 2003a: 7). Status und Gestaltungswille stehen also in einem engen Wechselverhältnis zueinander.[60] Aufseiten der in globalem Maß-

---

59   Russische Entscheidungsträger teilen diese Sichtweise (vgl. Lawrow 2007a: 1), die auf der Erfahrung gründet, dass außenpolitische Erfolge häufig mit hohen innenpolitischen Kosten bezahlt wurden: „Maintaining a state spread over such a vast territory and preserving a unique community of peoples while keeping up a strong presence on the international stage is not just an immense labour, it is also a task that has cost our people untold victims and sacrifice. Such has been Russia's historic fate over these thousand and more years. Such has been the way Russia has continuously emerged as a strong nation" (Putin 2003a: 2). Neben den immensen Verlusten bei der Verteidigung der Sowjetunion nach dem Überfall Nazi-Deutschlands im Sommer 1941 wird insbesondere der Rüstungswettlauf gegen die USA während des Kalten Krieges als negatives Beispiel für eine Diskrepanz zwischen den zur Verfügung stehenden Machtmitteln und den unternommenen Anstrengungen bemüht (vgl. I.Iwanow 2002b: 2). Die Wirtschaftskraft der USA lag von den 1950ern bis zum Ende der 1980er etwa zwei- bis dreimal höher als die der Sowjetunion (vgl. S.Medwedew 2004: 19; siehe auch Nogee/Donaldson 1981: 236f.).

60   Im Falle Russlands kann man diesen Zusammenhang auch daran erkennen, dass der Wunsch nach einem Großmachtstatus und der Rückkehr zu alter Stärke immer dann im Inland geäußert wurde, wenn Russland auf dem internationalen Parkett die Grenzen seiner Gestaltungsmacht aufgezeigt wurden (vgl. Müller 2012: 64). Es mu-

stab intersubjektiv geteilten Statusindikatoren kann Russland die Mitgliedschaft im UN-Sicherheitsrat und den Besitz von Atomwaffen für sich beanspruchen (vgl. Meschkow 2002: 4).

(2) Ein weiteres Rollensegment bezieht sich auf die an andere Akteure
gerichtete Forderung des Kremls, die russischen Interessen in das eigene
Handlungskalkül einzubeziehen (vgl. S. Iwanow 2004a: 3). Dies lässt sich als
Konsultationsreflex bezeichnen. Diese Vorstellung wird maßgeblich beeinflusst vom Selbstbild der Großmacht Russland als einem Faktor, der automa-
tisch in das Handlungskalkül anderer Akteure Eingang finden müsse (vgl.
Neumann 2005: 15) und ohne den sich drängende Probleme nicht lösen lassen (vgl. Meschkow 2003: 2): „Without Russia and despite Russia, not a single international problem of any significance can be solved" (Lawrow
2007c: 1). Russische Entscheidungsträger haben also eine genaue Vorstellung davon, welche Erwartungen gegenüber ihrem Land als angemessen gel-
ten. Umgekehrt ist dieser Statusorientierung die potentielle Gefahr inhärent,
dass Russland daraus das Recht auf die Wahrnehmung einer Vetomachtrolle
ableitet, sobald sich in Moskau die Einschätzung durchsetzt, auf einzelnen
Politikfeldern oder bei konkreten politischen Problemen nicht gebührend in
den Entscheidungs- und Umsetzungsprozess eingebunden zu werden (vgl.
S. Medwedew 2004: 24f.).

(3) Das letzte Rollensegment ist den Erkenntnissen russischer Entscheidungsträger in Bezug auf die zunehmende Bedeutung von *Soft Power*[61]
geschuldet. „Not only the investment climate and credit ratings but also its
position on the world scale of coordinates as a whole largely depend on what
impression this country, its policy and business make on the outside world"
(Mitrowanowa 2003: 2). Russland verfolgt also das Ziel, eine objektive – und
nicht auf Grundlage verzerrter Informationen gründende – Sichtweise auf das

---

tet vor diesem Hintergrund nicht verwunderlich an, dass russische Entscheidungsträger insbesondere zu Beginn der ersten Amtszeit Putins, die als Phase der inneren
und äußeren Schwäche wahrgenommen wurde (vgl. Putin 2000a: 2f.), wiederholt
den Wunsch nach alternativen Statusindikatoren äußerten, denen das Land leichter
gerecht werden könnte. Außenminister Iwanow brachte die Forderung dahingehend
zum Ausdruck, dass „a state's prestige among the nations should be measured not
by its military or economic might, but rather by its ability to responsibly fulfill its international obligations" (I.Iwanow 2001a: 2).

61   Ausführlich zum Konzept der *Soft Power* siehe Nye 2004.

Land zu gewährleisten: „Reliable information on the events in our country is a question of its reputation and national security" (Putin 2000a: 3; vgl. Lawrow 2005: 2).

3.3.3 Ökonomischer Aufstieg

Aus Sicht des Kremls ist die Rückkehr in das Konzert der Großmächte untrennbar verbunden mit dem *ökonomischen Aufstieg* des Landes (vgl. Putin 2000a: 3; vgl. auch S. Medwedew 2004: 34).[62] Daher wurde der Mangel an Gestaltungsmacht, der russischen Entscheidungsträgern in aller Deutlichkeit erstmals während der russischen Wirtschaftskrise 1998/1999 vor Augen geführt wurde (vgl. S. Medwedew 2004: 43), im Bereich der Weltwirtschaft als besonders schmählich empfunden: „Our country is still ‚excluded' from the process of forming the rules of world trade. We have not yet been allowed to take part in forming the rules of world trade" (Putin 2002: 9). Hier spielt auch der Wunsch nach internationaler Anerkennung in das Rollensegment hinein und äußert sich in der Warnung Putins, dass „the growing gap between lead-

---

62   Zunächst legte Putin eine quantitative Definition von Wirtschaftswachstum an und gab das Ziel vor, das BIP während der nächsten Dekade mindestens zu verdoppeln (vgl. Putin 2003a: 8), was eine Wachstumsrate von jährlich sieben Prozent notwendig machte (vgl. Putin 2006a: 2). Obgleich Moskau um die Notwendigkeit der Diversifizierung der Wirtschaft weiß (vgl. Putin 2001a: 4f.), genoss das auf dem Export von Rohstoffen basierende Wachstum zunächst Vorrang gegenüber wirtschaftlichen Reformen. Ein Grund dafür ist in dem starken Wunsch nach Stabilität zu suchen, der auf den traumatischen Erfahrungen der breiten Bevölkerung während der Transitionsphase der 90er Jahre (vgl. Thibault/Lévesque 1997: 36) sowie vorhergehenden Revolutionen basiert (vgl. Putin 2001a: 10) und sich in einer negativen Attitüde genüber Reformen äußert: „We do not need reform purely for the sake of reform. We do not need a permanent revolution" (Putin 2003a: 7). Insgesamt scheint sich mittlerweile eine vermittelnde Sichtweise zwischen Diversifizierung und Bewahrung des etablierten Wachstumspfades etabliert zu haben: „My assumption is that we must no doubt diversify the Russian economy, but not to kill in the process the goose that lays the golden eggs" (Putin 2004b: 20). Starke Wachstumszwänge begründeten schließlich eine qualitative Präzisierung des Wachstumsbegriffes hinsichtlich konkreter makroökonomischer Indikatoren und animierten Putin zu der Warnung, „that if we [...] do not ensure the necessary level of economic freedom, do not create equal conditions for competition and do not strengthen property rights, we will be unlikely to achieve our stated economic goals within the set deadline" (Putin 2006a: 2). Medwedew verkündete zu Beginn seiner Amtszeit, dass Russland wieder zu ökonomischer Stärke zurückgefunden habe und nun die notwendigen Schritte zur Modernisierung des Landes einleiten müsse (vgl. Medwedew 2008a: 2f.).

ing nations and Russia pushes us towards a *third world country*" (Putin 2000a: 2; eigene Hervorh.).

Gleichzeitig spiegeln sich hier die enttäuschten Erwartungen über die ausgebliebene ökonomische Nachsicht gegenüber Russland nach dem Ende des Kalten Krieges wider (vgl. Putin 2002: 2), die Moskau in der Wahrnehmung bestärkten, dass man in einer von wirtschaftlichen Zwängen dominierten Welt keine Hilfe erwarten dürfe (vgl. Putin 2002: 2) und eigenständig um einen „Platz an der ökonomischen Sonne" (ebd.) kämpfen müsse.

3.3.4 Sicherheit

Eines der wesentlichen Ziele ist die Herstellung von Sicherheit (vgl. Putin 2000b: 1). Die Rolle des *Produzenten von Sicherheit* umfasst sowohl die *globale Sicherheit* (1) als auch die *regionale Sicherheit* (2), wobei die Rolle als Produzent globaler Sicherheit auch als Ausdruck des internationalen Gestaltungswillens und als Pflicht einer Großmacht angesehen wird (vgl. S. Iwanow 2001: 1). Gegen Ende der zweiten Amtszeit legte Putin einen erweiterten Sicherheitsbegriff vor, der auch weiche Sicherheit umfasst: „It is well known that international security comprises much more than issues relating to military and political stability. It involves the stability of the global economy, overcoming poverty, economic security and developing a dialogue between civilizations" (Putin 2007b: 1).

(1) Eine wesentliche Dimension des Rollensegmentes *Produzent globaler Sicherheit* bezieht sich auf die strategische Stabilität, die nach russischer Lesart insbesondere die Auswirkungen der Existenz von nuklearem Waffenarsenal auf die internationalen Beziehungen betrifft und Russlands Selbstverständnis als „one of the most reliable guarantors of international stability" (Putin 2002: 11) begründet: „The key factor determining international security at the beginning of the XXI century, *as we see it*, is maintaining strategic stability" (S. Iwanow 2001: 2; eigene Hervorh.). Deutlich wird im Bereich der Nuklearwaffenpolitik auch, dass Russland die Erstschlagfähigkeiten der beiden größten Atommächte USA und Russland zu delegitimieren versucht: „In the present-day conditions equilibrium is an integral element of strategic stability which excludes a temptation for one of the sides to use nuclear arms in order to achieve its foreign policy goals" (Lawrow 2007e: 2). Obwohl sich russische

Entscheidungsträger an der Schwelle zum 21. Jahrhundert davon überzeugt zeigen, dass die Gefahr der globalen nuklearen Konfrontation auf ein Minimum reduziert wurde (vgl. Putin 2000b: 2), beharrt Russland auf dem Besitz von Atomwaffen. Zum einen möchte Moskau damit seine Abschreckungsfähigkeit beibehalten (vgl. Putin 2000d: 3, 6), zum anderem kommt darin das Selbstbild der russischen Großmacht und ihren Pflichten deutlich zum Ausdruck: „Russia will remain to be an important nuclear power bearing its *burden of responsibility* for nuclear deterrence" (vgl. S. Iwanow 2005: 2; eigene Hervorh.). In der russischen Rolle des Produzenten globaler Sicherheit spiegelt sich darüber hinaus auch die Rolle der globalen Führungsmacht, die altruistische Züge aufweist, welche über das eigene Sicherheitsbedürfnis hinausgehen:

> „The position of Russia protects rather not its own security, but the position of Russia proceeds from the need to take care of the international structure, of the international security architecture which has developed as of now" (Putin 2001b: 3).

(2) Die regionale Sicherheit – also die Sicherheit vor Bedrohungen im unmittelbaren Umfeld oder an den Staatsgrenzen der Russischen Föderation – ist als Pfeiler der russischen Sicherheitsarchitektur von überragender Bedeutung, da die Wahrnehmung des Kremls nach wie vor von einer „Belagerungsmentalität" (vgl. Haas 2010: 5) geprägt ist, der zufolge sich das Land stets in einem feindlichen Umfeld wähnt und von den Mongoleninvasionen im 16. Jahrhundert bis zum Überfall Nazi-Deutschlands zahlreiche Kriege zur Herstellung seiner Sicherheit führen musste (vgl. Tsygankow 2006b: 4f.; Nogee/Donaldson 1981: 10). Dementsprechend wird „to form a good-neighbor belt along the perimeter of Russia's borders, to promote elimination of the existing and prevent the emergence of potential hotbeds of tension and conflicts in regions adjacent to the Russian Federation" (Putin 2000b: 1) als wesentliches sicherheitspolitisches Ziel angesehen.

3.4 Strategien

Als Strategien sollen umfassende und langfristig angelegte Wege zur Zielerreichung verstanden werden. Damit unterscheiden sie sich von Instrumenten als konkreten Mitteln zur Erreichung der Ziele. Russland begreift sich als *multilateral eingebundene Macht*, die Alleingänge meidet und stattdessen gemeinsam mit anderen Staaten handelt. Diese Rolle wird von russischen Entscheidungsträgern als historische Konstante im Rollenkonzept bislang jeder Form russischer Staatlichkeit angesehen (vgl. I. Iwanow 2002b: 3). Insgesamt lassen sich drei relevante Strategien identifizieren.

3.4.1 Verrechtlichung

Moskau sieht in der *internationalen Verrechtlichung* – also dem Handeln „built on generally recognized norms of international law" (Putin 2000b: 1) – einen Weg, um das Prinzip der Verlässlichkeit zu etablieren und der zunehmenden Bedeutung des militärischen Faktors in den internationalen Beziehungen entgegenzuwirken (vgl. Putin 2007b: 2). Daraus ergibt sich die Präferenz Moskaus für vertraglich geregelte Regime und Abkommen, die in den Augen russischer Entscheidungsträger (vgl. I. Iwanow 2002b: 3) eine der großen Konstanten russischer Außenpolitik und diplomatischer Bemühungen darstellt (vgl. Thomas 1999: 27f.). Dennoch ist nicht ausgeschlossen, dass sich Moskau bei seinem Verhalten im (oder gegenüber dem) verrechtlichten Rahmen weniger von normativen als von instrumentellen Aspekten leiten lässt (vgl. Tocci/Manners 2008: 302f.).[63]

---

63   Diese historische Kontinuität wird auf Zar Nikolaus II. zurückgeführt, der im Jahre 1898 die europaweit erste Abrüstungs- und Friedenskonferenz initiierte und dabei weniger normative Aspekte im Sinn hatte: „Das [...] bedeutete jedoch nicht den Verzicht auf eine expansive Außenpolitik, sondern war eine Reaktion auf die Erkenntnis, daß Russland nicht imstande war, das Wettrennen um die von den Westmächten forcierte technische Umrüstung zu bestreiten" (Thomas 1999: 27f.). Darüber hinaus hat Russland von insgesamt 33 bedeutenden internationalen Verträgen aus den Bereichen Menschenrechte, Arbeit und Umwelt zwar 28 ratifiziert (EU: 32,5; USA: 16; China: 24; vgl. Tocci/Manners 2008: 321ff.), ist dabei allerdings als „norm-exploiter [rather] than a norm-producer" (Makaritschew 2009: 7) aufgetreten.

3.4.2 Multivektoralität

Die strategische Entsprechung des globalen Interessenspektrums spiegelt sich in dem Konzept der *multivektoralen Politik* wieder:

„Over the entire course of history a profound discussion went on in Russia as to what the principal vector of its development should be - eastern or western. In full measure this dispute applied also to the domain of foreign policy. Now the choice has been made, notably: both vectors - the Asian and Euro-Atlantic - have an independent value from the point of view of national interests, which demand the intensification of foreign policy activity on all directions. In other words, it is exactly its multivector thrust that constitutes the distinctive feature of Russia's present-day foreign policy. This ensures its effectiveness and the possibility to quickly react to the processes occurring in the world" (Meschkow 2002: 2).

Innerhalb dieses weitgespannten Rahmens können russische Entscheidungsträger je nach Interessenlage flexible Bündnisse eingehen (vgl. Lawrow 2006e: 1) und die internationale Staatenwelt in unterschiedlichen Kooperationsformaten (bi- oder multilateral; intergouvernemental im Rahmen (sub)regionaler Intergrationsprozesse) beeinflussen. Auch die variable Geometrie, also die Möglichkeit von elnander überschneidenden Mitgliedschaften in diversen Organisationsformen, gehört zu den als legitim erachteten Spielarten dieser Politik (vgl. Außenministerium 2005: 1).

3.4.3 Multilateralität

Kollektives oder *multilaterales Handeln* stellt eine häufig in den Reden genannte Strategie dar und wird als „fundamentally important tradition of Russian diplomacy" (I. Iwanow 2002b: 3) wahrgenommen. Außenminister Lawrow konstatiert einen Trend „of growing awareness of the need to strengthen collective foundations in the international politics" (Lawrow 2006a: 1). Er sieht in dieser Hinsicht „no alternative to tackling the existing problems through multilateral diplomacy" (ebd.). Dabei darf die multilaterale Strategie nicht zum reinen Selbstzweck verkommen (vgl. S. Iwanow 2001: 3).[64] Russische Ent-

---

64   Paradigmatisch zeichnet sich diese Haltung bei der von Russland angestrebten Mitgliedschaft (vgl. Putin 2001a: 6) in der Welthandelsorganisation (WTO) ab. In einer Rede beschreibt Putin das pragmatische Verhältnis zu dem Handelsregime folgendermaßen: „The WTO [...] is not an absolute evil and not an absolute good. [...] The WTO is a tool. Those who know how to use it become stronger. Those who cannot

scheidungsträger verstehen unter multilateraler Diplomatie jedoch insbesondere „collective leadership of major states that should represent the geographical and civilizational dimensions" (Lawrow 2007b: 16).

3.4.4 Primat der UN

Die Selbstwahrnehmung Russlands als multilateral eingebundene Macht äußert sich im Rahmen kollektiver Handlungsinstrumente im *Primat der UN*. Dieses Rollensegment bildete sich bereits in der zweiten Hälfte der 90er Jahre heraus und wurde in Artikel Vier der „gemeinsamen Erklärung über eine multipolare Welt" zwischen Russland und China festgeschrieben (vgl. Lawrow/Wang 1997). Auch heute noch werden die Vereinten Nationen als „most representative and universal international forum and [...] the backbone of the modern world order" (Putin 2006a: 12) angesehen. Dies lässt sich darauf zurückführen, dass die permanente Mitgliedschaft Russlands im UN-Sicherheitsrat russischen Entscheidungsträgern als Statussysmbol dient (vgl. Putin 2003b: 5) und sich darüber der globale Führungsanspruch legitimieren lässt. Mithilfe des Gremiums versucht Russland die Delegitimierung militärischer Gewalt durchzusetzen und multilaterales Handeln zu seinem eigenen Vorteil als neue Machtressource zu bekräftigen (vgl. Lo 2002: 89f.). Mit dem Rollensegment geht eine Blockadehaltung einher, die auf der „preservation of the status of the permanent members of the U.N. Security Council" (Putin 2000b: 3) basiert und in einem Spannungsverhältnis zu der Forderung steht, das Gremium zu reformieren und insbesondere für Schwellenländer zu öffnen (vgl. ebd.: 4).

3.4.5 Integration in die Weltwirtschaft

Die selbstbestimmte *Integration in die Weltwirtschaft* wird grundsätzlich als der einzige Weg zu wirtschaftlichem Aufschwung (vgl. Putin 2002: 9) und zu Beginn der ersten Amtszeit Putins als übergeordnetes Rollensegment angesehen, weshalb Russland „must act in the foreign policy sphere to protect our

---

or do not want to use it, those who prefer to sit behind protectionist quotas and tariffs are doomed. They are completely doomed strategically" (Putin 2002: 9). Daran wird deutlich, dass die WTO in erster Linie der Stärkung der eigenen Machtmittel dienen soll. Diejenigen Staaten, die dieses Instrument nicht zu ihrem Vorteil zu nutzen wissen, haben der russischen Lesart zufolge einen strategischen Nachteil.

country's economic interests and the interests of Russian business and Russian citizens" (Putin 2001a: 9). Damit geht ein Vorbehalt gegenüber wirtschaftspolitischen Eingriffen in die Souveränität der Russischen Föderation einher (vgl. ebd.: 6).[65]

Insbesondere gegen Ende der zweiten Amtszeit Putins wurde die Strategie um die Unterstützung von regionalen Integrationsprozessen erweitert, die als notwendiger Bestandteil zur Steigerung des weltweiten Wohlstandes angesehen werden (vgl. Lawrow 2007b: 16). Der geographische Schwerpunkt liegt im Bereich der GUS, da aus Sicht russischer Entscheidungsträger ein Zusammenhang zwischen wirtschaftlicher Entwicklung und Sicherheit besteht und mit dieser Strategie gleichzeitig unmittelbare russische Sicherheitsinteressen bedient werden können (vgl. Putin 2007a: 16). Im Laufe der Zeit erwies sich Moskau als zunehmend selbstbewusster Akteur, der zu Gesprächen über „ways to faciliate the free movement of capital, goods, services and labour on the European and Asian continents" (Putin 2007a: 16) aufruft und dabei in der Rolle einer Gestaltungsmacht auftritt: „Russia, with ist geopolitical position, can and will play an important part in this respect and will do all it can to encourage these processes" (ebd.).

---

65   So erklärte Putin die Abhängigkeit von internationaler Finanzorganisationen zu einem der wesentlichen Gründe, die eine Rückkehr Russlands zu alter Stärke verhinderten (vgl. Putin 2003a: 6). Wesentliche Strategien umfassten zunächst die Herstellung eines günstigen Geschäftsklimas zur Umkehr der massiven Kapitalflucht (vgl. Putin 2001a: 7) in einen „major inflow of private, including foreign, investment" (Putin 2005a: 5). Gleichzeitig bleiben bestimmte Wirtschaftszweige und Schlüsselindustrien, die zur Wahrung der russischen Autonomie und Sicherheit von großer Bedeutung sind (Verteidigung, Rohstoffe, Infrastruktur), von der Aneignung durch ausländisches Kapital ausgenommen (vgl. Putin 2005a: 5). Auch eine Stärkung der nationalen Währung wird als probates Mittel zur ökonomischen Integration angesehen, gleichzeitig lassen sich damit Prestigeinteressen befriedigen: „I would like to remind you that Russia once had one of the strongest and most respected currencies in the world. The value of the ‚golden rouble' was equal to the value of the nation itself" (Putin 2003a: 8).

3.5 Instrumente

Ausgehend von der Wahl der Instrumente lässt sich die Rolle Russlands als die einer *zurückhaltenden Militärmacht* beschreiben. Diese basiert auf den Rollensegmenten *Primat des Nichtmilitärischen* (1) und *defensive militärische Ausrichtung* (2). Dies bedeutet nicht, dass Russland zivilen Konfliktbearbeitungsmechanismen zwangsläufig den Vorzug gibt – es ist immer noch eine Militärmacht. Vor dem Hintergrund der zunehmenden machtpolitischen Durchdringung der internationalen Beziehungen (vgl. Lawrow 2005: 3f.) sehen russische Entscheidungsträger eine moderne Streitmacht[66] als wirkungsvolles Instrument zur Abschreckung und zur Bekämpfung von internationalem Terrorismus (vgl. Putin 2006a: 11). Darüber hinaus will Russland aus Prestigegründen nicht auf das Militär als Statussymbol verzichten: „In the 21st century the Russian Armed Forces must live up to the status of our great power" (S. Iwanow 2004b: 8).

3.5.1 Primat des Nichtmilitärischen

Grundsätzlich bedienen sich russische Entscheidungsträger der gesamten Bandbreite an außenpolitischen Instrumenten und verfolgen bei der Mittelwahl einen pragmatischen Ansatz: „Concentration of politico-diplomatic, military, ecnomomic, financial and other means on resolving foreign policy tasks must be commensurate with their real significance for Russia's national interests" (Putin 2000b: 3). Dennoch geben sie politischen, diplomatischen und anderen nichtmilitärischen Instrumenten den Vorzug (vgl. Putin 2000d: 5) und sehen die Grundlage für einen militärischen Einsatz nur dann gegeben, wenn alle anderen Instrumente nicht die gewünschten Ergebnisse zeitigen (vgl. Putin 2000c: 10f.). Ferner unterliegt der Einsatz der Streitkräfte außerhalb von russischem Gebiet einem Parlamentsvorbehalt (vgl. Putin 2001b: 1). Die Zurückhaltung lässt sich auf die traumatische Niederlage während des sowje-

---

66 In Moskau misst man der der Armee einen großen Stellenwert bei und stellt hohe Ansprüche an deren Modernisierung: „Modern Russia needs an army that has every possibility for making an adequate response to all the modern threats we face. We need armed forces able to simultaneously fight in global, regional, and – if necessary – also in several local conflicts. We need armed forces that guarantee Russia's security and territorial integrity no matter what the scenario" (Putin 2006a: 10).

tisch-afghanischen Krieges zurückführen, die zur Herausbildung eines „Afghanistan-Syndroms" führte – „a reluctance to engage the military on a large scale outside of Russia" (Menkiszak 2011: 13).

3.5.2 Defensive militärische Ausrichtung

Das militärische Potential der Russischen Föderation weist eine grundsätzlich defensive Ausrichtung auf (vgl. Putin 2000d: 1). Die Folgen moderner bewaffneter Konflikte werden aufgrund des „qualitative improvement in the means, forms, and methods [...], by the increase in its reach and the severity of its consequences" (ebd.: 2) als so schwerwiegend erachtet, dass der primäre Lösungsansatz auf frühzeitiger Prävention und friedlicher Konfliktregelung basiert (vgl. ebd.). Darüber hinaus setzt der Kreml dem Einsatz von Gewalt enge Schranken, weshalb Moskau militärische Gewalt als letztes Mittel unter maximaler völkerrechtlicher Legitimation erachtet (vgl. S. Iwanow 2004b: 7): „We need a systemic vision that combines political with, when necessary, military measures. Such measures should be agreed upon in advance, and be sensible and appropriate" (Putin 2003b: 6). Der defensive Charakter russischen Militärdenkens äußert sich auch in der Einschränkung des Gebrauchs russischer Atomwaffen auf die Zweitschlagskapazitäten (vgl. Putin 2000d: 6), die jedoch auch als Reaktion auf einen großangelegten Angriff mit konventionellen Streitkräften „in situations critical to the national security of the Russian Federation" (ebd.) erfolgen kann: „Finally, the integral formula of Russian policy in the field of nuclear weapons application may be reduced to the following: no aggression, no use of nuclear weapons" (Malinow 2000, zit. in Main 2000: 3). In diesem Denkmuster ist auch die Absicht zu verorten, die nuklearen Kapazitäten nicht zu erhöhen (vgl. S. Iwanow 2005: 2). Bei ureigenen nationalen Interessen wie der Souveränität und territorialen Unversehrtheit behält sich Russland das Recht zum präemptiven Einsatz kriegerischer Mittel vor (vgl. Putin 2000d: 13).

Der Kreml trifft eine Unterscheidung zwischen rechtmäßigen und unrechtmäßigen bewaffneten Auseinandersetzungen. Demnach sind bewaffnete Konflikte nur dann rechtmäßig, sofern sie mit den Prinzipien der UN-*Charta* in Einklang stehen und von der angegriffenen Partei zum Zwecke der Selbstverteidigung geführt werden (vgl. Putin 2000d: 13). Auch die aktive Gewaltanwendung – und insbesondere die Konfliktlösung (vgl. Putin 2003b: 6) – soll einzig über den UN-Sicherheitsrat legitimiert werden: „Our position is clear: the only organization with the right to authorise the use of force in international relations is the United Nations Security Council" (Putin 2001a: 10). Diese Sichtweise dient zugleich auch als Maßstab zur Bewertung der Beziehung zwischen Russland und der NATO: „The future of our relations with NATO therefore depends on how closely the basic principles and norms of international law will be respected in questions of use of force and threats of the use of force" (ebd.).

3.6 Alterorientierte Rollen

Die Wahrnehmung der Rolle eines *Unabhängigen* verhindert einen signifikanten Einfluss von Fremderwartungen auf das russische Rollenkonzept. Gleichwohl lassen sich im russischen Selbstverständnis insgesamt drei alterorientierte Rollen nachweisen.

Der Westen, verstanden als der euro-atlantische Teil der internationalen Staatengemeinschaft (vgl. Müller 2012: 48), nahm in den Augen Moskaus über einen langen Zeitraum hinweg die Rolle des signifikanten *Alter* (vgl. Tsygankow 2006b: 17) ein und prägte das russische Selbstbild des verspäteten Europäers, der den großen Errungenschaften der Moderne hinterherhinkte und diese Kluft stets durch eine nachholende Entwicklung zu reduzieren trachtete (vgl. Hedlund 2005: 15). Diese maßgeblich vom der Vorreiterrolle des Westens geprägte Alterorientierung Russlands lässt sich bis in die Herrschaft Peters des Großen (1682-1725) zurückverfolgen, der Europa ob seiner militärischen Überlegenheit bewunderte und in dieser Hinsicht auf Modernisierung durch Technologietransfer setzte (vgl. Tsygankow 2006b: 4). Nach dem Ende der Napoleonischen Kriege (1815) bis zum Ausbruch des Ersten Weltkrieges spielte Russland im europäischen Konzert der Großmächte eine bedeutende Rolle (vgl. I. Iwanow 2002b: 2).

Ein ähnliches Wirkmuster stand bei der Gründung der Sowjetunion Pate, die das „ultimate modern experiment: secular, urban, rational, supra-national and industrial" (Hopf 2002, zit. in S. Medwedew 2004: 16) darstellte und wesentliche Ideen Europas usurpiert hatte. Durch die theoretische Grundierung über den marxistisch-leninistischen Ansatz bildete sich bald eine auf Ablehnung beruhende Alterorientierung heraus, und zwar dergestalt, als die gesamte Handlungsgrundlage der Sowjetunion auf „der Existenz eines unerbittlichen und unüberwindlichen prinzipiellen Gegensatzes zwischen ‚Sozialismus' und ‚Kapitalismus'" (Wettig 1981: 25) basierte und die Machthaber das Rollenkonzept der SU diametral zu den Interessen des Westens konzipierten (vgl. Chafetz 1996: 667). Während der Umbruchphase zu Beginn der 90er Jahre diente der Westen zunächst wieder als signifikanter *Alter* (vgl. Müller 2012: 47), allerdings erkannte die russische Elite bereits während der zweiten Hälfte des Jahrzehnts, dass die Übernahme des *Aquis Communaire* der westlichen Staatengemeinschaft (Marktwirtschaft, Demokratie, individualistisches Rechtsdenken) sowie der Versuch, dringend benötigte Finanzhilfen und ausländische Direktinvestitionen anzulocken (vgl. Herr 2002), nicht die gewünschten Ergebnisse zeitigt und mit hohen Kosten verbunden ist (vgl. Tsygankow 2006b: 161). Im historischen Längsschnitt beinhaltet das Rollenkonzept Russlands also sowohl Elemente der Anerkennung als auch der Ablehnung des Westens.[67]

Ein weiterer Aspekt der russischen Alterorientierung gründet auf dem identitären Erbe der Sowjetunion und gilt seit ihrer Auflösung als rhetorische Konstante des Rollenkonzeptes (vgl. Kreikemeyer 1997: 61). Dieses Spezifikum der russischen Identität lässt sich als „external imperial identity" (Tsygankow/Tarver-Wahlquist 2009: 308) bezeichnen.[68]

---

67   Der „Osten" dient dagegen vornehmlich als geografische Abgrenzungskategorie. Dies zeigt sich etwa in den von Abgrenzungsmustern und Kolonialisierungsängsten geprägten Debatten um die Einwanderung von Chinesen in den Fernen Osten Russlands (vgl. Müller 2012: 51). Oder aber der Osten wird auf seine Rolle als reines Interessengebiet im Rahmen des globalen Interessenspektrums reduziert (z.B. Außenministerium 2004: 2). So auch beim russisch-japanischen Streit um die Kurilen, einer Inselkette im Pazifik, die gegen Ende des zweiten Weltkrieges von der Sowjetunion erobert wurde und seither der symbolischen Machtprojektion Russlands im Fernen Osten dient (vgl. Müller 2012: 52). In einem Zeitschriftenartikel erklärte Außenminister Lawrow zwar, dass „the premise appears to be unwarranted that ‚the preeminently European orientation of Russia ought to be preserved', and then also as a sort of guarantee of modernization of the country given ‚an inevitable turn towards Asia' [...]" (Lawrow 2006c: 1), doch dies impliziert, dass dieser Teil der Welt als ebenso rückständig aufgefasst wird, wie sich Russland in seiner Selbstwahrnehmung bisweilen gegenüber dem Westen wahrnimmt.

68   Damit wird der Umstand beschrieben, dass die Identität tief internalisiert und damit nicht mehr objektivierbar ist (vgl. ebd.). So sieht Russland etwa in den Demokratisierungsbemühungen der jüngsten Zeit eine moderne Neuauflage kolonialistischer Unterdrückungsmechanismen: „Looking back at the more distant past, we recall the talk about the civilising role of colonial powers during the colonial era. Today, ‚civilisation' has been replaced by democratization, but the aim is the same – to ensure unilateral gains and one's own advantage and to pursue one's own interests" (Putin 2007a: 2). Die distanzierte Haltung impliziert, dass im Kreml eine simplifizierende Vorstellung von imperialistischen Verhältnissen als ausschließlich überseeisch gedachten Verhältnissen vorherrscht (vgl. Putin 2005b: 1). Dabei lassen sich die völkerrechtlichen Vorgänger Russlands zweifelsohne auch als Imperien klassifizieren; der Unterschied liegt darin, dass sich ihre Peripherie in unmittelbarer geographischer Nähe zum Zentrum befand. Dadurch konnte sich „das zaristische Russland [...] zu keinem Zeitpunkt seiner Geschichte auf eine gesteigerte Mehrwertabschöpfung an der Peripherie beschränken, sondern musste stets auch die Bevölkerung des imperialen

Die Wahrnehmung der Rolle der Russischen Föderation als Teil des Westens besteht aus den Rollensegmenten *Russland als Teil Europas* (1) und *Russland als Partner der USA* (2). Hinzu kommt die eigenständige Rolle *Russlands als imperialistischer Macht* (3).

3.6.1 Russland als Teil Europas

Der Nachfolgestaat der UdSSR betrachtet sich als Teil Europas und begründet diese Zugehörigkeit auf zwei Ebenen. Erstens über ein gemeinsames Normen- und Wertesystem:

> „Above all else Russia was, is and will, of course, be a major European power. Achieved through much suffering by European culture, the ideals of freedom, human rights, justice and democracy have for many centuries been our society's determining values" (Putin 2005a: 2).

Der Umstand, dass sich Russland dabei das Recht zu einem demokratischen Exzeptionalismus einräumt (siehe Abschnitt 3.2.1), der sich von den Demokratiekonzepten des Westens abgrenzt, deutet darauf hin, dass die Identifikationstiefe beschränkt ist – und es bei diesem Rollenkonzept auch bleiben wird, da die Rolle eines unabhängigen und damit einer supranationalen Integration ablehnend gegenüberstehenden Russlands[69] inkompatibel ist zur

---

Zentrums erheblich belasten. Das petrinische Projekt lief darum auf die Selbstkolonialisierung des Zentrums zum Zwecke der Ausdehnung der imperialen Peripherie hinaus" (Münkler 2005: 121; vgl. auch Furman 2011: 6; S.Medwedew 2004: 21). Der britische Historiker Geoffrey Hosking notiert dazu: „Britain *had* an empire, but Russia *was* an empire" (Hosking, in: Tsygankow/Tarver-Wahlquist 2009: 308, Fn. 1; Hervorh. d. Autors).

69 Russland wäre zur Übernahme von EU-Regularien nur dann bereit, wenn es an deren Formulierung beteiligt wäre (vgl. Wipperfürth 2011: 71). Russische Entscheidungsträger sprechen in Hinblick auf ihr Integrationsverständnis von einer Parallelitäts- und einer Komplementaritätsthese. Demnach werden die unterschiedlichen Integrationsprozesse Europas (beispielsweise die Eurasische- und die EU-Integration) zur Vermeidung einer „Entweder-oder"-Integrationskonkurrenz als unabhängig voneinander verlaufende Prozesse angesehen (vgl. Tschischkow 2012), gleichzeitig sollen sie komplementär zu den Regularien des WTO-Regimes konzipiert werden (vgl. Außenministerium 2005: 8f.). Allerdings weicht Russland bei der Bewertung der potentiellen Integrationstiefe der russisch-belarusischen Union von diesem Verständnis ab: „From our point of view, the most justified thing would be to follow the principle of structures that have shown their viability, in particular, those of the European Union. [...] In the first place it is necessary to expand economic cooperation, to

hegemonialen Deutungshoheit der EU im Bereich europäischer Integrationsprozesse (vgl. Müller 2012: 56; Adomeit 2007b: 22; Joenniemi 2010: 16).
Noch deutlicher tritt diese Rolleninkompatibilität zutage, wenn die Statusorientierung Russlands hinzugedacht wird, die einer anderen Vorstellung angemessenen Handelns folgt als die EU: „The more visibility and the more
recognition Russia garners in the area of global security, where the name of
the game is sovereignty and power politics, the greater becomes the distance
between this kind of Russian policy and mainstream European policy, where
the name of the game is integration" (Neumann 2005: 25).

Zweitens zieht sich durch das Rollenkonzept der Russischen Föderation
die Wahrnehmung des Westens als überlegenem *Alter* (vgl. Lo 2002: 160).
Implizit zeigt sich dies auch in der Angst Russlands, aufgrund ausbleibender
wirtschaftlicher Erfolge als Entwicklungsland wahrgenommen zu werden und
dadurch einen Riss in die identitäre Zugehörigkeit zum Westen zu konstituieren. Daher kommt dem Motiv der Modernisierung des Wirtschaftsmodells
heute wieder stärkere Bedeutung zu (vgl. Haas 2009: 70), und die 2002 erfolgte Anerkennung Russlands als Marktwirtschaft genießt hohen Symbolwert
(vgl. Oldberg 2005: 36).[70]

3.6.2 Russland als Partner der USA

Moskau fordert in Hinblick auf die Beziehungen zu den USA eine
gleichberechtigte Partnerschaft: „The Russian ideal since the end of the Soviet Union has been to see Russia and the USA as equal partners in the international system, with the US-Russian relationship as the single most important one" (Smith 2001: 2). Damit geht die Ablehnung der Rolle eines *Juniorpartners* einher (vgl. Lawrow 2006d: 2). Bis in die Mitte der 1970er Jahre
erschien der Sowjetunion die Rolle des ebenbürtigen Partners als angemessen, da der Kreml „harte" Kriterien für die Bewertung seiner eigenen Position
als maßgeblich erachtete (vgl. Rühl 2003: 405). Nach der Auflösung der Sow-

---

standardize the legal sphere and only then to concern ourselves with supranational
institutions. That's the highest stage of integration" (I.Iwanow 2002c: 3f.).

70   Die Überlegenheit des Westens äußert sich auch in der folgenden Aussage Putins
zum europäischen Binnenmarkt: „In Europe, many nations agreed in Rome in 1957
on free movement of goods, people, and services. This all works well. But we cannot
achieve this within a single country" (Putin 2000a: 6).

jetunion bildete die verbleibende Supermacht USA weiterhin den holistischen Referenzpunkt jeglichen Handelns (vgl. Lo 2002: 23f.).

Aufgrund der inneren Schwäche und außenpolitischen Lähmung trat Russland Washington dabei in der Rolle des *Demandeurs* gegenüber (vgl. Rühl 2003: 407), der zu weitreichenden außenpolitischen Konzessionen bereit ist und im Gegenzug lediglich Forderungen stellt, die zur Wahrung seines innersten identitären Kerns notwendig sind. Die Tatsache, dass Außenminister Kosyrew bis 1992/1993 von einer „romantischen Phase" in den russisch-amerikanischen Beziehungen sprach (vgl. ebd.: 405), belegt die Zufriedenheit des Kremls hinsichtlich der Ergebnisse dieser Verhandlungen.[71]

Im Zuge der ab 1993 zu beobachtenden Renaissance der Großmachtrolle Russlands und der erneuten Hinwendung zum postsowjetischen Raum sensibilisierte sich die Wahrnehmung der asymmetrischen russisch-amerikanischen Rollenbeziehung und brachte einen selbstbewussteren Politikstil hervor. Dem ging die Erkenntnis voraus, dass die demokratischen und marktwirtschaftlichen Vorleistungen Russlands keine gewünschten Ergebnisse gezeitigt und zu einer weiteren Schwächung Russlands geführt hatten (vgl. Wipperfürth 2011: 34). In diesem Zusammenhang hatte sich die Idee „that Russia would somehow be absorbed into the Western international political economy managed by the United States" (Lynch 2012: 97) als Wunschdenken erwiesen. Der asymmetrische Charakter der amerikanisch-russischen Beziehung blieb zwar bestehen, musste jedoch aufgrund der Inkompatibilität mit der Großmachtrolle von Russland gewissermaßen kaschiert werden, und

---

71   So unterstützte Washington Moskau beim Anspruch auf den ständigen Sitz der UdSSR im UN-Sicherheitsrat und in anderen internationalen Organisationen. Die psychologische und symbolische Bedeutung dieser Geste kann für das Statusbedürfnis Russlands nicht hoch genug eingeschätzt werden, diente sie doch als Legitimierungsgrundlage zur „Pro-forma-Fortsetzung des auf der russischen Seite gekappten ‚Weltmachtbilateralismus'‚ (ebd.: 407). Im Gegenzug dazu akzeptierte Russland westliche Forderungen wie die deutsche Wiedervereinigung, den Verbleib von Truppen in Mitteleuropa, Konzessionen bei der konventionellen und strategischen Rüstungskontrolle (vgl. Joetze 2003: 481) sowie die Nahostpolitik der USA und signalisierte nach der irakischen Invasion Kuwaits seine Zustimmung für den ersten Golfkrieg (vgl. Oldenburg 1999: 133, 147).

so verstärkte sich das Kooperationsmuster (Status gegen Zugeständnisse) zwischen dem *Demandeur* Russland und den USA.[72] Paradoxerweise begann im sensiblen Bereich der NATO-Beitrittsverhandlungen mit Polen, Tschechien und Ungarn (1993-1997) die bereits angesprochene Institutionalisierung des außenpolitischen Denkens. So stimmte Moskau der ersten NATO-Osterweiterung zu; im Gegenzug erklärte sich der Westen 1997 zur Unterzeichnung der „Grundakte über gegenseitige Beziehungen, Zusammenarbeit und Sicherheit zwischen der NATO und der Russischen Föderation", zur Gründung des Ständigen Gemeinsamen NATO-Russland-Rates und zur Aufnahme Russlands in die „Gruppe der 7" (G7) bereit (vgl. Wipperfürth 2011: 47). Auch wenn einige Beobachter die Grundakte als Niederlage werten, da sie wesentliche amerikanische Forderungen wiederspiegelte[73] und Moskau die anhaltende Dominanz der USA vor Augen führte – innerhalb des institutionellen Handlungsrahmens konnte Russland seinen Einfluss vergrößern: „In spite of Russia's protests and unenthusiastic consent to the enlargement, the whole debate had created a unique institutional framework allowing Russia a bigger place and voice in European affairs" (S. Medwedew 2004: 42). Gleichzeitig akzeptierte Russland damit faktisch die Daseinsberechtigung der NATO (vgl. Adomeit 2007b: 8).

---

72 Nachdem Russland während der Kosovo-Krise vergeblich versucht hatte, einen amerikanischen Militärschlag gegen Serbien zu verhindern, konnte es sich nach den Luftangriffen auf den Kosovo mit seiner Forderung nach einem eigenen Sektor im Rahmen der KFOR-Truppe ebenfalls nicht durchsetzen (vgl. Spiegel 1999). Stattdessen wurde – wie bereits 1995 während des Bosnienkrieges geschehen – der US-Brigade ein russisches Kontingent zugeordnet (vgl. Rühl 2003: 415). Wichtiger als die Durchsetzung seiner Interessen war Moskau dabei die Wahrung seines „Großmachtgesicht[es] dank der äußeren, rein formalen Ebenbürtigkeit mit den Amerikanern" (ebd.). Die Geltungskraft dieses Tauschmusters zeigt sich nicht zuletzt auch daran, dass sich Moskau durch ein äußerst selektives Krisenmanagement auszeichnete, welches mit der internationalen Aufmerksamkeit korrelierte, die der jeweiligen Krise zuteil wurde (vgl. Lo 2002: 142). Bereits im August 2003 zog Russland seine Friedenstruppen aus Bosnien und dem Kosovo ab (vgl. Tsygankow 2006b: 139).

73 So wurde zwar der Ständige Gemeinsame NATO-Russland-Rat gegründet, doch dieser diente lediglich als Konsultationsorgan. Russland wurde weder ein Vetorecht gegen die Aktionen der NATO (und somit auch gegen den Beitritt weiterer Mitgliedstaaten), noch ein Mitspracherecht an den inneren Entscheidungen der NATO zugesprochen (vgl. NATO/RF 1997: 7; Rühl 2003: 414).

Unter Putin ist die Zielsetzung der gleichberechtigten Partnerschaft weiterhin aktuell, und so zeigen sich russische Entscheidungsträger in der Bewertung der Rolle des Juniorpartners ambivalent, da sie einerseits in Widerspruch steht zum globalen Führungsanspruch Russlands und dem Wunsch nach internationaler Anerkennung, Moskau andererseits weiß, dass ein Führungsanspruch auch aus Sicht der USA durch handfeste Machtmittel oder Symbole nationaler Stärke untermauert sein muss. Dieses Denkmuster tritt im folgenden Statement deutlich hervor:

> „I think that the talk here is not about a junior or senior partner. [...] *We are fully aware of what Russia is*, what place it occupies in the world, *what are our capabilities*. But Russia, with all the problems it has, with all its traditions, with all its national interests is a country which will never serve anybody's political interests" (Putin 2003c: 1; eigene Hervorh.).

3.6.3 Russland als imperialistische Macht

Bei der alterorientierten Rolle Russlands als imperialistischer Macht lassen sich drei Dimensionen unterscheiden: Eine kulturelle, eine territoriale sowie eine machtpolitische Dimension.

In der *machtpolitischen Dimension* wird der GUS-Raum, der mit Ausnahme der baltischen Länder sowie der Länder Mittelosteuropas alle ehemaligen sowjetischen Teilrepubliken umfasst, von Russland noch weitgehend als regionale Interessen- und Einflusssphäre angesehen (vgl. Putin 2003a: 10) und einer konfliktiven Logik[74] untergeordnet (vgl. Adomeit 2007b: 22). Der

---

74   Dies zeigt sich an folgender Aussage Putins: „We are not using sufficiently well the historical credit of trust and friendship, the close ties that link the peoples of our countries. Meanwhile, *there cannot be a vacuum* in international relations. The absence of an effective Russian policy in the CIS or even an unsubstantiated pause in the pursuit of such a policy will inevitably result in a situation where other, *more energetic states will fill this vacuum*" (Putin 2004c: 2; eigene Hervorh.). Da dies eine wie auch immer geartete Einflussnahme auf Drittstaaten impliziert und in Widerspruch zum Postulat der Nichteinmischung steht, sieht sich Russland zur Betonung der Unabhängigkeit der Länder im GUS-Raum veranlasst: „These states are independent in the true sense of the world. We, of course, have certain influence, just as they have some on us [...], but political decisions [...] these states make independently" (Putin 2001b: 1). Diese Inkonsequenz bestand in weitergehender Form bereits in der Sowjetunion. So galten die Prinzipien der Souveränität und territorialen Unversehrtheit nur für Staaten, deren Beziehung zur Sowjetunion sich innerhalb des Bezugsrahmens der friedenssichernden Koexistenz abspielte (vgl. Light 1988: 41).

Ausbau dieser Einflusssphäre gilt als „part of a natural historic dialectic, irrespective of one's own attitude towards it" (Lo 2002: 75).

Die *territoriale Dimension* basiert auf der Diskrepanz zwischen unveräußerlichen Grenzen als Kernkonzept moderner Staatlichkeit einerseits und der Ablehnung dieses Konzeptes durch Russland für die eigene Identität andererseits (vgl. ebd.: 20f.). Als Kennzeichen gewöhnlicher Staaten wird sie als inkompatibel mit dem Erbe des sowjetischen Großmachtgebildes und seiner *Blurring Boarders* angesehen (vgl. Furman 2011: 10). Konkret folgt daraus der Umstand, dass dem Schutz der Interessen und Rechte russischer Landsmänner im Ausland[75] aus Sicht des Kremls eine hohe Bedeutung zukommt (vgl. Putin 2001a: 10). Dieser Schutz gilt als rote Linie und wird vom Kreml aus der Gesamtheit der politischen Verhandlungsmasse herausgehalten: „We consider international support for the respect of the rights of Russians abroad an issue of major importance, one that cannot be the subject of political and diplomatic bargaining" (Putin 2005a: 7).

Die *kulturelle Dimension* beruht auf dem Selbstverständnis Russlands als „natural bridge between Europe and Asia, between two civilizations" (S. Iwanow 2001: 1) und als „united multi-ethnic community of peoples" (Putin 2003a: 3):

> „Having a unique cultural and spiritual identity has never stopped anyone from building a country open to the world. [...] Our country has historically developed as a union of many peoples and cultures and the idea of a common community, a community in which people of different nationalities and religions live together, has been at the foundation of the Russian people's spiritual outlook for many centuries now" (Putin 2007a: 4).

Aufgrund der spezifischen Dialektik des sozialistischen Internationalismus konnten die genannten Prinzipien keine Bestandteile des Rollenkonzeptes der Sowjetunion gegenüber sozialistischen Staaten sein, wie die militärischen Interventionen in einer Reihe von sozialistischen Staaten (Polen 1953, Ungarn 1956, Tschechoslowakei 1968) zeigen (vgl. ebd.: 201; Oldenburg 1999: 127f.).

75 Mithilfe semantischer Feinheiten lässt sich der tiefere Bedeutungsgehalt der Bezeichnung „Schutz der Landsmänner im Ausland" bloßlegen: So umfasst der Begriff „Landsmänner" [соотечественники] in einem weiten Sinne alle Mitglieder eines Personenkreises, die eine sprachliche, religiöse, kulturelle oder traditionelle Affinität zu Russland aufweisen (vgl. Jelzin 1999). Die Bezeichnung „im Ausland" [за рубежом] rekurriert Haas (2010: 18) zufolge auf eine emotionale Ebene: „It refers to something familiar, which binds together".

Der Umstand, dass die extraterritoriale Lage der Landsmänner durch völkerrechtliche Prinzipien wie Souveränität und territoriale Integrität zementiert
bleibt,[76] verleitet Russland zur Nutzbarmachung der kulturellen Dimension als
potenziellem Einflusskanal, und so erklärt Putin: „As Dmitry Likhachev wrote,
‚State sovereignty is also defined by cultural criteria'" (Putin 2007a: 4).[77]

---

76   In diesem Zusammenhang ist auch das bekannte (und häufig missverstandene) Zitat
     Putins zu begreifen: „Above all, we should acknowledge that the collapse of the So-
     viet Union was a major geopolitical disaster of the century. As for the Russian nation,
     it became a genuine drama. Tens of millions of our co-citizens and compatriots
     found themselves outside Russian territory" (Putin 2005a: 1).

77   Das Unbehagen äußert sich auch hier auf einer semantischen Ebene: So werden
     sämtliche Einwohner der Russischen Föderation als *россиянин* bzw. als *россиянка*
     bezeichnet, was sich mit „Russländer" bzw. „Russländerin" übersetzen lässt. Ethni-
     sche Russen hingegen werden als *русский* [Russe] bezeichnet.

3.7 Zwischenfazit – Russland als pragmatische Großmacht

Das vorangegangene Kapitel hat gezeigt, dass es möglich ist, auf Basis von Primär- und unterstützt durch Sekundärliteratur ein Rollenkonzept für die Russische Föderation zu erheben. Dabei hat sich das Kategoriensystem als sinnvoll erwiesen, da alle Kategorien inhaltlich ausgefüllt werden konnten und demnach sämtliche Dimensionen außenpolitischen Verhaltens abbilden. Insgesamt wurden in den Texten der Entscheidungsträger keine Ausreißer identifiziert, die völlig unterschiedliche Rollenkonzeptionen vertreten hätten. Dies bestätigt den vermuteten Konsens der verinnerlichten Rollenkonzepte unter den außenpolitischen Entscheidungsträgern. Auch weisen die einzelnen Rollen- bzw. Rollensegmente untereinander insgesamt eine kohärente Beziehung auf. Gleichwohl treten einige konzeptionelle Interrollenkonflikte auf:

Ein erster Konflikt ergibt sich aus der „weltanschaulichen Schizophrenie" Russlands (vgl. Makaritschew 2009: 4), also der Unterscheidung zwischen einem *kompetitiven* und einem *kooperativen Weltbild*. Beispielhaft sei hier auf die ambivalente Attitüde Russlands gegenüber dem Konzept der *Multipolarität* verwiesen. Einerseits wird eine multipolare Weltordnung als positiver Zustand begriffen: „In multipolarity there is no confrontational predeterminedness. On the contrary, there is a stimulus towards searching for a stable balance of interests" (Lawrow 2007a: 2). Andererseits verweisen russische Entscheidungsträger auf die negativen Begleiterscheinungen bei der Herausbildung einer solchen Ordnung: „In the years of the Cold War the situation in the world was more static. [...] Today, on the contrary, everything is in flux" (I. Iwanow 2002d: 1). Eine mögliche Erklärung dieser Ambivalenz wird ersichtlich, wenn man sich vom statischen Charakter von Rollenkonzepten entfernt und ein Moment des Wandels mitdenkt: demnach werden die (sprachlich vermittelten) kollektiven Bedeutungsinhalte einzelner Konzepte in einen intermediären Bezug zwischen der systemischen Umwelt und dem Rollenkonzept gesetzt und stets neu verhandelt. Vor diesem Hintergrund ist die positive Konnotation des Begriffes Multipolarität dem Umstand geschuldet, dass sich das wirtschaftlich gestärkte und innenpolitisch konsolidierte Russland gegen Ende der zweiten Amtszeit Putins selbst zu den aufkommenden Machtzentren zählt (vgl. Lawrow 2006e: 2) und dabei die Überzeugung vertritt, dass die

Herstellung einer multipolaren Weltordnung einer ökonomischen Transmissi-
onslogik folgt: „There is no reason to doubt that the economic potential of the
new centres of global economic growth will inevitably be converted into political influence and will strengthen multipolarity" (Putin 2007b: 2). Im Gegensatz
dazu wurde eine multipolare Weltordnung in den 90er Jahren noch als Zielvorgabe formuliert (vgl. Lo 2002: 24f), weshalb das ökonomisch geschwächte
Russland sensibler auf die negativen Aspekte einer solchen Weltordnung reagierte. Paradigmatisch hierfür ist der Vorschlag, jegliche Versuche „to counter Russia's consolidation as one of the centres of influence in a multipolar
world" (Lo 2002: 132) als potentielle Gefährdung in das Sicherheitskonzept
der Russischen Föderation von 2000 aufzunehmen.

Diese Ambivalenz wirkt sich auch auf andere Rollensegmente wie etwa
das *Primat der UN* aus: Einerseits befürwortet Russland das Aufkommen
neuer Machtzentren und versucht, von dieser Entwicklung zu profitieren, indem es die „acute necessity of new, flexible forms of collective leadership"
(Lawrow 2007e: 2) beschwört und aktiv an der Bildung neuer Kooperationsformate mitwirkt (vgl. Lawrow 2006d: 2). Andererseits ist die Russische Föderation bestrebt, die Status- und Machtsymbole der bestehenden Weltordnung
beizubehalten und deren Legitimität nicht zu untergraben (vgl. S. Medwedew
2004: xi-xii), da sie ein elitistisches Verständnis dieser Form von Multilateralität kultiviert hat (vgl. Lo 2002: 92).

Ein zweiter konzeptioneller Konflikt besteht zwischen der Rolle des *Unabhängigen*, der dem Prinzip der Souveränität eine universelle Gültigkeit zu-
spricht und daher selbst humanitären Interventionen kritisch gegenübersteht,
und der alterorientierten Rolle Russlands als *imperialistischer Macht*, die auf
einer ablehnenden Attitüde der genannten Prinzipien und Normen gegenüber
dem GUS-Raum beruht.

Bei der Frage nach der Kontinuität des russischen Rollenkonzepts lässt
sich festhalten, dass wesentliche Rollen(segmente), die in der Wahrnehmung
russischer Entscheidungsträger als konstante Leitlinien russischer Außenpolitik dienen, ihre Geltungskraft häufig aus historisch weit zurückliegenden Erfahrungen oder aus dem Versuch der Objektivierung bestimmter Faktoren
beziehen. Das am häufigsten bemühte Argumentationsmuster zielt auf die
geopolitische Lage ab, die angesehen wird als Ausgangspunkt des *globalen*

Interessenspektrums, einer *aktiven Außenpolitik*, dem *multivektoralen Ansatz* sowie der Rolle als *multilateral eingebundener Macht* (vgl. dazu ausführlich I. Iwanow 2002b). Dieser Nexus erleichtert es russischen Entscheidungsträgern, die Übernahme einer Großmachtrolle als objektiv zwingend darzustellen.

Daneben stellt sich die Frage nach etwaigen Bruchlinien in der außenpolitischen Rollenkonzeption als Indikatoren des Wandels. Da sich dieser „in evolutionären Schritten und an Bruchstellen auch in revolutionären Sprüngen" (Oldenburg 1999: 121) vollzieht, spricht aus rollentheoretischer Sicht einiges dafür, dass das „Neue Denken" Gorbatschows den Grundstein eines solchen revolutionären Sprunges darstellt und bereits Mitte der 1980er Jahre grundlegende Elemente für das Rollenkonzept der russischen Föderation unter Putin rekonfigurierte bzw. neu formulierte (siehe Tabelle 3).

Tabelle 3: Vergleich zwischen dem „Neuen Denken" unter Gorbatschow und dem Rollenkonzept der RF

„Neues Denken" unter Gorbatschow	Entsprechung im Rollenkonzept der RF
Interdependenz der Staatenwelt	Kooperatives Weltbild
Gegenseitige Sicherheit	Defensive militärische Ausrichtung
Lösung von Konflikten nur mit politischen Mitteln	Primat des Nichtmilitärischen
Hinlängliche defensive Verteidigung	Defensive militärische Ausrichtung
Verzicht auf Gewaltanwendung	Primat des Nichtmilitärischen
Priorität allgemeinmenschlicher Werte	Domestizierung russischer Außenpolitik
Absage an einen weltpolitischen Antagonismus der politischen Großsysteme	Entideologisiertes Weltbild, jedoch potentiell im konfliktiven Weltbild angelegt
Errichtung eines gemeinsamen europäischen Hauses	Russland als Teil Europas

Quelle: eigene Darstellung, nach Oldenburg (1999: 128)

Damit findet sich die These der vorliegenden Arbeit grundsätzlich bestätigt: Die außenpolitische Entscheidungselite unter Putin kann sowohl an die großen Grundkonstanten russischer Außenpolitik als auch an die konzeptionellen Rekonfigurationen unter Gorbatschow anknüpfen, die zum Zeitpunkt des Machtantritts Putins durch die Erfahrungen aus den 1990er Jahren ergänzt wurden.

Vor dem Hintergrund des vorangegangenen Kapitels lässt sich die erste Forschungsfrage zugespitzt folgendermaßen beantworten: Die maßgeblichen außenpolitischen Entscheidungsträger nehmen das Rollenkonzept der russischen Föderation als das einer *pragmatischen Großmacht* wahr. Dieser Terminus findet sowohl in der wissenschaftlichen Literatur (vgl. S. Medwedew 2004: xiii; Lo 2002: 175f.) als auch als Selbstbezeichnung russischer Entscheidungsträger (vgl. Putin 2006c: 2) Verwendung.[78]

Doch inwieweit lässt sich Russland grundsätzlich als Großmacht bezeichnen? Hanns W. Maull hat einen Minimalkonsens über wesentliche Merkmale einer Großmacht aufgestellt, der in der folgenden Tabelle mit den Merkmalen Russlands und seinem Rollenkonzept abgeglichen wird:

Tabelle 4: Vergleich zwischen den Kernelementen einer Großmacht und den Merkmalen bzw. Rollen der Russischen Föderation

		Kernelemente einer Großmacht	Merkmale bzw. Rollen der RF
	Objektive Kriterien	Kontrolle über signifikanten Teil des weltweit verfügbaren Territoriums und der Weltbevölkerung	RF als größter Flächenstaat der Welt; 9. Platz bei der Weltbevölkerung
		Souveräner (National)Staat	Unabhängigkeit
		Möglichkeit zu erheblichen militärischen Machtprojektionsressourcen	Produzent globaler Sicherheit
Subjektive Kriterien		Nutzung der Möglichkeiten zur Mitgestaltung	Aktive Außenpolitik; Globales Interessenspektrum; Kooperationsoffenheit, Multilateralität, Status und Prestige
		Fähigkeit zur signifikanten Beeinflussung internationaler Entwicklungen	

Quelle: eigene Darstellung, nach Maull (2007: 7); Central Intelligence Agency (2013)

Der Abgleich zeigt, dass sowohl die eher objektiven als auch die eher subjektiven Kriterien[79] zu einem Großteil gegeben sind bzw. sich zu einem großen Teil im Rollenkonzept der RF wiederfinden.[80]

---

78 Insbesondere Lo (2002: 160; hier 2003: 131) behandelt diesen Pragmatismus als Phänomen der individuellen Analysebene und kritisiert, dass „[Putin] is not fixated on ideology, geopolitics or cultural and civilizational categorizations. He has shown that he is prepared to be whoever and whatever depending on context and timing. Thus, he is European in Europe, transcontinental 'strategic partner' when dealing with the USA, Asian or Eurasian in Asia, and cautiously integrationist in the CIS." Kapitel 3.6 (Alterorientierte Rollen) hat indes gezeigt, dass die Rollentheorie dieses Verhalten auch über die individuelle Analyseebene hinaus zu erklären vermag.

79 Der Begriff der Objektivität meint hier, dass der Wahrhaftigkeitsgehalt der Kriterien in globalem Maßstab intersubjektiv geteilt wird.

Die Bezeichnung *pragmatische Großmacht* stellt zum einen auf den Bedeutungsinhalt einer Großmacht ab, die sich einen signifikanten *Outcome* auf die internationalen Beziehungen erwartet, eine hohe Statusorientierung aufweist und deren jeweilige Rollen im Rollenkonzept globalen Maßstäben verpflichtet sind. Zum anderen rekurriert der Begriff „Pragmatismus" auf die Einsicht des Kremls, von einer Großmachtorthodoxie abzulassen, nach den Regeln des 21. Jahrhunderts – also ausgehend von einer zunehmenden Interdependenz und im Rahmen kollektiven Handelns – zu spielen und eine am nationalen Interesse orientierte Kooperationsflexibilität zu kultivieren.

Im folgenden Kapitel wird die Außen- und Sicherheitspolitik Russlands im zentralasiatischen und im kaukasischen Raum[81] seit der Auflösung der Sowjetunion skizziert.

---

80   Dies trifft nur eingeschränkt auf die erhebliche Projektion militärischer Machtressourcen zu. Zwar misst Moskau den Streitkräften hohe Bedeutung zu, doch *de facto* stagnieren die Rüstungsausgaben auf einem Anteil von ca. 2,3 Prozent des BIPs (vorgesehen sind 3,5 Prozent). Auch die eigentliche Machtprojektion, in der Sowjetunion noch durch ein umfangreiches Netzwerk von Stützpunkten in den Mitgliedstaaten des Warschauer Paktes und verbündeten Staaten wie Vietnam oder Kuba gesichert, hat infolge der Auflösung der Sowjetunion und dem Abbau der Militärpräsenz im postsowjetischen Raum erheblich gelitten (vgl. Adomeit 2007a: 11f.). Maull (2007: 9) attestiert Russland auch fehlende (Mit-)Gestaltungsmacht „aufgrund seiner opaken und wenig effektiven Herrschaftsordnung [und] dem Fehlen ideeller bzw. ideologischer Attraktivität". Dem ist entgegenzuhalten, dass die Rolle der Gestaltungsmacht sich zumindest auf rollenkonzeptioneller Ebene wiederfindet. Auch dürfte sowohl die ideologische Attraktivität Russlands als auch die autoritäre Herrschaftsordnung, die unter dem Begriff der „souveränen" Demokratie eine normativ legitimierte und stabilitätsorientierte Alternative zur liberalen Demokratie westlichen Zuschnitts darstellt, im postsowjetischen Raum durchaus eine gewisse Wirksamkeit entfalten (vgl. Stykow 2007: 33ff.).

81   Bedingt durch die Fallauswahl wird die Politik gegenüber Aserbaidschan und Armenien nicht näher untersucht.

4. Die russische Außen- und Sicherheitspolitik in Zentralasien und im Kaukasus

„‚Bedrohung aus dem Süden‘ (južnaja ugroza) ist ein historischer Topos in Rußland, eine Perzeption, die in älteste Schichten russischer bzw. ostslavischer Geschichte zurückweist und sich auf Regionen und Völker bezieht, die spätestens seit dem 18. Jahrhundert ihrerseits Grund hatten, von einer ‚Bedrohung aus dem Norden‘, nämlich durch Rußland, zu sprechen" (Halbach 1999: 7).

Schaubild 1: Der Kaukasus und Zentralasien im Überblick

Quelle: www.weltkarte.com

4.1 Russland als selbstgenügsame Macht – 1991 bis 1993

Der fast zehnjährige Afghanistankrieg, der als Versuch zur Wiederherstellung der Ordnung am Rande der sowjetischen Einflusssphäre begonnen hatte (vgl. Johnson 2008: 52), brannte sich als das „Vietnam Moskaus" tief in die Identität Russlands ein und prägte maßgeblich die russische Sicherheitspolitik. Der Rückzug der sowjetischen Streitkräfte aus Afghanistan im Februar 1989 läutete das Ende der militarisierten Außenpolitik ein (vgl. Oldenburg 1999: 152) und markierte eine Kehrtwende der russischen Selbstwahrnehmung von einer Großmacht hin zu einer *selbstgenügsamen Macht*. Mit der Wahrnehmung dieser Rolle zog Moskau auch die Konsequenz aus der permanenten Machtüberdehnung während des Kalten Krieges und beschränkte die Interessen Russlands vorübergehend auf ein sehr eng definiertes Spektrum (vgl. Lo 2002: 61), das vornehmlich auf die demokratische und wirtschaftliche Eingliederung in die westliche Staatengemeinschaft gerichtet war (vgl. Kreikemeyer 1997: 51).

Das Rollenhandeln gegenüber dem zentralasiatischen Raum äußerte sich als *Passivität* und demonstratives Desinteresse (vgl. Borcke 1998: 7). Im Kaukasus, den Russland seit der Zeit Peters des Großen als originäre Einflusssphäre und als Krisenherd erster Ordnung betrachtet (vgl. Kreikemeyer 1997: 11), lässt sich im selben Zeitraum *kein staatliches, kohärentes Rollenhandeln* feststellen. Während die russische Politik in Tschetschenien, wo ab 1991 Unabhängigkeitsbestrebungen aufkamen und schließlich in einen innertschetschenischen Machtkampf mündeten, auffallend konzeptionslos blieb (vgl. Bodenstein 2001: 57), versuchten einzelne Kräfte der sicherheitspolitischen Elite, die Entwicklungen in Georgien für ihre Zwecke zu nutzen (vgl. Kreikemeyer 1997: 115). Georgien hatte im April 1991 seine Unabhängigkeit erklärt, worauf ein Bürgerkrieg ausbrach (vgl. ebd.: 113f.). Parallel dazu entstand der georgisch-ossetische Konflikt, da Südossetien eine Statusaufwertung zur autonomen und mit Nordossetien vereinigten Republik innerhalb der RF anstrebte, Georgien jedoch an seiner territorialen Integrität – und damit am Verbleib Südossetiens – gelegen war (vgl. ebd). In Abchasien zeichneten sich ebenfalls Unabhängigkeitsbestrebungen gegenüber Georgien sowie der Wunsch nach einer Eingliederung in die RF ab (vgl. Hopf 2005: 228). Dies stellte Russland vor ein grundlegendes Dilemma, bedeuteten die Ereignisse doch in jedem Fall eine Bedrohung seiner eigenen territorialen Integrität: Eine Statusaufwertung Südossetiens und Abchasiens hätte verheerende Signale an die autonomen Republiken im Nordkaukaus gesendet und sie zu weitergehenden Unabhängigkeitsbestrebungen ermutigt; eine Parteinahme zugunsten der territorialen Integrität Georgiens wiederum hätte Nordossetien provoziert (vgl. Kreikemeyer 1997: 118). Russland löste das Dilemma, indem es als *Vermittler* zwischen den Konfliktparteien auftrat und 1992 in Sotschi ein Waffenstillstandsabkommen aushandelte, in seiner offiziellen Rhetorik jedoch die territoriale Unversehrtheit Georgiens priorisierte (vgl. ebd.: 118f.).[82] Die Parteinahme zugunsten Georgiens lässt sich insbesondere vor dem Hintergrund der starken Westorientierung Russlands in diesem Zeitraum begreifen, da Georgien durch die im März 1992 erfolgte Ausrufung Schewardnadses zum Staatschef ähnlich wie Moskau einen Bruch mit der sowjetischen Vergangenheit forcierte und auf Demokratisierung setzte (vgl. Ryabow 2011: 262).

---

82   Dies zeigt sich auch in dem 1994 vereinbarten Grundlagenvertrag, der sich für die territoriale Integrität Georgiens ausspricht, aber auch fordert, dass die Interessen der Völker Abchasiens und Südossetiens berücksichtigt werden (vgl. ebd.: 141f.).

4.2 Russland als Schutzmacht der GUS – 1993 bis 1996

Ab 1993 wurden Bemühungen zur Wiederherstellung des Großmachtstatus erkennbar und erreichten 1996 unter dem neuen Außenminister Jewgeni Primakow ihren Höhepunkt (vgl. Kreikemeyer 1997: 57). Dieser richtete sein Augenmerk wieder verstärkt auf den Raum ehemaliger Sowjetrepubliken (vgl. Tsygankow 2006b: 24). Damit ging bereits im April 1992 unter dem Druck des sich anbahnenden Bürgerkrieges in Tadschikistan und dem Einzug der Mudschaheddin in Kabul die Rücknahme der sicherheitspolitischen Zurückhaltung zugunsten der Aufnahme der Rolle einer *Schutzmacht der GUS* einher.[83] Die Geschwindigkeit, mit der man im Kreml die Selbstbeschränkung zurücknahm, deutet darauf hin, dass die russische Perzeption des zentralasiatischen Raums als exklusiver Einflusssphäre zu den konstanten Wahrnehmungsmustern gehört und wieder mit dem Verhaltensmodus einer imperialistischen Macht in Einklang gebracht werden musste.[84] Daher wurde die Sonderrolle

---

83 Dies spiegelt sich auch in der konzeptionellen Aufwertung der Militärdoktrin von 1993. Darin werden „bewaffnete Konflikte, die auf dem Boden des aggressiven Nationalismus und religiöser Unduldsamkeit entstehen" (Lehmann 1994: 7), als besondere Gefahr deklariert. In einer Rede vor der UN-Generalversammlung im Herbst 1993 warb Außenminister Kosyrew offen für das alleinige Recht Russlands zur Stationierung von Truppen in den Nachbarstaaten und unterstrich den Zusammenhang zwischen dem Einsatz friedenssichernder Truppen und der Sicherung seiner Einflusssphäre (vgl. Kreikemeyer 1997: 71).

84 Diese Interpretation lässt sich in Anlehnung an Goffman als Rollendistanz beschreiben. Goffman versteht darunter die „Trennung zwischen dem Individuum und seiner mutmaßlichen Rolle [...]. Das Individuum leugnet tatsächlich nicht die Rolle, sondern das faktische Selbst, das in der Rolle [...] enthalten ist" (Goffman 1973: 121). Erleichtert wurde die Aufgabe der Selbstbeschränkung aus zwei Gründen: Erstens wurde die russische Selbstwahrnehmung als Schutzmacht strukturell erleichtert, da Jelzin bereits im Sommer 1990 den Ereignissen vorgegriffen und mit einer Souveränitätserklärung die staatliche Selbständigkeit Russlands proklamiert hatte, welches schließlich nach dem schleichenden Wegfall der ehemaligen Sowjetrepubliken als exklusiver Nachfolger der Sowjetunion übrigblieb und dadurch eine „singuläre Machtstellung im ‚ehemals sowjetischen Raum' mit einem Vorranganspruch gegenüber allen anderen ehemaligen Sowjetrepubliken" (Rühl 2003: 406) einnahm. Zweitens interpretierte Moskau die ausgebliebene Reaktion des Westens nach der Einmischung der russischen Armee in dem Konflikt um Transnistrien im Sommer 1992 als Signal für eine weitgehende Handlungsfreiheit im postsowjetischen Raum. Im Übrigen steckt bereits im Begriff des „nahen Auslands", den russische Entscheidungsträger bis zum Amtsantritt Putins verwendeten (vgl. Wipperfürth 2007: 17), ei-

Russlands im GUS-Raum als notwendige Teiletappe auf dem Weg zur Wiederherstellung des Großmachtstatus Russlands interpretiert (vgl. Alexandrova 2003: 18). So richtete sich das Rollenverhalten Russlands in erster Linie auf die Reorganisation der ehemaligen Sowjetrepubliken als Verteidigungsraum bzw. als einheitlichen militärstrategischen Raum (vgl. Kreikemeyer 1997: 63) und führte 1992 zur Unterzeichnung des GUS-Vertrags über kollektive Sicherheit (VKS) in Taschkent und die Einrichtung eines gemeinsamen Grenzschutzes (vgl. Borcke 1998: 8).

Bei der Rolle der Schutzmacht wird deutlich, dass das Rollenverhalten Russlands – auch aufgrund der mangelnden Ressourcenausstattung im ersten Jahrzehnt nach der Auflösung der SU (vgl. Lapina 2003: 104) – *reaktiv* blieb und Moskau als *egoistischer Produzent regionaler Sicherheit* handelte: „Der Kreml reagierte [...], wenn im Falle von Instabilität erhebliche Rückwirkungen auf Russland selbst drohten" (Wipperfürth 2011: 40).

So griff Russland während des Bürgerkrieges in Tadschikistan militärisch ein und unterstützte offen die bestehende Regierung (vgl. Allison 2008: 1156). Als sich hingegen der Bürgerkrieg in Afghanistan Mitte der 90er Jahre zuspitzte, beschränkte Moskau sein Handeln auf *diplomatische Aktivitäten*, *Drohungen* und *symbolische Machtprojektion* (vgl. Borcke 1998: 21f.). Dies hatte zwei Gründe: Zum einen grenzt Afghanistan lediglich an den zentralasiatischen Raum an, weshalb die Auseinandersetzung die Sicherheit Russlands nicht unmittelbar gefährdete. Zum anderen bewirkte die frische Erinnerung an die Niederlage im afghanisch-sowjetischen Krieg eine gewisse Zurückhaltung (vgl. Allison 2013: 72). Dementsprechend deklarierte Außenminister Kosyrew bei einem Treffen der Außenminister der GUS-Länder die tadschikisch-afghanische Grenze zur russischen Grenze um, da er die Umlenkung innerafghanischer Kämpfe nach Norden befürchtete[85] und die RF über keine eigenen Grenzanlagen verfügte. Selbst als die Taliban am 27. September 1996 Kabul einnahmen und den Kreml in seiner Angst vor ei-

---

ne politische Botschaft: Während Länder ohne gemeinsame Grenze mit Russland zum nahen Ausland gezählt wurden, wurden Anrainerstaaten wie Finnland und Polen als „fernes Ausland" bezeichnet (vgl. Alexandrova 2003: 16f.).

85   Auch der am 24. September 1993 von der GUS mandatierten friedensschaffenden Truppe, die zahlenmäßig von Russland dominiert wurde, kam zuvorderst die Aufgabe der Grenzsicherung zu (vgl. United Nations 2000).

nem Dominoeffekt bis nach Russland bestärkten (vgl. Borcke 1998: 11, 13), griff die russische 201. Motorisierte Schützendivision nicht in den Konflikt ein und beschränkte sich auf Machtprojektion (vgl. ebd.: 14).

Im Kaukasus hingegen setzte Moskau verstärkt auf ein *militärisches Instrumentarium* und zeigte sich deutlicher zur Durchsetzung eigener Interessen bereit. So wurde auf Grundlage des Abkommens von Sotschi die Gründung einer dreiteiligen friedensschaffenden Truppe vereinbart, die zwar wesentlich zur Einhaltung des Waffenstillstands zwischen Georgien und Südossetien beitrug, allerdings quantitativ und qualitativ von Russland dominiert wurde und nur bedingt militärische Neutralität wahrte (vgl. Kreikemeyer 1997: 120f.).[86]

Im Gegenzug akzeptierte Georgien ein Abkommen zum Aufbau von vier russischen Militärbasen sowie zur Eingliederung in die GUS und verpflichtete sich, den VKS-Vertrag zu unterzeichnen (vgl. Hopf 2005: 229). Auch begannen die russisch-georgischen Friedensgespräche erst rund zehn Monate nach der Stationierung der friedensschaffenden Truppe und wurden von russischer Seite nicht ernstgenommen, was einige Beobachter als einseitige Schwerpunktsetzung Russlands auf militärische Instrumente interpretierten (vgl. Kreikemeyer 1997: 124). Im Juni 1995 wurden die Grenztruppen an der georgisch-tschetschenischen Grenze verstärkt, um die 1994 beginnenden Kämpfe in Tschetschenien einzudämmen (vgl. ebd.: 131, 143). In Abchasien wurde nach einem einjährigen Sezessionskrieg am 12. Mai 1994 eine dem Wortlaut nach kollektive, faktisch jedoch nur aus russischen Kontingenten

---

86 In der Folgezeit nach dem Waffenstillstandsabkommen von Sotschi unterwarfen sich die Konfliktparteien weiteren Verpflichtungen, darunter der Einhaltung einer entmilitarisierten Sicherheitszone an der südossetisch-georgischen Verwaltungsgrenze, einer quatrilateralen Kontrollkommission zur Einhaltung des Waffenstillstandes sowie der Einsetzung der genannten Friedenstruppe, durch die der Aufenthalt weiterer Militärs in der Sicherheitszone untersagt wurde (vgl. Brzoska et. al. 2008: 3). Die Friedenstruppe steht unter russischem Oberkommando, und Russland hat sich bei mehreren Gelegenheiten offen auf die südossetische Seite gestellt, was sicherlich auch dadurch beeinflusst wurde, dass die Osseten das einzige nicht-muslimische Volk im Kaukasus sind und mehrheitlich (ebenso wie die große Mehrheit der Bürger Russlands) dem orthodoxen Christentum anhängen, was ihnen von georgischer Seite den Vorwurf einbrachte, sie seien „Russenknechte" (vgl. Kreikemeyer 1997: 123). Dies entspricht einer Mischung zwischen der *kulturellen* und der *territorialen Dimension* der Rolle Russlands als *imperialistischer Macht*.

bestehende GUS-Friedenstruppe stationiert (vgl. Nasyrowa 2004: 1088).[87] Die mehr oder weniger verdeckte Parteinahme zugunsten Abchasiens und Südossetiens ist einer egoistischen Neubewertung des Segments *territoriale Integrität* geschuldet, wodurch Russland die sezessionistischen Kräfte auf seinem eigenem Staatsgebiet in die benachbarten Regionen lenken und dadurch etwas Druck aus dem Kessel nehmen konnte (vgl. Ryabow 2011: 263).

Das Verhalten Russlands während des Sezessionskonfliktes in Tschetschenien (ab 1994) und im inguschetisch-nordossetischen Konflikt um die umstrittene Prigorodnij-Region stellt einen Sonderfall dar, da es sich um innerhalb der RF gelegene Gebiete handelt und die „Verbindung zwischen islamistischem Radikalismus und regionalem Separatismus" (Malaschenko 2003: 305) eine völlig andere Gefahrenklasse darstellte. Das lag zum einen am expansiven Wesen des sich dort herausbildenden Islamismus, welcher die Gründung eines Kalifates vom Schwarzen bis zum Kaspischen Meer anstrebte und damit die territoriale Integrität und Sicherheit Russlands unmittelbar bedrohte (vgl. Kreikemeyer 1997: 159), und zum anderen an der inneren rechtlichen Verfasstheit eines solchen Staatsgebildes, die auf der Einführung der Scharia basieren und damit säkulare rechtstaatliche Merkmale untergraben würde, die Moskau als konstituierend für sein Selbstverständnis als *Teil des Westens* wahrnimmt (vgl. Cohen 2002: 558, 560). Diese Faktoren blieben nicht ohne Auswirkungen auf die Wahl der Instrumente, und so verhängte Moskau im November 1992 in Inguschetien den Ausnahmezustand und griff mit einem massiven Streitkräfteangebot (u.a. mit Spezialtruppen des Innenministeriums und regulären militärischen Streitkräften) sowie schweren Waffen friedenserzwingend in den Konflikt ein (vgl. Kreikemeyer 1997: 153). Darüber hinaus zeichnete sich das russische Verhalten durch eine hohe Parteilichkeit zugunsten des moskautreuen Nordossetiens aus (vgl. ebd.: 151). In Tschetschenien ergriff Russland Partei für die Regimegegner des tschetschenischen Presidenten Dudajew und startete im Dezember 1994 eine mili-

---

87   Die Aufstellung der Truppe in Abchasien geht auf ein als „Moskauer Übereinkunft" bezeichnetes Waffenstillstandsabkommen vom 14. Mai 1994 zurück, ebenso wie die Aufstellung der UN-Beobachtermission UNOMIG (United Nations Observer Mission in Georgia), die die Einhaltung des Waffenstillstands und die Aktivitäten der GUS-Friedenstruppe überwachen sollte (vgl. RULAC 2011).

tärische Invasion, die aufgrund einer unverhältnismäßigen Mittelwahl nicht im Rahmen der Angemessenheit des heutigen Rollenkonzeptes zu verorten ist (vgl. ebd.: 160ff.).[88] Dieses widersprüchliche Verhalten brachte Moskau vonseiten Georgiens den Vorwurf „doppelter Standards" ein, da es im Südkaukasus separatistische Kräfte unterstützte, die es im Nordkaukasus als terroristische Aktivitäten diffamierte (vgl. Halbach 2003: 282).

Bei der angewendeten Strategie zeigt sich, dass Russland im gesamten Raum um eine *multilaterale Strategie* bemüht war, faktisch jedoch ein *unilaterales Rollenverhalten* zu beobachten ist. Dies hat mehrere Gründe:

Der erste Grund ist im mangelnden Willen internationaler Organisationen zur Aufnahme einer gestaltenden Rolle in den Ländern der GUS zu suchen (vgl. Wipperfürth 2011: 35). So bemühte sich Russland bei der UN um die Anerkennung der GUS als regionaler Organisation (vgl. Kreikemeyer 1997: 72). Erst in den *Resolutionen 993* (1995), *1030* (1995) sowie *1138* (1997) wurde dieses Anliegen bestätigt. Damit erhielt die GUS das Recht,

---

88 So befahl Präsident Boris Jelzin per Dekret die Entwaffnung der – wie es im offiziellen russischen Sprachgebrauch hieß – „illegal bewaffneten Formationen" (vgl. ebd. 1997: 162), bei denen es sich um die tschetschenischen Regierungstruppen handelte, „mit allen möglichen Mitteln" (Klaverstijn 1996). Dies führte zum Einsatz von rund 30.000 Truppen des Innenministeriums, die durch föderale Streitkräfte ergänzt wurden (vgl. Kreikemeyer 1997: 68). Im Laufe des Konfliktes kam es zu zahlreichen Menschenrechtsverletzungen und Massakern, wobei die Ermordung von mehr als hundert tschetschenischen Zivilisten im Dorf Samaschki durch russische Truppen im April 1995 einen Tiefpunkt markiert (vgl. Klaverstijn 1996). Darüber hinaus warf die russische Luftwaffe international weitgehend geächtete Streubomben über Wohngebieten ab (vgl. Kreikemeyer 1997: 164). Eine alternierende Erklärung für dieses brutale Konfliktverhalten bietet Bodenstein unter Rückgriff auf (innerstaatliche) institutionalistische Theorieansätze an: Demnach habe sich von der Einführung der neuen Russischen Verfassung im Dezember 1993 bis zur Intervention Ende 1994 eine Entscheidungsstruktur herausgebildet, die sich durch eine „dominante Exekutive, ein schwaches Parlament und – zur Zeit der militärischen Intervention in Tschetschenien – durch ein nicht existierendes Verfassungsgericht" (Bodenstein 2001: 61) auszeichne. Ähnlich argumentiert Stepanowa (2005: 313), wenn sie notiert, dass der Krieg in Tschetschenien in einem nahezu kompletten rechtlichen Vakuum stattgefunden habe. Rollentheoretisch gewendet erweitert dies jedoch nur den Rahmen des politisch Möglichen, nicht den Rahmen des politisch Angemessenen. Stepanowa (ebd.: 205) argumentiert dann jedoch implizit mit der Sozialisation der Entscheidungs- und Handlungsträger, da der Krieg im Wesentlichen durch „the former Soviet military and security personnel (including seasoned veterans of the Soviet Afghan war)" ausgefochten wurde.

selbständig friedenssichernde Operationen durchzuführen (vgl. Nasyrowa 2004: 1099). Dieses Verhalten steht in Einklang mit dem Rollensegment *Primat der UN*. Auch hatte sich Russland im Vorfeld der Stationierung der GUS-Friedenstruppe in Abchasien um die Aufstellung einer UN-Blauhelmtruppe bemüht, war aber am fehlenden Willen und Widerstand des UN-Sicherheitsrates gescheitert (vgl. Hopf 2005: 232). Dieser entsante zwar eine Beobachtermission, die sich jedoch nicht zur Durchsetzung des in Sotschi ausgehandelten Waffenstillstandes fähig zeigte. Erst im Nachhinein billigte der UN-Sicherheitsrat die GUS-Friedenstruppe in Abchasien (vgl. Kreikemeyer 1997: 133ff.). Darüber hinaus wurde während des Bürgerkrieges in Afghanistan auf Drängen Russlands eine Sitzung des UN-Sicherheitsrates einberufen – wobei diese forcierte Internationalisierung des Konfliktes weniger als genuin multilaterales Handeln denn als Wunsch nach Entlastung gewertet werden kann (vgl. Borcke 1998: 23). Darüber hinaus setzte Moskau auf die Konferenz über Sicherheit und Zusammenarbeit in Europa (KSZE), die insbesondere in den Konflikten im Kaukasus als Vermittlungs- und Krisenmanagementinstanz[89] agierte, aber eine Anerkennung und Kostenübernahme der nominellen GUS-, *de facto* aber russischen Friedenseinsätze ablehnte (vgl. Joetze 2003: 485f.). Die positive Rezeption der KSZE basierte auf der Hoffnung Russlands auf eine Ablösung der NATO zugunsten einer paneuropäischen Sicherheitsstruktur (vgl. ebd.: 480).

Der zweite Grund ist der Einfluss von Fremderwartungen in Form eines Schutzbedürfnisses, der sich insbesondere bei den zentralasiatischen Staaten feststellen lässt. Nach der Auflösung der Sowjetunion war Russland der einzige Staat, der bereit und imstande war, die finanziellen und militärischen Lasten eines *Produzenten regionaler Sicherheit* zu übernehmen.[90] Im Kauka-

---

89 So entsandte die KSZE 1992 eine eigene Mission nach Südossetien und arbeitete dort eng mit der von Russland dominierten GUS-Friedenstruppe zusammen (vgl. Kreikemeyer 1997: 122). Im Tschetschenienkrieg schuf die Organisation für Sicherheit und Zusammenarbeit in Europa (OSZE) eine ständige Mission in der tschetschenischen Hauptstadt Grosny und damit einen neutralen Vermittlungsraum, der das Ende des Krieges ermöglichte (vgl. Joetze 2003: 485; Kreikemeyer 1997: 182).

90 *De jure* sollte Russland exakt 50 Prozent zur materiellen und finanziellen Ausstattung der Kollektiven Friedenssichernden Streitkräfte beitragen, *de facto* belief sich der russische Beitrag Ende 1994 auf 96,2 Prozent. Die friedenssichernden Streitkräfte der GUS in Tadschikistan bestanden nahezu ausschließlich aus der russischen

sus fällt die Bilanz weniger eindeutig aus, doch baten mit Georgien und Abchasien beide Konfliktparteien Russland um die Stationierung friedenssichernder Kräfte (vgl. Nasyrowa 2004: 1088). Hinzu kam, dass sicherheitspolitisch relevante Entscheidungen wie die Abkommen zum Schutz der Außengrenzen und die Errichtung russischer Militärstützpunkte in den GUS-Staaten auf russischen Druck hin bilateral ausgehandelt wurden (vgl. Kreikemeyer 1997: 65f.).

Ein dritter Grund liegt in der russischen Interpretation von *Peacekeeping*-Operationen. Russland hält ein interessengeleitetes Akteursverhalten in diesem Rahmen für legitim und geht bei der Frage der Anwendung militärischer Gewalt über die Lesart von Institutionen wie etwa der KSZE hinaus (vgl. Schmedt 1997: 118, 120).

Diese Faktoren und die selektive Parteilichkeit Russlands beförderten den „Verdacht erneuter Hegemoniebestrebungen" (Joetze 2003: 479). Allerdings lässt sich einschränkend sagen, dass die „qualitative russische Überlegenheit [...] eher struktureller Natur [war]" (Kreikemeyer 1997: 120), auf bestehenden Machtasymmetrien aufbaute und erst nach vergeblichen Internationalisierungs- bzw. Multilateralisierungsversuchen aktiviert wurde. Eine aktivere Rolle von UN oder OSZE hätte den interessenorientierten russischen Ansatz möglicherweise insofern abgeschwächt, als diese Institutionen stärker auf die Einhaltung völkerrechtlicher (Souveränität, Nichteinmischung) und normativer (Menschen- und Flüchtlingsrechte) Prinzipien bestanden und die russische Sicherheitspolitik insbesondere gegenüber dem Kaukasus stärker in Einklang mit der Wertedimension des russischen Rollenkonzeptes gebracht hätten (vgl. Hopf 2005: 239).

Division, ebenso wie die GUS-Truppe in Abchasien, die auch *de jure* unter russischem Oberkommando stand und vor allem von russischen Streitkräften getragen wurde (vgl. Nasyrowa 2004: 1094f.).

4.3   Russland als wiederkehrende Großmacht – 1996 bis 2001

Mit dem Amtsantritt Jewgeni Primakows im Januar 1996 wuchs der Wunsch nach der Aufnahme einer *Großmachtrolle*, parallel dazu traten die Grenzen ihrer Realisierung deutlicher hervor. Moskau zeigte mit der Ablehnung der NATO-Osterweiterung über die „äußere Grenze der ehemaligen Sowjetunion" (Alexandrova 2003: 25) hinaus erstmals eine rote Linie auf. Damit wollte es in erster Linie seiner Sonderrolle im nahen Ausland Nachdruck verleihen (vgl. Rühl 2003: 412). Angesichts zunehmender zentrifugaler Tendenzen im GUS-Raum ab Mitte der 1990er Jahre blieben Russland nur wenige Möglichkeiten zu angemessenem Rollenhandeln, und so verlagerte Moskau sein Rollenhandeln auf eine Art *Integrationssymbolik*, indem es ständig neue subregionale Zusammenschlüsse aus der Taufe hob, die zumeist nur auf dem Papier existierten. Dies betrifft die 1996 gegründete Gemeinschaft Integrierter Staaten (GIS) ebenso wie die Zollunion zwischen Russland, Kasachstan und Weißrussland oder auch die Russisch-Belarussische Union (vgl. Alexandrova 2003: 22f.). Gleichzeitig konnte Moskau die Schwäche der GUS ausnutzen und sie zu einem Instrument russischer Interessensicherung ausbauen (vgl. Kreikemeyer 1997: 63). Daher kritisierten die Staatschefs der GUS-Länder auf einem Gipfeltreffen 1997, dass Russland für sich einen privilegierten Status beanspruche und als *Primus inter Pares* auftrete (vgl. Alexandrova 2003: 23).

Im zentralasiatischen Raum hatte Russland in der ersten Hälfte der 90er von den USA noch ein partnerschaftliches Engagement gegen den aufkeimenden islamistischen Fundamentalismus erwartet, doch wurde diese Erwartung vonseiten Washingtons enttäuscht (vgl. Kuhrt 2010: 6). Im Rahmen des 1994 aus der Taufe gehobenen NATO-Programms „Partnerschaft für den Frieden" (PfP) forcierte Washington mit umfassenden Eigenleistungen eine engere Einbindung der zentralasiatischen Staaten an die eigene sicherheitspolitische Konzeption,[91] musste jedoch schnell feststellen, dass dieses Vorhaben ohne aktive Beteiligung Russlands zum Scheitern verurteilt war (vgl.

---

91   Diese geht auf eine von Zbigniew Brzeziński entwickelte Doktrin des „geopolitischen Pluralismus" zurück, wonach die Unabhängigkeit der zentralasiatischen Länder gegenüber Russland zu stärken sei und der Türkei und China wiederum der Vorzug gegenüber Russland gegeben werden sollte (vgl. Kuhrt 2010: 6).

Adomeit/Reisinger 2003: 170). Dazu trugen angesichts der Zunahme sicherheitspolitischer Bedrohungen durch radikal-islamistische Gruppen insbesondere die Fremderwartungen der zentralasiatischen Autokratien bei, die die sicherheitspolitische Hauptrolle in der Region der RF zuschrieben, da sie das entschlossene Vorgehen Russlands gegen die „islamistischen Terroristen" im zweiten Tschetschenienkrieg mit Blick auf die eigene Regimekontinuität befürworteten (vgl. Halbach 2003: 287; Adomeit/Reisinger 2003: 169). Daher spielte Russland ab 1999 die „Rolle des sicherheitspolitischen Hauptpartners für die Region, die sich von Ausstrahlungen der Talibanherrschaft und Kampfaktivitäten islamistischer Akteure mit Rückhalt in Afghanistan im Fergana-Tal bedroht fühlte" (Halbach 2003: 287). Das Fergana-Tal[92] galt als Hauptoperationsgebiet der Islamischen Bewegung Usbekistans (IBU; vgl. Malaschenko 2003: 312), die einen islamistischen Scharia-Staat gründen wollte. Das russische Rollenhandeln war jedoch nicht substanziell genug, um die Rolle eines *Garanten regionaler Sicherheit* ausfüllen zu können (vgl. Halbach 2003: 287). 1999 zog Jelzin aufgrund von Finanzierungsproblemen etwa 3.000 Mann aus der usbekisch-kirgisischen Grenzregion ab (vgl. Buszynski 2005: 554) und beschränkte seine militärische Unterstützung fortan auf Waffenlieferungen (vgl. Halbach 2003: 287). Dadurch konnte die IBU zwischen 1999 und 2000 mehrfach Anschläge und Überfälle auf kirgisischem Boden verüben (vgl. Buszynski 2005: 555). Darüber hinaus setzte Russland zwischen Ende 1999 und September 2000 seine Militärhilfe an die Nordallianz (NA) aus, die es seit dem afghanischen Bürgerkrieg unterstützte.[93] Diese Maßnahme sollte in erster Linie die Abhängigkeit der zentralasiatischen Länder von russischen Sicherheitsgarantien demonstrieren (vgl. Menkiszak 2011: 19), denn als die NA im September 2000 in der Provinz Kunduz im Norden Afghanistans von Taliban-Kämpfern besiegt zu werden drohte, ge-

---

92 Das 300 km lange und bis zu 110 km breite Fergana-Tal liegt im usbekisch-tadschikisch-kirgisischen Grenzgebiet und ist das am dichten besiedelte Gebiet Zentralasiens.

93 Die NA bzw. Vereinte Front (offiziell: Nationale Islamische Vereinte Front zur Rettung Afghanistans) hat sich nach dem Einmarsch der Taliban in Kabul im September 1996 aus der geflüchteten Regierung Afghanistans unter dem Verteidigungsminister und Veteranen des sowjetisch-afghanischen Krieges Ahmad Schah Massoud gebildet und wird von Russland, Indien sowie dem Iran unterstützt (vgl. Lambeth 2005: 57).

währte Russland wieder Luftunterstützung. Noch im Mai 2001 sprach sich der Sicherheitsrat der RF für präemptive Luftangriffe auf Stellungen der Taliban aus (vgl. Chenoy 2001: 153f.).

In Tschetschenien hatte der nationalistisch gesinnte Präsident Maschadow im Mai 1997 mit Boris Jelzin einen Friedensvertrag ausgehandelt, der die Statusfrage Tschetscheniens ausklammerte. Derweil nahm der Einfluss radikaler tschetschenischer und arabischer Islamisten unter Schamil Bassajew zu. Der Überfall auf die tschetschenische Nachbarprovinz Dagestan im Herbst 1999 unter seinem Kommando markiert den Beginn des zweiten Tschetschenienkrieges, der häufig als „Russlands 11. September" bezeichnet wird (vgl. etwa Thamm 2008: 121) und einen massiven Anstieg terroristischer Anschläge nach sich zog (vgl. Smith 2004: 2).

Das Rollenverhalten Russlands in diesem Konflikt ist gegenüber dem ersten Tschetschenienkrieg nahezu konstant: So wurden erneut unmittelbar *militärische Instrumente* in großem Maßstab eingesetzt. Die Strategie des russischen Militärs beruhte auf einer massiven Bodenoffensive gepaart mit ungezielten Luftschlägen und Artilleriebeschuss und brachte – auch bedingt durch die asymmetrische Kriegsführung und Guerillataktik der tschetschenischen Rebellen[94] – hohe Verluste unter der Zivilbevölkerung sowie massive Menschenrechtsverletzungen mit sich (vgl. Bajew 2000: 1). Allerdings verbat sich Moskau im Gegensatz zum ersten Tschetschenienkrieg jegliche Internationalisierung des Konfliktes und beschloss sogar die Schließung der OSZE-Mission (vgl. Alexejew 2002: 3). Die Gemeinsamkeiten die Unterschiede zum

---

94   Ein gewichtiger Faktor für die Radikalisierung und Kompromisslosigkeit der tschetschenischen Rebellen ist in der Sozialisation zu suchen: „The second [war] has been increasingly fought in the Chechen side by the so-called war generation that has been growing up, with some of its most radical elements playing the role of ‚spoilers' by increasingly tailoring the use of terrorist means to disrupt concrete political developments" (Stepanowa 2005: 305). Alexejew (2002: 2) verwendet einen interessanten Indikator für die gewaltzentrierte Sozialisation und verweist auf die von tschetschenischen Waisenkindern gemalten Bilder: „In hundreds of paintings […] boys and girls depict gruesome battle scenes featuring Russian tanks, […] helicopters, planes and air-to-surface missiles. The Chechen fighters are portrayed as lone-wolf heroes standing up proudly to Russian military power." Geringstenfalls bedingte dies innerhalb der heterogenen tschetschenischen Rebellenbewegung die Entstehung der Gruppe der „Volksrächer", die sich den Rebellen aus Rachemotiven anschließen, etwa weil Verwandte ermordet oder verschleppt wurden (vgl. Schrepfer-Proskurjakow 2004: 977f.).

ersten Tschetschenienkrieg können rollentheoretisch schlüssig interpretiert werden:

So erhärtete sich die Bedrohungsperzeption seit dem ersten Tschetschenienkrieg zu einem greifbaren Faktum und beeinflusste dadurch die harte Mittelwahl Russlands: Im Sommer 1996 wurde in der faktisch unabhängigen Republik Tschetschenien die Scharia eingeführt, und im Frühling 1997 sah die russische Bevölkerung erstmals öffentliche Hinrichtungen im Fernsehen, die explizit auf dieser religiösen Gesetzesgrundlage vollzogen wurden. Am stärksten fällt jedoch der von islamistischen Gelehrten verbreitete Aufruf zum „bewaffneten Widerstand gegen die Ungläubigen" ins Gewicht, da er im Falle Russlands auf das potentielle Gehör von 20 Millionen muslimischen Bürgern der RF und weiterer 80 Millionen Muslimen an der südlichen Flanke stoßen und dadurch mit der territorialen Integrität und Souveränität Russlands einen maßgeblichen *Wesenskern der russischen Selbstwahrnehmung* massiv bedroht hätte (vgl. Cohen 2002: 559ff.).[95]

Die verweigerte Institutionalisierung ist den Umständen des Kriegsbeginns geschuldet, die unvermittelt eine eigene Dynamik entwickelten und dazu führten, dass Statusinteressen in dem Konflikt zu einer wichtigen Triebkraft wurden (vgl. Bajew 2000: 3). So konnte Wladimir Putin in der Nacht vom 31. Dezember 1999 auf den ersten Januar 2000 das Präsidentenamt nur deshalb übernehmen, weil ihm das harte Durchgreifen in der Position des Ministerpräsidenten zu Kriegsbeginn hohe Popularitätswerte bescherte. Somit korrespondierte es mit der unter Jelzin konstruierten Logik der Angemessenheit, wonach die Unabhängigkeit Tschetscheniens ein *Symbol für die Schwäche des Kremls* darstelle (vgl. Kagarlitsky 1999: 1485) und eine Niederlage die Eigenwahrnehmung Russlands als starker Nation geschmälert hätte –

---

95   Diese Bedrohung koalesziert mit den historischen Separatismuserfahrungen und verstärkte dadurch die Angst vor einem Dominoeffekt noch zusätzlich (vgl. Putin 2003c: 9). Damit lässt sich der Widerstand russischer Entscheidungsträger gegenüber einem möglichen Austritt Tschetscheniens aus der Föderation erklären, obwohl das Territorium eine große Last für Russland darstellte und die öffentliche Meinung mit der Abspaltung der Republik einverstanden war (vgl. Furman 2011: 6, 15). Sergej Medwedew erkennt in der Einstellung der Bevölkerung eine Neubewertung dieses Rollensegments aus einem pragmatischen Blickwinkel: „As a series of crises unfolded in the 1980s and 1990s, the territory began to lose its sacred meaning and started to be looked upon in functional terms: is it useful, cost-effective and sustainable?" (S.Medwedew 2004: 35).

ebenso wie die Internationalisierung des Konfliktes, da sie in Hinblick auf Russlands Status „might imply Moscow's relegation to the position of [a] failing state" (Alexejew 2002: 3).[96] Dies impliziert eine Vorrangigkeit der genannten Segmente gegenüber der *Zugehörigkeit zum Westen*, der die Vorgänge – anders als während des ersten Tschetschenienkrieges – aufmerksam beobachtete und Menschenrechtsverletzungen offen anprangerte (vgl. Bajew 2000: 5). Dadurch gerät der Krieg zur Metapher „for an ideological-civilizational gap in which Russia's emphasis on security runs counter to the west's concentration on human rights abuses" (Lo 2002: 166) – auch, weil sich die westlichen Institutionen durch den aus russischer Sicht völkerrechtswidrigen Einsatz der NATO (vgl. Zumach 2009) und die Missachtung der russischen Position während der Kosovo-Krise diskreditiert hatten (vgl. Joetze 2003: 490f.).

---

96   Dazu Neumann (2005: 14): „As late as 10 September 2001, bets were on as to whether Chechnya would actually be able to succeed in its attempt to be ‚the one that got away'."

4.4 Russland als zurückhaltende Großmacht – 2001 bis 2004

Die Neuvermessung des außenpolitischen Handlungsrahmens unter Putin blieb nicht ohne Auswirkungen auf die russische Kaukasus- und Zentralasienpolitik. Am deutlichsten fielen dabei die *pragmatische Neuausrichtung* und der Bedeutungszuwachs des Segments *wirtschaftlicher Aufstieg* ins Gewicht. Dieses Segment hatte vor der Amtseinführung Putins in seinen außenpolitischen Implikationen faktisch keine Rolle gespielt und konnte erst durch die Konsolidierung der Wirtschaftselite des Landes einen gewissen Einfluss auf die Außenpolitik ausüben (vgl. Ryabow 2011: 260).[97] Hinzu kam die Veränderung der Zusammensetzung der außenpolitischen Elite Russlands, die zunehmend von Angehörigen der Geheimdienste und der Armee dominiert wurde und dadurch zur Reproduktion des *konfliktiven Weltbildes* beitrug (vgl. Warkotsch 2004: 1116).[98]

Der zentralasiatische Raum hatte infolge von *9/11* einen Bedeutungszuwachs erfahren. Die weitgehende Kooperation Russlands mit den USA während des Krieges in Afghanistan war nach dem Angriff der „Koalition der Willigen" auf den Irak unter der Führung Washingtons merklich abgekühlt (vgl. Allison 2013: 85) und hatte in Russland zu der Erkenntnis geführt, dass es mittelfristig selbst die Rolle des *Produzenten regionaler Sicherheit* würde ausüben müssen. Zu diesem Zweck forcierte es die Aufwertung der kollektiven Sicherheitsstrukturen wie der Organisation für Kollektive Sicherheit (OVKS) und der Shanghaier Organisation für Zusammenarbeit (SOZ; vgl. Schmitz 2008: 21f.; siehe auch Abschnitt 5.4).

Allerdings waren zunächst nicht alle zentralasiatischen Staaten gleichermaßen geneigt, Russland als vollwertigen *Produzenten von Sicherheit* an-

---

97   So bemühte sich Russland um eine wirtschaftliche Reintegration des GUS-Raumes, die es um sicherheitspolitische Abkommen sowie bilaterale Energiepartnerschaften ergänzte. Diese dienten dem Zweck, die quasi-monopolistische Stellung Russlands im Bereich der Exportinfrastruktur zu stärken (vgl. Warkotsch 2004: 1117f.) und sollten die bis dahin präferierten Öl- und Gassubventionen aufgrund steigender Weltmarktpreise als Instrument ersetzen (vgl. Wipperfürth 2007: 17).

98   Der russischen Soziologin Olga Kryschtanowskaja zufolge sind die obersten Staatsorgane zu rund 70 Prozent von Politikern aus den genannten Sektoren durchsetzt. Vor diesem Hintergrund scheint die These Warkotschs von der Militarisierung der russischen Elite plausibel (vgl. ebd.).

zuerkennen, da ihr Bedeutungszuwachs nach dem 11. September die Zusammenarbeit mit den USA als alternativem Produzenten regionaler Sicherheit ermöglicht hatte. Doch in dem Maße, in dem während der Kriegsphase
die kurzfristigen und hauptsächlich auf Vergeltungsmaßnahmen gerichteten
Ziele der USA deutlich wurden, erkannten die zentralasiatischen Staaten,
dass die Präsenz der Amerikaner in der Region weder von Dauer sein würde
noch ihren langfristigen Sicherheitsinteressen dienlich war: „US public opinion
may accept body bags as a result of an operation against bin Laden but will
not accept American troops dying for Ashkhabad, Tashkent or Dushanbe"
(Plater-Zyberk/Aldis 2001: 6). In letzter Konsequenz wog diese Erkenntnis
stärker als die Anerkennung der positiven Rolle der USA beispielsweise bei
der Bekämpfung der IBU in Usbekistan Ende der 1990er Jahre (vgl. Lambeth
2005: 36).[99]

Die internationale Aufmerksamkeit gegenüber dem Kaukasus ließ nach
dem 11. September zunächst nach (vgl. Halbach 2003: 296). Gleichzeitig
sorgten massive innenpolitische Spannungen in Georgien dafür, dass das
Land infolge der „gesteigerten internationalen Aufmerksamkeit für die Ursa-

---

99   Paradigmatisch lässt sich diese Lernkurve an der Sicherheitspolitik Tadschikistans
beobachten: Nach dem 11. September rückte Tadschikistan zunächst von Russland
ab und überprüfte seine Haltung gegenüber der Präsenz russischer Truppen im
Land. In der Folge stellte es höhere Ansprüche an die Nutzung seines Territoriums
und forderte einen Abzug der Truppen, um künftig selbst für die Sicherung seiner
Grenzen aufzukommen. 2004 beschlossen jedoch der russische und der tadschikische Staatschef während eines hochrangigen Treffens die Transformation der 201.
Division zum 4. Militärstützpunkt, nachdem Putin im Dezember 2002 bereits die Öffnung eines neuen Militärstützpunktes in der Nähe der kirgisischen Hauptstadt Bischkek durchsetzen konnte (vgl. Paramonow/Stolpowski 2008: 6, 10). Die Anreize der
USA wiederum treten gegenüber Usbekistan deutlich zum Vorschein. So erhoffte
sich das Land eine umfassende Modernisierung seiner militärischen Einrichtung und
Infrastruktur (vgl. Plater-Zyberk/Aldis 2001: 5; Adomeit/Reisinger 2003: 171) und erhielt im Gegenzug für seine Kooperationsbereitschaft Hilfszusagen in Höhe von 100
Mio. US-Dollar für das Haushaltsjahr 2002/2003 sowie einen Kredit in Höhe von 60
Mio. US-Dollar (vgl. Halbach 2003: 293). Im Vergleich dazu hatte Russland beispielsweise Kirgistan für seine 2003 in Bereitschaft gestellte Basis zwischen 2005
und 2008 lediglich rund 4,5 Mio. US-Dollar jährlich gezahlt (vgl. Paramonow/Stolpowski 2008: 8). Dennoch schwenkte Usbekistan bald wieder auf einen prorussischen Kurs um (vgl. Schmitz 2008: 21). Es lässt sich also festhalten, dass
Russland den zentralasiatischen Staaten außer einer ewigen Freundschaft zwar
wenig anzubieten habe (vgl. Adomeit/Reisinger 2003: 171), die Ewigkeit jedoch bisweilen schwerer wiegt als materielle Anreize.

chen des Terrorismus als Demonstrationsobjekt für die Verbindung von schwacher Staatlichkeit und nichtstaatlicher Gewalt hervortrat" (ebd.: 284).

Evident wurde dies aus russischer Sicht durch den mangelnden Widerstand Georgiens gegen die zunehmende Nutzung des Pankisi-Tals durch tschetschenische Kämpfer (vgl. Schulze 2008: 11). Dies führte dazu, dass russische (gleichwohl offiziell nicht identifizierte) Kampfflugzeuge Ziele in dem Tal bombardierten (vgl. Halbach 2003: 298) und Russland Tbilisi mit einem präemptiven Angriff drohte (vgl. Falkowski 2006: 54). Daraus lässt sich folgern, dass in der Eigenwahrnehmung Russlands angesichts der starken Bedrohungsperzeption durch Georgien die Rolle des *Garanten regionaler Sicherheit*[100] gegenüber anderen Rollensegmenten wie der *Nichteinmischung*, insbesondere jedoch gegenüber dem zentralen Segment der *defensiven militärischen Ausrichtung*, dominierte. In diesem Zusammenhang hatte Moskau die anhaltende Einflussnahme mithilfe militärischer Präsenz mittlerweile internalisiert und sich – trotz regelmäßiger Resolutionen des georgischen Parlaments – einem Abzug seiner Truppen aus Abchasien verweigert (vgl. So-

---

100 Auch der folgende Vorfall deutet auf die Selbstwahrnehmung Russlands als alleinigen *Garanten regionaler Sicherheit* hin: So trugen russische Entscheidungsträger nachhaltig zur Darstellung Georgiens als einem Hort von Terrorismus bei – indem sie etwa Spekulationen über den Verbleib Osama bin Ladens im Pankisi-Tal anstellten –, doch als sich daraufhin die sicherheitspolitische Kooperation zwischen Georgien und den USA intensivierte, machte die negative Reaktion Russlands deutlich, dass das tatsächliche Ziel in der Stationierung weiterer eigener Streitkräfte in der betroffenen Region gelegen habe (vgl. Sokow 2002a: 4). Eigentlich wäre die Zusammenarbeit zwischen Washington und Tbilisi den von russischer Seite proklamierten Sicherheitsinteressen entgegengekommen, da sie auf einem Antiterrortraining georgischer Eliteeinheiten beruhte (vgl. Giragosian 2011: 248). Darüber hinaus kommt Giragosian (ebd.: 248f.) zu dem Schluss, dass die Zusammenarbeit „was not designated to provide the Georgian military with offensive capabilities that would upset the region's delicate balance of power, however, and is much more inwardly focused." Offiziell plädierte Russland zwar weiterhin für die territoriale Unversehrtheit Georgiens (vgl. Sokow 2002a: 2) und gestand dem Land die selbständige Wahl seiner sicherheitspolitischen Partner zu, doch einige Äußerungen etwa des Außenministers Iwanow zeigen, dass Moskau weniger durch die Kooperation zwischen den USA und Georgien *per se*, sondern vielmehr aufgrund der Missachtung seines Konsultationsreflexes verletzt war – zumal dies in seiner originären Einflusssphäre geschah (vgl. Nygren 2005: 167). Dies zeigt, dass ein pragmatischer Umgang mit den ehemaligen Sowjetrepubliken noch auf sich warten ließ, auch wenn er sich in institutioneller Hinsicht bereits abzeichnete, da Russland das Ministerium für die Politik gegenüber den GUS-Staaten 2001 zu einer Kommission abgewertet hatte (vgl. Oldberg 2005: 39).

kow 2002a: 2), ebenso wie einer Ablösung durch eine Mission unter UN-Mandat und dem 1999 vereinbarten Rückbau seiner Militärbasen auf georgischem Territorium (vgl. Nygren 2005: 162f.; Tsygankow/Tarver-Wahlquist 2009: 309). Dieses Verhalten wird insbesondere vor dem Hintergrund der terroristischen Anschläge am 11. September und der hohen Bedeutung der USA für Russland während dieser Krise (siehe Abschnitt 5) sowie als Reaktion auf eine Geiselnahme tschetschenischer Extremisten in einem Moskauer Theater im Oktober 2002 (Nord-Ost-Geiselnahme) erklärbar. Demnach wurde die Problemwahrnehmung der russischen Führung vom (im Kern unilateralen) militärischen Vorgehen der USA vor und während des Afghanistankrieges und dem Diskurs über präemptiven Gebrauch militärischer Gewalt gegenüber Terroristen in Drittstaaten geprägt (vgl. Allison 2013: 94).

So warf Moskau Tbilisi vor, tschetschenischen Terroristen einen sicheren Zufluchtsort zu bieten, ließ sich bei seinen Luftschlägen vom Vorgehen der USA gegen die Taliban inspirieren und erkannte die Nutzung umfassender militärischer Gewalt gegen Georgien verstärkt als angemessenes Mittel im Rahmen der Terrorismusbekämpfung auch außerhalb des Staatsgebietes an (vgl. Nygren 2005: 157, 165ff.; Stepanowa 2005: 307f.). Diese Anpassung lässt sich bis hin zum unilateralen Vorgehen und der Ablehnung einer multilateralen Friedenstruppe beobachten (vgl. Nygren 2005: 163).[101]

---

[101] Die Entscheidungselite der USA stand dem präventiven Gebrauch militärischer Gewalt gegen Georgien nicht so wohlwollend entgegen, da sie das Land als Brückenkopf in den Kaukasus ansah (vgl. Sokow 2002b: 1). Dessen ungeachtet schien ihr der präventive Gebrauch militärischer Macht im Rahmen der eigenen Außenpolitik legitim. Die lateinaffine Wissenschaft sieht sich darin den Spruch „Quod licet Jovi, non licet bovi" (in etwa: Was dem Jupiter erlaubt ist, darf der Ochse noch lange nicht) bewahrheiten (vgl. S.Medwedew 2004: 54; Sokow 2002b).

4.5 Russland als assertive Großmacht – 2004 bis 2008

Zu Beginn der zweiten Amtszeit Putins hatten sich sämtliche Wirtschaftsindikatoren in Russland verbessert (vgl. Tsygankow 2006c: 679)[102] und erleichterten Moskau potentiell die Möglichkeit zur Ausübung der Rolle einer *globalen Gestaltungsmacht* (vgl. ICG 2008a: 16). Auf politischer Ebene prägten insbesondere die sogenannten Farbrevolutionen[103] die politische Gemengelage.

Ihr Einfluss auf das russische Rollenhandeln kann insbesondere vor dem Hintergrund grundlegender Wahrnehmungsverschiebungen im Kreml plausibilisiert werden, die bereits in der Nachkriegsphase des Afghanistankriegs einsetzten und ihren vorläufigen Höhepunkt erreichten, als die USA mit dem Einmarsch in den Irak die Bereitschaft zur Implementation ihrer Regimewechselstrategie unter Beweis gestellt hatten (siehe dazu Abschnitt 5.4). Aus russischer Sicht bedrohte diese Strategie mindestens die *regionale Sicherheit*:

„It is the most dangerous to think up a system of permanent revolutions – now the Rose Revolution, or the Blue Revolution. […] Of course, we should pay attention to, support and help democracies, but, if we embark on the road of permanent revolutions, nothing good will come from this for these countries, and for these peoples. We will plunge all the post-Soviet space into a series of never-ending conflicts, which will have extremely serious consequences" (Putin 2004b: 8).

Schlimmstenfalls wäre jedoch die eigene *Unabhängigkeit* betroffen, da Hinweise dafür existierten, dass die USA auf einen Regimewechsel auch in Russland hinarbeiteten (vgl. Tsygankow 2007: 110).

Hinzu kam die Tatsache, dass die NATO von Russland wieder zunehmend anhand von negativen Aspekten wahrgenommen wurde. Erstens stärk-

---

102 Zwischen 1999 und 2005 hat sich das BIP Russlands bei einer jährlichen Wachstumsrate von rund sechs Prozent verdreifacht. Das Durchschnittseinkommen ist jährlich um rund 26 Prozent gewachsen. Bemerkenswerterweise lässt sich das Wirtschaftswachstum nur teilweise auf den fossilen Energiemarkt zurückführen, stattdessen stellten der Informationstechnologie-, Metall- und Verteidigungssektor die dynamischsten Wachstumsbranchen dar (vgl. Tsygankow 2006c: 679f.).

103 Unter dem Begriff „Farbrevolutionen" versteht man die weitgehend friedlichen Regimewechsel, die 2003 in Georgien (Rosenrevolution), 2004 in der Ukraine (Orange Revolution) und 200 in Kirgistan (Tulpenrevolution) stattfanden.

te die zweite NATO-Osterweiterung im März 2004 durch die Aufnahme von dezidiert antirussischen Staaten wie Estland, Lettland und Litauen innerhalb des Bündnisses das Gewicht derer, die stärker auf die traditionelle Selbstwahrnehmung der NATO setzten, „that is, a military alliance with military muscle and safeguard against any resurgence of Russian ‚great power' and neoimperialist ambitions" (Adomeit 2007b: 10). Zweitens hatten USA und NATO bis dahin keinen Abzugstermin ihrer Truppenpräsenz im zentralasiatischen Raum in Aussicht gestellt und konnten darüber hinaus keine nachhaltigen Erfolge in Afghanistan verbuchen (vgl. Allison 2013: 85).[104]

Daher konzedierte Russland die „Rückentwicklung vom postsowjetischen zum präzaristischen Zustand" (Joetze 2003: 497) und bettete die politischen Interaktionsmuster im kaspischen Raum auf grundlegende Weise in ein *konfliktives Narrativ*.[105] Deutlich wird dies am Rollenhandeln Russlands in OVKS und SOZ. Einerseits war Russland federführend an der Aufwertung der beiden Institutionen beteiligt und begrüßte die 2003 ins Leben gerufenen gemeinsamen Truppenmanöver, die sukzessive ausgebaut wurden (vgl. Schmitz 2008: 21f.), andererseits bezog der Kreml 2004 in einem Statement erstmals auch China in seine Kritik gegenüber der Militärpräsenz in Zentralasien ein (vgl. Warkotsch 2004: 1121). Somit war die russische Haltung nicht ausschließlich gegen den Westen gerichtet (vgl. Wipperfürth 2011: 131).

Vor diesem Hintergrund gelangten Russland und der Westen zu einer radikal divergierenden Interpretation der politischen Implikationen der Farbrevolutionen. Während insbesondere die EU die normativen Aspekte der Regimewechsel wie eine Demokratisierung und die Stärkung der Bürgerrechte

---

104 Die EU hatte an der Wahrnehmungsverschiebung ebenfalls ihren Anteil, da sie im Zuge der Veröffentlichung ihrer neuen Sicherheitsstrategie von 2003 und angesichts anstehender Erweiterungsrunden erstmals auch die Kaukasusregion als potentielle Einflusssphäre ausmachte und in ihre Nachbarschaftspolitik einbezog (vgl. Wipperfürth 2007: 21): „Wir müssen nun ein stärkeres und aktiveres Interesse für die Probleme im Südkaukasus aufbringen, der einmal ebenfalls eine Nachbarregion sein wird" (Solana 2003: 9).

105 Dies zeigt sich auch in der folgenden Aussage von Außenminister Lawrow, die an das sog. *Great Game*, also den mithilfe strategischer Bündnisse ausgetragenen Konflikt zwischen Großbritannien und Russland um die Vorherrschaft in Zentralasien angelehnt ist: „Playing one partner against another would be, mildly speaking, an unwise line of conduct sticking to the Big Game geopolitics, which no longer corresponds to the nature of international relations [...]" (S.Lawrow 2006c: 1).

hervorhob, beruhte die Wahrnehmung Russlands auf einer *konfliktiven Lesart* der Dinge, „reducing [the colour revolutions] to power confrontations" (Makaritschew 2008: 177). Damit bahnte sich eine Spaltung zwischen Russland und dem Westen an, die zusätzlich befeuert wurde durch die innenpolitischen Schlussfolgerungen Moskaus aus der Geiselnahme von Beslan.[106] Diese liefen auf eine Einschränkung demokratischer Prinzipien und die Stärkung der Machtvertikale hinaus (vgl. Władimirowicz et al. 2005: 16f.) und entfernten Russland zusätzlich von der wertebasierten Zugehörigkeit zu Europa (vgl. Makaritschew 2008: 183).[107] Der Westen reagierte auf diese Entwicklung mit einer normativ fundierten Neuinterpretation des GUS-Raumes und hob die *Baltic-Black Sea Region* (BBSR) aus der Taufe, die den Regimewechseln

---

106 Dabei handelt es sich um eine Geiselnahme nordkaukasischer Terroristen in der nordossetischen Stadt Beslan im September 2004, die von russischen Sicherheitskräften gewaltsam beendet wurde und offiziellen Angaben zufolge den Tod von 331 Zivilisten zu Folge hatte. Im Zuge der Tragödie kam es im Bereich der Terrorismusbekämpfung zu einer Anpassung auf konzeptioneller Ebene, und so wurde die zunehmende Verantwortung der Armee zur Terrorismusbekämpfung nun offiziell anerkannt, ebenso wie der präventive Gebrauch militärischer Mittel (vgl. S. Iwanow 2004b: 1, 2f.).

107 Die normative Kluft zwischen Russland und der EU lässt sich an einigen Textpassagen aus den Reden Putins vor der Generalversammlung veranschaulichen. In der Rede von 2004 wird deutlich, wie die normativen Fremderwartungen der EU in Moskau rezipiert werden: „It is far from everyone in the world that wants to have to deal with an independent, strong and self-reliant Russia. Political, economic and information pressure have become weapons in the global competitive battle today. *Our efforts to strengthen our state are sometimes deliberately interpreted as authoritarianism"* (Putin 2004a: 2; eigene Hervorh.). Aufschlussreich ist auch ein Versatzstück aus der Rede des Folgejahres, worin sich Putin zur Betonung der Zugehörigkeit zum Westen veranlasst sieht – ein Schritt, der die hohe identitäre Bedeutung der Rolle Russlands als *Teil des Westens* unterstreicht: „Above all else Russia was, is and will, of course, be a major European power. Achieved through much suffering by European culture, the ideals of freedom, human rights, justice and democracy have for many centuries been our society's determining values" (Putin 2005a: 2). Auch die unvermittelt den politischen Diskurs in Russland dominierende Kritik an den „doppelten Standards" der USA ist Ausdruck der normativen Spaltung. Damit meint Moskau die Diskrepanz zwischen der moralisierenden Rhetorik US-amerikanischer Entscheidungsträger bei gleichzeitiger Ausübung von Realpolitik, die der Eingliederung Russlands in die westliche Wertegemeinschaft keinen Raum biete (vgl. Hanson 2005: 7f., 11). In diesem Zusammenhang rekurrierte der Kreml auch auf die negativen Erfahrungen Russlands mit westlichen Staatsmodellen während der Jelzin-Ära und verwies auf die bisherigen Erfolge des russischen Exzeptionalismus unter Putin (vgl. ebd.: 10).

Tribut zollte und aus Sicht des Kremls Ausdruck war von „New Europe's ri-
sing geopolitical self-assertiveness, mainly vis-á-vis Russia" (ebd.: 150). Mit
dem Begriff *New Europe* pointierte Russland seine Kritik an der Umarmung
der EU von Ländern, die aus seiner Sicht keine europäischen Werte vertraten
(vgl. ebd.: 151).

Die so induzierte Spaltung blieb nicht ohne Auswirkungen auf die russische Außen- und Sicherheitspolitik gegenüber dem kaspischen Raum, da die
Farbrevolutionen ein Schwarz-Weiß-Denken beförderten (vgl. ebd.), wonach
auf der einen Seite dezidiert prowestliche Staaten wie Georgien, auf der anderen Seite die prorussischen Staaten wie Usbekistan und Kasachstan verortet wurden, denen die Farbrevolutionen die Instabilität ihrer eigenen Regime
vor Augen geführt und eine Wiederannäherung an Russland bedingt hatten
(vgl. Schmitz 2008: 21; Warkotsch 2004: 1120). Insbesondere Georgien rückte dadurch ins Zentrum der russischen Außen- und Sicherheitspolitik (vgl.
Wipperfürth 2007: 114).

Dabei war das Rollenverhalten Russlands gegenüber Georgien nach der
Rosenrevolution zunächst von Zurückhaltung geprägt. Russland setzte –
ebenso wie der neue Präsident Michail Saakaschwili – auf einen Neuanfang
(vgl. Nygren 2005: 160), betonte erneut die territoriale Integrität Georgiens
(vgl. Putin 2004b: 10) und nahm die Rolle des *unparteiischen Vermittlers*
wahr:

> „We presume that primary responsibility for settling the conflicts on the CIS territory
> belongs to the parties engaged in them. Russia is ready to render good offices in
> achieving compromise and mutually accommodating solutions" (Außenministerium
> 2005: 8).

Damit wurde eine *pragmatische Herangehensweise* handlungsleitend, die
von den Erfahrungen geprägt war, die Russland seit der Auflösung der SU im
Umgang mit seiner ehemaligen Einflusssphäre gemacht hatte: Demnach ließen sich militärische Instrumente umso erfolgreicher anwenden, je instabiler
sich die Zielregion ausnahm. Umgekehrt war die Nutzung eines militärischen
Instrumentariums dort relativ erfolglos, wo die demokratische und marktwirt-
schaftliche Transformation weit gediehen war (vgl. Adomeit 2003: 173f.).
Nach dieser Logik rechnete sich Russland mit seiner bisherigen Außen- und

Sicherheitspolitik gegenüber Georgien keine Erfolgschancen aus.[108] Ein empirisches Argument für diesen Wandel ist die russische Unterstützung der neuen Regierung bei der Beendigung des latenten Separatismus in der Provinz Adscharien im Frühling 2004 (vgl. Tsygankow 2005: 149), die im Gegensatz stand zum parteiischen Ansatz Moskaus in Abchasien und Südossetien und zu einer Konsolidierung der Souveränität Georgiens führte (vgl. Tsygankow/Tarver-Wahlquist 2009: 310).

Allerdings verschärfte sich die Haltung Georgiens in den Sezessionskonflikten um Abchasien und Südossetien, da Tbilisi die Rolle Washingtons als seinem Sicherheitsgaranten überbewertete (vgl. Mayer 2003: 713) und die Rückgewinnung seiner territorialen Integrität zum absoluten Imperativ erhob (vgl. Sulaberidze 2007: 59). Vor diesem Hintergrund schickte sich Georgien im August 2004 an, die Hauptstadt von Südossetien, Zchinwali, zu erobern (vgl. Ryabow 2011: 266) – und rückte ohne Not eine militärische Konfliktlösung in den Rahmen der Angemessenheit (vgl. Halbach 2008: 26). Russland sah im Verhalten Tbilisis einen Mangel an Reziprozität (vgl. Tsygankow 2005: 149) und reagierte entsprechend des *konfliktiven Weltbildes*, indem es zu stärker zwangsorientierten Instrumenten griff und bestimmte Rollensegmente instrumentalisierte: So verschärfte es die Ende 2000 eingeführte Visumspflicht für Georgier, von der die abchasische und südossetische Bevölkerung ausgenommen ist, und weitete die Vergabepraxis von russischen Staatsbürgerschaften an die Bewohner Südossetiens und Abchasiens aus (vgl. ebd.). Dies zeigt die Bereitschaft Russlands zur Instrumentalisierung des Segments *Schutz der Landsmänner im Ausland*, da die Bewohner der separatistischen Regionen durch die Passausgabe zu russischen Staatsbürgern und in der Logik des Kremls damit zu schutzwürdigen Subjekten wurden (vgl. Haas 2010: 105).[109] Darüber hinaus übte Moskau starken

---

108   Unter dem vorherigen Präsidenten Schewardnadse zählte Georgien als fehlgeschlagenes Transformationsland gemeinsam mit den konservativ-autoritären Ländern in Zentralasien noch zu den Ländern, in denen Russland über seine militärischen Hebel einen vergleichsweise starken Einfluss ausüben konnte (vgl. ebd.: 173).

109   In diesem Zusammenhang ist auch das Prozedere der Aneignung der Staatsbürgerschaft erwähnenswert, da es auf dem *Citizenship Act* von 2002 basierte. Dieser ersetzte ein überholtes Gesetz aus dem Jahr 1991 und sollte eigentlich die Aneignung der russischen Staatsbürgerschaft erschweren (vgl. Salenko 2012: 1). So müssen Aspiranten eine Verbindung zur RF in Form von familiärer Bande, langjährigem Auf-

politischen Druck auf den im Winter 2005 gewählten *de facto* Präsidenten Abchasiens, Sergej Bagapsch, aus. Daraufhin bot Bagapsch seinem von Moskau unterstützten prorussischen Kontrahenten Raul Khadschimba den Posten des Vizepräsidenten an und leistet bei der darauffolgenden Übernahme des abchasischen Sicherheits- und Verteidigungsapparates durch russisches Personal keinen Widerstand (vgl. Cornell et al. 2008: 5). Daraus entwickelte sich eine rege Reisediplomatie zwischen Moskau und den faktischen Vertretern Abchasiens und Südossetiens, dessen Staatsoberhaupt Eduard Kokoity ebenfalls prorussisch eingestellt war und auf einen Staatsapparat zurückgriff, der seit dem Amtsantritt Putins zunehmend von russischem Personal durchsetzt wurde (vgl. Falkowski 2006: 51; Allison 2008: 1147). Damit wird deutlich, dass die Betonung der territorialen Integrität Georgiens durch Moskau vollends zu einer Leerformel verkam und nicht länger mit dem Handeln übereinstimmte, da Moskau die Regionen faktisch als souveräne Entitäten behandelte.

Spätestens ab 2006 wurde für Moskau vollends offensichtlich, dass die Farbrevolutionen keinen aus westlicher Sicht gewünschten progressiven Kurs in den betroffenen Ländern induziert hatten (vgl. Tsygankow 2006c: 683). Der Kreml reagierte darauf, indem er die mangelnde normative (und stattdessen auf westliche Sicherheitsgarantien gerichtete) Unterfütterung der Westbindung Georgiens (vgl. Mayer 2003: 707) aufzuzeigen versuchte: „Russia [...] has accused Western countries of backing Saakashvili's ‚illusionary democracy', which, in Russian eyes, is oligarchic and despotic" (Makaritschew 2008: 180). Vor diesem Hintergrund reagierte Russland mit Unverständnis darauf, dass die NATO Georgien im September 2006 den Intensivierten Dialog anbot und damit die Frage der NATO-Mitgliedschaft aufwarf (vgl. Adomeit 2007b: 28). Es ist kein Zufall, dass Putin kurz darauf, auf der Münchener Si-

---

enthalt respektive Militär- oder Staatsdienst nachweisen; zudem muss der Heimatstaat seine Zustimmung zur doppelten Staatsbürgerschaft demonstrieren – was Georgien nie getan hat (vgl. IIFFMCG 2009: 18). Daher verwundert es, dass 2006 bereits 80 Prozent aller Einwohner Abchasiens und 90 Prozent aller Einwohner Südossetiens über die russische Staatsbürgerschaft verfügten (vgl. Falkowski 2006: 50). Darüber hinaus wurde 2001 ein Gesetz erlassen, das den Anschluss außerhalb des russischen Staatsgebiets gelegener Territorien an die RF ermöglicht. Einige russische Politiker stritten nicht ab, dass das Gesetz von der Situation in den abtrünnigen Regionen inspiriert war (vgl. Allison 2008: 1160).

cherheitskonferenz im Januar 2007, mit expliziter Kritik an einer unipolaren Weltordnung unter der Ägide der USA begann (vgl. Putin 2007b: 1; Tsygankow/Tarver-Wahlquist 2009: 321).

Durch diese negative Wahrnehmung Georgiens intensivierte Russland den Einsatz von *Zwangsmaßnahmen* und (*militärischen*) *Provokationen* erneut.[110] Darüber hinaus war Moskau gezwungen, Härte zu demonstrieren, da die konfrontative Logik ein Statusverständnis mit sich brachte, der auf einer *Politik der Stärke* fußte: „Das Renommee und die Glaubwürdigkeit Russland als aktive und nicht nur reaktive Macht würden nicht wiedergutzumachenden Schaden erleiden, wenn der Eindruck entstünde, dass Moskau lediglich widerwillig vor Druck zurückweicht" (Wipperfürth 2007: 126). Dies geschah vor dem Ziel, das Mächteungleichgewicht zwischen den separatistischen Regionen und Georgien nicht zu groß werden zu lassen, um eine militärische Option für Georgien unattraktiv erscheinen zu lassen (vgl. ebd.: 128).

Auch Georgien verstärkte seinen Mitteleinsatz. Saakaschwili genoss in der Außen- und Sicherheitspolitik große Handlungsfreiheit, da er mithilfe einer geschickten PR-Taktik erfolgreich das Narrativ von der imperialistischen Großmacht Russland, die sich gegen den demokratischen Kleinstaat Georgien wendet, lancierte (vgl. ebd.: 119, 121) und damit einerseits die normativen Fremderwartungen niedrig, andererseits den Druck auf die USA als seinem Schutzpatron aufrecht hielt.[111] Der vom UN-Sicherheitsrat verurteilte Ein-

---

110 Zu Beginn des Jahres 2006 verband Putin auf einer Pressekonferenz erstmals die Statusfrage des Kosovo mit den Konflikten in Abchasien und Südossetien, was angesichts der Kritik an den doppelten Standards als Bereitschaft zur Aufwertung der separatistischen Regionen zu verstehen war (vgl. Putin 2006b: 29). Am 23. März gab ein nachrangiger Kremlmitarbeiter die prinzipielle Bereitschaft Russlands zur Aufnahme Südossetiens in die RF bekannt, anschließend wurde diese lancierte Meldung von höherer Stelle dementiert. Ferner verhängte Russland ein Importverbot für georgische Weine (vgl. Wipperfürth 2007: 103) und errichtete einen militärischen Stützpunkt in Südossetien (vgl. Cornell et. al. 2008: 6). Nach massiven Drohgebärden georgischer Polizisten gegenüber hochrangigen Vertretern Russlands vor und nach den Feierlichkeiten anlässlich des 14. Jahrestages der Stationierung der Friedenstruppe in Südossetien drohte Russland nahezu unverhohlen mit militärischer Gewaltanwendung zum Schutz russischer Bürger (vgl. Wipperfürth 2007: 103, 115).

111 Dies geschah unter anderem mit umfangreichen Konzessionen: Im März 2006 erhöhte Georgien sein Truppenkontingent im Irak auf 900 Mann (vgl. Wipperfürth 2007: 103). Dabei handelte es sich um die am besten trainierten Elitesoldaten der Ersten Infanteriebrigade (vgl. IIFFCMG 2009: 214).

marsch Georgiens in das (faktisch zwischen Georgien und Abchasien zwei-
geteilte und im Norden an Russland grenzende) Kodorital in Abchasien im
Juli 2006 verdeutlichte der Führung im Kreml vollends die Bereitschaft Georgiens zur militärischen Wiederherstellung seiner territorialen Integrität (vgl.
Ryabow 2011: 272; Halbach 2008: 26). Russland antwortete mit umfassenden Wirtschaftssanktionen (vgl. Cornell et al. 2008: 6). Demgegenüber wurde
in der oppositionellen Zeitung *Kommersant* eine anonyme Quelle aus dem
russischen Verteidigungsministerium mit den Worten zitiert, dass eine „militärische Aktion gegen Georgien nicht ausgeschlossen werden könne" (Wipperfürth 2007: 109). Aus rollentheoretischer Sicht hatten damit beide Seiten bis
Anfang 2008 ein sehr breites Spektrum angemessenen Verhaltens etabliert.

   In den beiden folgenden Kapiteln wird das russische Verhalten in den
ausgewählten Fallbeispielen untersucht.

5. Zusammenarbeit mit den USA im „Kampf gegen den Terror" nach 9/11

„We're so multilateral it keeps me up 24 hours a day checking on everybody" (US-Außenminister Powell, in: Tyler 2001a).

Am 11.9.2001 brachten zwei von islamistischen Terroristen gekaperte Flugzeuge das *World Trade Center* in New York zum Einsturz und begingen damit einen der verheerendsten terroristischen Anschläge der Menschheitsgeschichte (vgl. Ambrosio 2003: 1). Unmittelbar nach den Anschlägen sicherte Putin seinem amerikanischen Amtskollegen George Bush als erster Staatschef überhaupt seine Unterstützung im „Kampf gegen den Terror" zu und initiierte damit den Beginn einer umfassenden Zusammenarbeit mit den USA.

Schaubild 2: Geopolitische Lage und Städte in Afghanistan

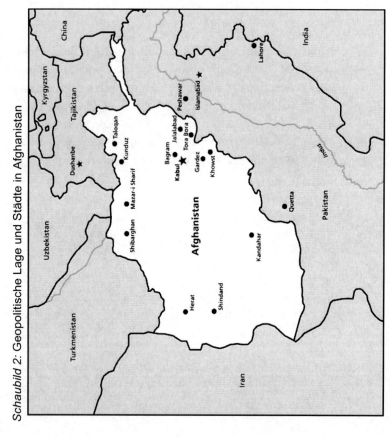

Quelle: Lambeth 2005: 79

5.1 Vorkriegsphase – 11. September 2001 bis 7. Oktober 2001

In der Vorkriegsphase stand der Ausbau einer breiten Antiterrorkoalition im Mittelpunkt, die insbesondere logistische, aber auch moralische und materielle Unterstützung leisten sollte (vgl. Lambeth 2005: xiiif.). Am 14. September machte Washington den Anführer und Begründer der regressiv-islamistischen Terrorbewegung *al-Qaida*, Osama Bin Laden, für die Anschläge verantwortlich und kündigte eine umfassende Militärkampagne an (vgl. Bumiller/Perlez 2001). Insgesamt konnten die USA nach einem knappen Monat diplomatischer Anstrengungen auf die nuancierte Unterstützung von mehr als 80 Staaten zählen (vgl. Lambeth 2005: 37).

5.1.1 Ideologie und Weltbild

Seit dem Amtsantritt Putins hatte sich die russische Außenpolitik ideologischer Altlasten entledigt und die Entscheidungsträger das konfrontative Weltbild um eine kooperative Komponente ergänzt (siehe Abschnitt 3.1; vgl. auch Wipperfürth 2011: 57). Dies rückte eine umfassende Zusammenarbeit mit den USA im Bereich der Terrorismusbekämpfung überhaupt erst in den Bereich des Möglichen.[112] Das *kooperative Weltbild* russischer Entscheidungsträger trug auf zweierlei Art und Weise zu dieser Entscheidung bei:

---

112 Dabei sollte auch erwähnt werden, dass bereits vor dem 11. September eine begrenzte bi- und multilaterale Zusammenarbeit in Hinblick auf die sicherheitspolitischen Implikationen Afghanistans für die Region existierte (vgl. Stepanowa 2001: 1). Bin Laden suchte 1996 während des afghanischen Bürgerkrieges, den die Taliban mit Unterstützung Pakistans und Saudi-Arabiens für sich entscheiden konnten, Zuflucht in dem fragilen Staat. Dort gewährte ihm Taliban-Führer Mullah Omar weitreichende Unterstützung im globalen Dschihad, was die Anschläge auf die amerikanischen Botschaften in Kenia und Tansania im Jahre 1998 ermöglichte (vgl. Johnson 2008: 94-99) und Afghanistan jäh wieder auf die politische Agenda der USA brachte. Im selben Jahr wurde die „6 Plus 2"-Kontaktgruppe gegründet, die Lösungsansätze für ein Ende des Bürgerkrieges zwischen Taliban und NA erarbeiten sollte. Das Gremium wurde von den USA und Russland sowie von den Nachbarländern Afghanistans besetzt (vgl. Allison 2013: 73). 2000 wurde eine bilaterale Arbeitsgruppe ins Leben gerufen, die sich mit Möglichkeiten der Terrorismusbekämpfung auseinandersetzte (vgl. Menkiszak 2011: 18). Die umfassende Zusammenarbeit nach *9/11* war jedoch anderer Qualität. Dies lässt sich nicht zuletzt am Widerstand weiter Teile des sicherheitspolitischen und militärischen Establishments der RF ablesen (vgl. Buszynski 2005: 548): So protestierten 218 ehemalige und aktive Entscheidungsträger

Erstens hatten die außenpolitischen Entscheidungsträger in Russland das *Denkmuster kollektiven Handelns* zum Zeitpunkt der Terrorangriffe weitgehend internalisiert und ermutigten die USA dementsprechend zu einer multilateralen Strategie. Auf diesem Weg wollten sie sich potentielle Einflusskanäle auf die Entscheidungsfindung der USA offenhalten – etwa im Rahmen einer UN-geführten Antiterrormission (vgl. Allison 2013: 79). Dies schien angesichts des unilateralen Vorgehens Washingtons und der NATO während des Kosovokrieges 1999 sowie der konzeptionellen Neuausrichtung der NATO auf Einsätze außerhalb des Bündnisgebietes angebracht (vgl. Wipperfürth 2011: 51). Daher betonte der russische Außenminister Iwanow bei einem Treffen mit US-Präsident Bush am 19. September:

> „Russia has always favored expanded international cooperation in the struggle against extremism and terrorism, because no state, *however strong it may be*, cannot [sic!] tackle the problem single-handedly" (I. Iwanow 2001b; eigene Hervorh.).

Zweitens hatte Russland nach einem knappen Jahrzehnt unangefochtener US-Vorherrschaft einen USA-Automatismus entwickelt, der im Gegensatz zur eigenen marginalen Rolle im postsowjetischen Raum eine optimistische Einschätzung der Gestaltungsfähigkeiten der USA bedingte (vgl. Lo 2002: 96). Folglich erwartete Moskau, dass die Vereinigten Staaten die Rolle des *Garanten regionaler Sicherheit* besser würden ausfüllen können als Russland selbst (vgl. Buszynski 2005: 548). Noch am 6. Oktober, dem Vortag des Beginns der Angriffe auf Stellungen der Taliban, sprachen sich verteidigungspolitische Duma-Abgeordnete voller Angst gegen einen unvermittelten Abzug der USA aus der Region nach dem Sturz des Taliban-Regimes aus (vgl. RIA 2001g).

5.1.2 Normen und Werte

In der Vorkriegsphase stellte *Unabhängigkeit* in der Wahrnehmung russischer Entscheidungsträger eine wichtige Norm dar. Dabei ging es Russland darum, sich rhetorisch vom Einfluss der Erwartungen, Überlegungen und Entscheidungen Washingtons auf das eigene Handeln zu distanzieren. Moskau wollte

---

aus diesem Personenkreis öffentlich gegen die Entscheidung, den USA Zugang zu zentralasiatischen Militärstützpunkten zu gewähren (vgl. Lynch 2012: 96).

keinesfalls als Steigbügelhalter amerikanischer Interessen angesehen werden und beteuerte, dass die Entscheidung zur Zusammenarbeit eine Konsequenz aus den Erfahrungen in Tschetschenien sei:

„Therefore the backing by Russia of the Anti-Taliban United Front, and then active participation in the formation of the antiterrorist coalition after the tragedy in the US on September 11 last year was only natural. These steps were dictated by the interests of our national security" (I. Iwanow 2002a: 1).

Dieselbe Logik bergen auch die Beteuerungen des Kremls, wonach das russische Engagement in der Anti-Terror-Koalition mit konzeptionellen Überlegungen zur russischen Außenpolitik in Einklang stehe (vgl. Meschkow 2002: 1) und man nicht von einer Evolution der russischen Position (vgl. RIA 2001d) sprechen könne.[113] Vielmehr knüpfte Russland „mit der offiziellen Zustimmung zum vermehrten Sicherheitsengagement des Westens in Zentralasien an Vorausgegangenes an" (Halbach 2003: 292).

Darüber hinaus übertrug Russland das Rollensegment *Kooperationsoffenheit* in eine Rhetorik der Äquidistanz zwischen der islamischen und westli-

---

113 Diese Behauptung lässt sich teilweise durch entsprechende Passagen in sicherheitspolitisch relevanten Dokumenten widerlegen. Demnach ist Terrorismus zwar als ernste Gefahr anzusehen (vgl. Smith 2004: 4), jedoch vornehmlich in seinen innenpolitischen Implikationen. Terrorismus als transnationales Phänomen wird lediglich am Rande erwähnt (vgl. Stepanowa 2005: 318). 1994 wurde Terrorismus erstmals als kriminelle Handlung kodifiziert. Im Juli 1998 wurde ein umfangreiches Gesetz verabschiedet, das eine rechtliche Definition des Begriffes „Terrorismus" vornahm und die Methoden der Terrorismusbekämpfung präzisierte (vgl. Smith 2004: 2; Jelzin 1998). Das Gesetz wurde von verschiedenen Seiten kritisiert. Generalstaatsanwalt Wladimir Ustinow monierte die enge Sichtweise auf das Phänomen Terrorismus, welche die militärische Unterwerfung favorisiere und die sozioökonomische Dimension ignoriere. Generalleutnant a.D. Bogdanow forderte in Hinblick auf den bis *dato* bereits zehn Jahre währenden Einsatz bewaffneter Streitkräfte im Inland unter der Ägide des Innenministeriums eine Konkretisierung rechtlicher Bestimmungen (vgl. Smith: 6ff.). Tatsächlich wurde Terrorismus in dem Gesetz nicht als politisches Phänomen behandelt, stattdessen ist von „terroristischen Zielen" die Rede. Dies führte dazu, dass das Gesetz während des zweiten Tschetschenienkriegs als rechtliche Grundlage diente und der Krieg als „Antiterroroperation" eingestuft wurde. Damit wurde faktisch das Kriegsrecht über der Region ausgerufen und der Einsatz der Armee in Tschetschenien legitimiert (vgl. Stepanowa 2005: 311ff.).

chen Welt.[114] Diese Selbstwahrnehmung findet sich auch im Rollenhandeln wieder. So traf sich Russland mit Palästinenserpräsident Jassir Arafat sowie mit der iranischen und chinesischen Führung und warb für die Unterstützung der Koalition gegen den Terror (vgl. Kumar 2008: 61; Dao/Tyler 2001).[115] Der Nutzen dieser Rolle blieb jedoch beschränkt, da die USA auf zwei enge Verbündete von strategischer Bedeutung, Pakistan und Saudi-Arabien, selbst Einfluss nehmen konnten (vgl. Lambeth 2005: xiv).

5.1.3 Interessen und Ziele

In der Vorkriegsphase konnte sich der russische *Gestaltungswille* nicht entfalten, da die USA durch die unvorhergesehenen Angriffe auf New York und Washington eine Initiativrolle einnahmen (vgl. Halbach 2003: 292) und zunächst als *Rule Maker* handelten. In dieser Phase fand die Entscheidungsfindung noch unter dem Eindruck des 11. Septembers statt und konzentrierte sich mehr auf die Herstellung einer grundlegenden Einigkeit bei der Terrorismusbekämpfung als auf vermeintliche Detailfragen. Der Gestaltungswille äußerte sich daher in der Formulierung einer roten Linie, welche die USA nicht überschreiten dürfe. Bei dieser Linie handelte es sich um die unbedingte Legitimierung absehbarer militärischer Aktionen der USA durch den UN-Sicherheitsrat (vgl. RIA 2001b). Darüber hinaus wurde das Ausmaß der Zusammenarbeit anhand pragmatischer Gesichtspunkte ausgelotet: „The extent and character of this cooperation will directly depend on the overall level and quality of our relations with those countries and on mutual understanding in fighting international terrorism" (Putin 2001c).

In den ersten Wochen nach den Anschlägen ist das Ziel des *Statusgewinns* sehr deutlich in den Versuchen einer rhetorischen Verknüpfung bestimmter Bedeutungszusammenhänge erkennbar. So kommt der Wunsch

---

114   So etwa Außenminister Lawrow (2004b: 2) während einer Rede vor der 59. Generalversammlung der UN: „International terrorists have neither nationality nor religion. On the contrary, it is religion and national culture that require utmost protection today against the destructive effect of any kind of extremism. To do it, we need a considerate dialogue between different confessions and civilizations. Russia that is open both to the West and the East is ready to play its part in this process intended to prevent civilization split."

115   Darüber hinaus nutzte Russland seine Kontakte zu Syrien, Ägypten, Nordkorea und dem Jemen (vgl. Plater-Zyberk/Aldis 2001: 6).

nach Anerkennung als „key contributor to wider international order" (Allison 2013: 71) in der Aussage Putins während eines Interviews am 19. September zum Ausdruck, wonach sich die USA mit „Russia and with other leading powers of the world" (Putin 2001b: 1) absprechen müssen. Darüber hinaus kritisierten weite Teile der außenpolitischen Elite Moskaus die mit den Angriffen am 11. September evident gewordene Tatsache, dass die internationale Staatengemeinschaft Warnungen Russlands hinsichtlich der Gefahr des Terrorismus keine Beachtung geschenkt hatte (vgl. Putin 2003b: 4): „In addition to the genuine revulsion and schock, many Russian officials expressed ‚we-told-you-so' views" (Plater-Zyberk/Aldis 2001: 2). Auf einen weiteren Aspekt grundsätzlicher Art verweist Krickus (2010: 13): Demnach sei einer der taktischen Hauptgründe für die Entscheidung Moskaus zur Zusammenarbeit mit den USA der Wunsch gewesen, eine angemessene Rolle bei der Gestaltung der Nachkriegsarchitektur Afghanistans einnehmen zu können. In beiden Handlungen spiegelt sich der *Konsultationsreflex* wider; im ersten Fall wurde seine Missachtung moniert, im zweiten Fall bereitete Russland die legitimatorische Grundlage für ein späteres Mitspracherecht vor.

Darüber hinaus nutzte Russland die Gelegenheit zur Verknüpfung der militärischen Operationen gegen tschetschenische Extremisten – und damit seines eigenen Sicherheitsproblems – mit dem Kampf gegen internationalen Terrorismus[116] (vgl. Allison 2013: 71f.):

> „We think that all these are links in a chain. We think that all these are the fruits from one tree, if I am allowed to use the analogy. We think that the rebels were mainly trying to divert our attention from playing an active role in the international fight against terrorism" (Iwanow, in: Smith 2004: 9).

Damit konnte Russland einerseits den international stark kritisierten Krieg in Tschetschenien stärker legitimieren und sein internationales Prestige steigern (vgl. Tsygankow 2006b: 141). Zum anderen basierte die Verknüpfung auf ei-

---

116 So verwies der Chef des russischen Inlandgeheimdienstes FSB auf die Anschlagspläne des radikalen tschetschenischen Islamistenführers Mowladi Udugow, der mit den Taliban kooperierte. Auch die Tatsache, dass neben Zypern lediglich das afghanische Taliban-Regime die Unabhängigkeit Tschetscheniens anerkannte, wurde als Argument für die Verknüpfung beider Themen angeführt (vgl. Cohen 2002: 562).

nem Wahrnehmungsprozess der „Versicherheitlichung"[117] des außenpolitischen Establishments Russlands während des zweiten Tschetschenienkrieges, der die Grundlage für eine Angleichung der Rollenkonzepte Moskaus und Washingtons darstellte und sich als *Synchronisierung des sicherheitspolitischen Denkens* bezeichnen lässt (vgl. Tsygankow 2006b: 13). Parallel zur Versicherheitlichung und Brutalisierung Russlands durch die Tschetschenienkriege (vgl. Neumann 2005: 18) waren nun auch die USA unmittelbar nach *9/11* beseelt von „einer kompromißlosen Entschiedenheit auch für Vergeltung und Abschreckung weiterer Angriffe über alle internationalen Grenzen und die Formalitäten des Völkerrechts hinweg" (Rühl 2003: 420). Dies führte dazu, dass die Kritik der USA und der EU am Tschetschenienkrieg vorübergehend abklang und Russland von normativen Erwägungen bei der Kriegsführung entband (vgl. Allison 2013: 92). So erklärte die Bush-Administration am 27. September erstmals öffentlich, dass *al-Qaida* bei den Aufständen in Tschetschenien eine wichtige Rolle spiele (vgl. Dao/Tyler 2001); ein paar Tage später lenkte die EU in einem gemeinsamen Statement mit Russland auf dieselbe Linie ein (vgl. Chenoy 2001: 151).

Unter dem unmittelbaren Eindruck der terroristischen Angriffe auf das *World Trade Center* stehend, versicherte Russland, dass es „fully aware of its role in ensuring international security" (I. Iwanow 2001a: 2) sei. Da die sicherheitspolitische Initiative seit dem 11. September jedoch von den Vereinigten Staaten ausging, blieben die „beiden sich überlappenden ‚eurasischen' Formate, in denen angeblich bereits Antiterrorzentren und schnelle Reaktionseinheiten gebildet worden waren, [...] erstaunlich inaktiv" (Halbach 2003: 292). Dies betrifft die SOZ[118] ebenso wie die zwischenstaatliche Kooperation im Rahmen des VKS.

---

117 Mit dem Begriff der „Versicherheitlichung" [Securitization] wird eine konstruktivistische Lesart extremer Politisierung beschrieben, mit der sich aufgrund einer als fundamental wahrgenommenen Bedrohung politische Maßnahmen ergreifen lassen, die außerhalb des Rahmens des üblicherweise Angemessenen stehen und häufig den Einsatz von Gewalt implizieren (vgl. Buzan/Waever/Wilde 1998: 23f.).

118 Die SOZ geht auf ein 1997 unterzeichnetes russisch-chinesisches Abkommen zur Reduzierung der Grenztruppen und zur Klärung des Grenzverlaufes zurück. Daraus entwickelte sich die sogenannte „Shanghaier Fünf" mit den an China angrenzenden ehemaligen Sowjetrepubliken Kasachstan, Kirgistan und Tadschikistan, die im Juni 2001 um Usbekistan ergänzt wurde (vgl. Wacker 2001: 5).

Die SOZ sollte auf gemeinsame Initiative Russlands und Chinas hin als multilaterale Plattform für regionale Sicherheit ausgebaut werden (vgl. Kremer 2012: 2), verfügte jedoch nur über äußerst geringe eigene finanzielle und militärische Mittel. Darüber hinaus schlossen die Mitgliedstaaten eine direkte militärische Präsenz in Afghanistan bereits zu einem frühen Zeitpunkt aus (Korgun 2010: 5). Im Rahmen des VKS wurde aufgrund der Bedrohung durch radikale Islamisten im Ferganatal 1999/2000 auf russische Initiative hin bereits im Juni 2000 die Gründung eines Antiterrorismus-Zentrums (ATZ) in Kirgisistan mit einer Laufzeit von drei Jahren beschlossen (vgl. S. Iwanow 2001: 4). Moskau erklärte die Neutralisierung der Bedrohungen an der südlichen Flanke zur wichtigsten Aufgabe des ATZ und dominierte dessen Strukturen (vgl. Sokor 2002).[119] Darüber hinaus begann im selben Jahr unter demselben institutionellen Dach die Aufstellung einer gemeinsamen schnellen Eingreiftruppe, die Ende Mai 2001 verwirklicht wurde und im Falle eines Einsatzes eine Kampfstärke von bis zu 1.600 Mann besitzen sollte (vgl. Adomeit/Reisinger 2003: 153f.). Doch bereits am 17. September schloss der Leiter des gemeinsamen Stabs der Vertragsstaaten einen Einsatz der Eingreiftruppe kategorisch aus (vgl. ebd.: 154). Somit handelte Russland bis zum Ausbruch des Krieges als *Konsument von Sicherheit*.

5.1.4 Strategien

Die Betonung der transnationalen Natur von Terrorismus impliziert die globale Ebene als vorrangige Handlungsebene. Russland setzte ganz auf *multilaterales Handeln* und beteiligte sich in der Vorkriegsphase gemeinsam mit den USA am Ausbau einer möglichst breiten Antiterrorkoalition (vgl. Working Group 2001). Diesen Anspruch versuchte es im Rahmen des internationalen Institutionengefüges einzulösen:

„We were ready for becoming an active participant in a global antiterrorist coalition, as well as embarking on the swift and effective establishment of cooperation in the fight against terrorism with the United States, NATO, the European Union, as well as

---

119 Das ATZ in Kirgistan stellt die regionale Zweigstelle eines ATZ mit Sitz in Moskau dar. Russland besaß die Kontrollgewalt über die Hälfte aller Planstellen und stellte die Hälfte des Budgets bereit – den Rest steuerten die anderen zehn Teilnehmerländer bei. Darüber hinaus oblag dem Chef des FSB die Oberaufsicht über das ATZ und die jährlich stattfindenden Militärübungen (vgl. Sozor 2002).

within the framework of the UN, CIS, G8 and other international and regional structures" (I. Iwanow 2003: 2).

Am deutlichsten tritt dabei das Rollensegment *Primat der UN* hervor. Bereits
im Oktober 1999 wurde auf russische Initiative hin (vgl. Lawrow 2001) *Resolution 1269* verabschiedet. Darin wurde „the vital role of the United Nations in
strengthening international cooperation in combating terrorism" (United Nations 1999) betont.

In der Vorkriegsphase nahm der UN-Sicherheitsrat zwei Resolutionen
an, die sich mit internationalem Terrorismus beschäftigten (vgl. Smith
2004: 13) und als völkerrechtliche Grundlage für das militärische Vorgehen
während der Kriegsphase herangezogen wurden. *Resolution 1368* wurde
während einer Sondersitzung des UN-Sicherheitsrates am Tag nach den Anschlägen einstimmig verabschiedet und räumte den Vereinigten Staaten das
Recht zur individuellen und kollektiven Selbstverteidigung gemäß Art. 51 der
Charta der Vereinten Nationen ein (vgl. United Nations 2001a). Daraufhin rief
die NATO erstmals in ihrer Geschichte den Bündnisfall nach Artikel 5 der
NATO-*Charta* aus (vgl. Neumann 2005: 17). Dies ist jedoch nur als – auch
von den USA forciertes – Zeichen der Solidarität und nicht als substanzieller
Beitrag zu bewerten (vgl. Lambeth 2005: 25).

Eine Woche später, am 20. September, hielt Präsident Bush seine be-
rühmte Ansprache vor dem Kongress, in der er ein manichäisches Weltbild
konstruierte und dadurch sehr starke Fremderwartungen an die internationale
Staatengemeinschaft richtete:

„Every nation, in every region, now has a decision to make. Either you are with us, or
you are with the terrorists. From this day forward, any nation that continues to harbor
or support terrorism will be regarded by the United States as a hostile regime" (Bush
2001a).

Als Reaktion auf die Ansprache wurde am 28. September mit russischer Unterstützung die *Resolution 1373* verabschiedet, die die bisherigen Beschlüsse
bekräftigte und die Staaten zu einem entschlossenen Vorgehen gegen terroristische Handlungen animierte (vgl. United Nations 2001b). Dies markierte
die Entstehung einer robusten – und von russischer Seite als legitim erachte-

ten (vgl. Bumiller/Perlez 2001) – Koalition gegen den Terrorismus (vgl. Unser 2008: 253).[120]

5.1.5 Instrumente

In der Vorkriegsphase zeichnete sich das Rollenverhalten Russlands durch einen *breit gefächerten, weitgehend unmilitärischen Mitteleinsatz* aus, der von *symbolischen* und *rhetorischen Akten* (proklamierte Solidarität mit den USA nach den Anschlägen) über *Versprechen* (geheimdienstliche Zusammenarbeit) bis hin zu *diplomatischen Anstrengungen* (Nutzung ehemaliger sowjetischer Stützpunkte in Zentralasien) reichte. Außerdem stellte Moskau die Beteiligung an bewaffneten Such- und Rettungsmissionen (SAR-Missionen) in Aussicht (vgl. Wines 2001b).

Zunächst weigerte sich Moskau jedoch, seinen Luftraum für die Vereinigten Staaten zu öffnen. Außenminister Iwanow betonte, dass es „keine Grundlage selbst für die hypothetische Möglichkeit zur Stationierung von US-Streitkräften in Zentralasien" (Ambrosio 2003: 9) gebe.[121] Erst als sich Ende September die Zugehörigkeit Russlands zur Antiterrorkoalition an dieser Frage entzündete und das logistische Gelingen der militärischen Aktionen infrage gestellt wurde (vgl. RIA 2001c), lenkte Russland ein und bot Washington die Nutzung ehemaliger sowjetischer Stützpunkte in zentralasiatischen Staaten sowie seines eigenen Territoriums an (vgl. Alexandrova 2003: 29; Ambrosio 2003: 9). Dabei beschränkte sich die Nutzung des Territoriums auf die Be-

---

120 Die Tatsache, dass sich die USA bereits zu einem sehr frühen Zeitpunkt (12. September) mit den Führungsmächten des UN-Sicherheitsrates absprachen (vgl. Lambeth 2005: 24) und damit direkt an das Segment *Status* und *Prestige* des russischen Rollenkonzeptes appellierten, dürfte die multilaterale Zusammenarbeit im Rahmen der UN erleichtert haben. Es bleibt zwar festzuhalten, dass der Beschluss zur *Operation Enduring Freedom* (OEF) von keinem robusten Mandat der UN gedeckt war und keine der Resolutionen explizit zu Gewaltmaßnahmen ermächtigte (vgl. Reichinger 2010: 398f.), die OEF jedoch eindeutig unter das rollenkonzeptionelle Verständnis Russlands von einer rechtmäßigen bewaffneten Auseinandersetzung fiel.

121 Einige Beobachter sehen den Grund dieser Aussage in der weltanschaulichen Verankerung Iwanows im konservativen sicherheitspolitischen Establishment, was die Aneignung der offiziellen Position Russlands verzögerte und erschwerte (vgl. Wines 2001b). Tatsächlich gelang es Putin erst zwei Tage vor Bekanntmachung der russischen Zustimmung zur Militärpräsenz der USA in Zentralasien, die Mitglieder des Sicherheitsrates auf seine Linie einzuschwören (vgl. Johnson 2005: 190).

förderung humanitärer Hilfsgüter per Schienennetz sowie Überflugrechte (vgl. Jakowenko 2002a) – bei der Frage der militärstrategischen Benutzung durch andere Staaten blieb Russland jedoch hart (vgl. Rühl 2003: 42). Dies lässt sich als widerwillige und partielle Aufgabe des Rollensegmentes *territoriale Integrität* interpretieren.

Es lässt sich nur schwer eruieren, wie groß der Einfluss Russlands auf die Entscheidungen zur Nutzung militärischer Stützpunkte in der Region tatsächlich gewesen ist (vgl. Adomeit/Reisinger 2003: 171). Möglicherweise müsste er als rein rhetorische Machtdemonstration bewertet werden.[122] Auf jeden Fall dürfte die Zustimmung Moskaus auch davon beeinflusst worden sein, dass knapp eine Woche nach der Ansprache von Präsident Bush sämtliche zentralasiatischen Staaten bereits ihre Unterstützung zugesichert hatten (vgl. Ambrosio 2003: 9) und dadurch die Fremderwartungen an Russland gestiegen waren (vgl. Menkiszak 2011: 42).

Die von Moskau zugesagte Zusammenarbeit der Geheimdienste lief indes reibungslos an. Hierin erblickte Russland eine günstige Kosten-Nutzen-Rechnung, die mit der pragmatischen Bewertung seines außenpolitischen Engagements in Einklang stand.[123] Aufgrund der langjährigen Präsenz in der

---

122 Am 17. September besprach sich Putin im Rahmen eines Telefongipfels mit den Staats- und Regierungschefs der zentralasiatischen Länder (vgl. Plater-Zyberk/Aldis 2001: 5). Zwei Tage darauf führte der Verteidigungsminister der Vereinigten Staaten, Donald Rumsfeld, ein Telefongespräch mit dem usbekischen Präsidenten Karimow und flog zwei Wochen darauf nach Taschkent, wo er ein bilaterales Abkommen zur Nutzung von Flughäfen sowie Überflugrechte aushandelte (vgl. Buszynski 2005: 547). Allerdings schränkte der usbekische Botschafter in Russland kurz darauf, am 11. Oktober, ein, dass die Basis nicht zur militärischen Nutzung und lediglich für humanitäre Zwecke sowie SAR-Missionen gedacht sei (vgl. RIA 2001h). Dies zwang die USA zur Sicherungstellung des militärischen Nachschubs für das Binnenland Afghanistan über den Luftweg (vgl. Lambeth 2005: xxiv). Auch Tadschikistan, das als engster militärischer Verbündeter Moskaus in der Region galt (vgl. Alexandrova 2003: 26), führte selbständige Verhandlungen über eine militärische Präsenz der Vereinigten Staaten (vgl. Adomeit/Reisinger 2003: 171). Einige Autoren äußern die vermittelnde Ansicht, dass die Bereitstellung der Stützpunkte ohne den Einfluss Russlands zumindest schwieriger zu bewerkstelligen gewesen wäre (vgl. Pikajew 2001: 1).

123 Ein Autor der *New York Times* verweist darauf, dass die westlichen Nationen anstelle von finanzieller oder militärischer Unterstützung eine strategisch günstige Lage und Einflussnahme auf die zentralasiatischen Staaten benötigten – also genau das, was Russland anbieten konnte (vgl. Wines 2001a).

Region hatte Russland umfassende Expertise gesammelt (vgl. Kumar 2008: 61) und sicherte bei einem Treffen der NATO-Verteidigungsminister am 26. September die Zusammenarbeit in diesem Bereich zu (vgl. RIA 2001d). Darüber hinaus trat Moskau bei der Kooperation zwischen den Geheimdiensten zentralasiatischer GUS-Länder und amerikanischen Nachrichtendiensten als *Vermittler* auf und nutzte seine Einflusskanäle innerhalb eines weitläufigen Informationsnetzwerkes. Die russischen Geheimdienste konnten auf bilateralen Abkommen mit den Geheimdiensten zentralasiatischer GUS-Länder sowie auf personellen Kontinuitäten aus den 1990ern aufbauen (vgl. Borcke 1998: 14). Plater-Zyberk und Aldis (2001: 6) kommen angesichts dieser Seilschaften zu dem Schluss, dass „Russia has not lost its status as an intelligence superpower". Es lässt sich also argumentieren, dass sich die Wahl der Mittel aus dem Ziel des *Statusgewinnes* ergibt.[124]

Russland tendierte zwar ebenso wie die Vereinigten Staaten zu einer militärischen Lösung (vgl. Ambrosio 2003: 2), schloss jedoch von Anfang an eine militärische Beteiligung an der Zerschlagung des Taliban-Regimes aus (vgl. Adomeit 2003: 154): „The struggle against terrorism cannot, must not and is not limited to military methods, if we want to achieve positive results" (Putin 2001b: 2).

Dieses zurückhaltende Rollenverhalten steht in Einklang mit dem Segment *defensive militärische Ausrichtung* und war der Sorge geschuldet, dass eine hohe Anzahl an zivilen Opfern den gesamten zentralasiatischen Raum destabilisieren, die muslimische Bevölkerung radikalisieren und damit die Sicherheit Russlands bedrohen würde (vgl. Allison 2013: 80, 92). Darüber hinaus hatten sowohl Eigen- als auch Fremderwartungen ihren Anteil an dieser Entscheidung. Auf Seiten der *Eigenerwartungen* ist der Verweis Putins auf (völker)rechtliche Aspekte zu nennen, wonach ein Auslandseinsatz einem Parlamentsvorbehalt unterliege und darüber hinaus von der UN legitimiert

---

124 Ein anderes Autorenteam stellt die These auf, dass Russland und die zentralasiatischen Staaten durch ein dichtes Netz von gemeinsamen Abkommen und Verträgen verbunden sind, die von russischer Seite nach Maßgabe des je nach Lage herrschenden Vertrauens und der Dienlichkeit in Bezug auf russische Interessen aktiviert werden (vgl. Paramonow/Stolpowski 2008: 17; ähnlich in Bezug auf den abchasisch-georgischen Konflikt argumentiert Kreikemeyer 1997: 133). Dies passt zu den Erwartungen aus dem Segment *Verrechtlichung*.

sein müsse (vgl. RIA 2001f). Die Fremderwartungen äußerten sich in einer negierten Form als *ausbleibende Fremderwartungen*: So verwies Putin in einem Interview mit der ARD am 25. September auf die fehlende Einbindung (und damit auch fehlende normative Bindewirkung) Russlands in das völkerrechtliche Regelwerk der NATO:

> „Let us face it, the positions of Germany and Russia differ if only because Germany is an active member of NATO, which Russia is not. The Alliance has decided to invoke Article 5 of the North Atlantic Treaty and all the NATO members are in full solidarity with the position of the United States. We are not members of NATO, they don't want to admit us. So, of course, our positions will differ" (Putin 2001b: 5).

Darüber hinaus sahen die Amerikaner vor dem Hintergrund der nach dem sowjetisch-afghanischen Krieg tiefgehend internalisierten „Afghanistanallergie" (Kennedy 2001) und der Einbindung Russlands im Kampf gegen tschetschenische Terroristen von der Forderung nach einer militärischen Beteiligung Russlands ab (vgl. RIA 2001c; Allison 2013: 80).

5.1.6 Alterorientierte Rollen

Russland nutzte die Anschläge am 11. September dazu, um sein Selbstverständnis als *Teil des Westens* und als *Partner der USA* zu bekräftigen:

> „I have sufficiently clearly defined my position at the first reaction after the terrorists dealt their strike against the United States. I said that this was a strike against the whole of humanity, at least against the entire *civilized world, of which Russia considers itself a part*. Therefore we regard the strike against the United States in the broadest sense as a strike against the entire civilized world. In this sense we do not divide our interests with those of other countries, including with the interests of the United States" (Putin 2001b: 2; eigene Hervorh.).

Die normative Rhetorik und der Hinweis auf die Interessenkongruenz mit den USA kann als Versuch gedeutet werden, mit dem Antagonismus des Kalten Krieges abzuschließen (vgl. Władimirowicz et al. 2005: 42; Müller 2012: 50) und das günstige Zeitfenster zur Plausibilisierung der Existenz einer gemeinsamen Wertegemeinschaft zu nutzen (vgl. Johnson 2005: 192). Bei der Frage, welcher Maßstab als Grundlage für die Bewertung der Beziehung zu den USA angemessen ist, variiert Russland zwischen zwei Grundmustern:

Das erste Grundmuster fußt auf harten Kriterien und Machtmitteln – und verhindert so die Aufnahme der Rolle eines *gleichberechtigten Partners*. So demonstrierten die Vereinigten Staaten nach den Anschlägen am 11. September durch kämpferische Rhetorik und entschlossenes Vorgehen „für Moskau die dominante Weltstellung der amerikanischen Gegenmacht selbst noch in einem Moment der Verletzlichkeit" (Rühl 2003: 419).[125] Um den Ansprüchen einer Partnerschaft auf Augenhöhe gerecht zu werden, nutzte Russland die globalen Perzeptionsverschiebungen hinsichtlich der Bewertung von gewalttätigem islamistischem Terrorismus nach den Anschlägen in den USA (vgl. Cohen 2002: 559) zur Adaption der Rolle eines *Vorreiters*.[126] Damit wollte Moskau signalisieren, dass auf russischer Seite bereits vor dem 11. September *aktives Rollenhandeln* vorlag und die Erfahrungen mit der Bekämpfung des Terrorismus „in its backyard in the territory of the North Caucasus" (S. Iwanow 2003: 2) den USA zum Vorteil gereichen können. Indem Washington aber ebenjene von Moskau aufgestellten Maßstäbe an die Partnerschaft anlegte, fiel die Bewertung angesichts der durchwachsenen Rolle Russlands in Zentralasien (vgl. Buszynski 2005: 547) negativ aus – ein Mitglied des einflussreichen US-Amerikanischen Think-Tanks *Council on Foreign Relations* (CFR) brachte die Sichtweise Washingtons in der *New York Times* kurz vor Beginn der Luftangriffe im Rahmen der OEF auf den Punkt: „Mr. Putin said he has been fighting our enemies, alone, for the past two years. But has he made them weaker or stronger? The United States needs allies who can help us succeed, not the advice of ones who have already shown how to fail" (Sestanowitsch 2001). Dadurch blieb Moskau nur die Aufnahme der Komplementärrolle eines *Juniorpartners*, der als Stellvertreter amerikanischer Interessen in der Region handelt, logistische Unterstützung

---

125 In diesem Sinne lässt sich die fundamentale Unterscheidung zwischen einer „zivilisierten" und einer „unzivilisierten" Welt als Versuch interpretieren, das Wahrnehmungsmuster einer unipolaren (und von Moskau opponierten) Weltordnung auf eine andere Bewertungsgrundlage außerhalb harter Kriterien zu stellen (vgl. Ambrosio 2003: 8).

126 Diese Rolle wurde unmittelbar nach den Anschlägen wahrgenommen und findet sich bereits im ersten Statement des Präsidenten am 11. September („Russia knows at first hand what terrorism is"; Putin 2001d) sowie im Kondolenzschreiben an US-President Bush („The Russians have themselves experienced the horror of terror"; Putin 2001e) wieder.

leistet und die zentralasiatischen Staaten auf die Antiterrorkoalition ein-schwört.

Das zweite Grundmuster bildete sich unter dem Eindruck der Bildung der Koalition gegen den Terror heraus, die Moskau glauben machte, dass die USA „unter dem Schock der Ereignisse zum Multilateralismus zurückgefun-den" (Joetze 2003: 494) haben. „Unter russischen Analytikern herrscht das Gefühl vor, hier besonders viel zu leisten und daher auch fordern zu können" (ebd.). Daher erhoffte sich Russland weitreichende *Konzessionen* von sei-nem Partner (vgl. Ambrosio 2003: 13) und machte eine Woche nach dem 11. September auf den abnehmenden sicherheitspolitischen Nutzen des geplan-ten US-Raketenschildes in Osteuropa aufmerksam, der den von russischen Entscheidungsträgern als „corner stone of strategic stability" (S. Iwanow 2001: 2) angesehenen ABM-Vertrag[127] aushebeln würde:

> „For what was it that the terrorists used? Civilian aircraft. And a national missile de-fense system protects only against missiles and only against ballistic missiles. You understand the difference between a civilian aircraft and ballistic missiles? Even ‚rogue countries' in the next 50 years will not be able not only to have, but even to come nearer to such technologies" (Putin 2001b: 3).

Die für Moskau wichtigste Konzession betraf die umfassende Einbindung Russlands in NATO-Strukturen, die erst durch eine radikale Neuinterpretation des Bedrohungspotentials des transatlantischen Verteidigungsbündnisses in-folge der Anschläge am 11. September wieder in den Bereich des Denkbaren rückte (vgl. Stepanowa 2005: 306).[128] Zwei Tage nach dem 11. September verurteilte der Ständige Gemeinsame NATO-Russland-Rat die Anschläge in einer Stellungnahme. Dabei ist weniger der Inhalt von Bedeutung als die Tat-sache, dass solche gemeinsamen Stellungnahmen selten sind und diese auf nachdrücklichen Wunsch Moskaus verfasst wurde (vgl. Daley 2001). Dies

---

127   Der ABM-Vertrag verpflichtete die Vertragspartner Russland und die USA auf den Verzicht von umfassenden Verteidigungsanlagen gegen ballistische Raketen und sollte dadurch Anreizen zu einem neuerlichen Rüstungswettlauf entgegenwirken.

128   Formal hatte Russland den Kontakt zur Allianz im März 1999 abgebrochen, aber be-reits zu Beginn der Amtszeit Putins wiederaufgenommen (vgl. Oldberg 2005: 33). Im nationalen Sicherheitskonzept von 2000 wird „the strengthening of military-political blocs and alliances, above all NATO's eastward expansion" (Putin 2000c: 4) noch explizit als Bedrohung aufgefasst.

kann als Indiz für eine intensivierte Zusammenarbeit im Rahmen der NATO gewertet werden.

5.2   Kriegsphase – 7. Oktober 2001 bis 9. Dezember 2001

Die Angriffe US-amerikanischer und britischer Luftstreitkräfte in der Nacht vom sechsten auf den siebten Oktober auf Stellungen der Taliban markierten den Beginn der Kriegsphase. Das Ziel dieser Angriffe bestand laut Washington darin, „dass Afghanistan nicht länger als Operationsbasis für Terroristen genutzt wird und [...] die militärische Kapazität des Taliban-Regimes anzugreifen" (Bush 2001b). Dies sollte mithilfe massiver Angriffe aus der Luft und bodengestützter Einsätze militärischer Spezialeinheiten (SOF) erreicht werden. Zusätzlich sollten die Kämpfer der NA begrenzte Unterstützung erhalten. Bis zum 11. September 2001 kontrollierte das lose und multiethnische Anti-Taliban-Bündnis[129] etwa fünf bis zehn Prozent des afghanischen Gebietes an der afghanisch-tadschikischen Grenze nördlich von Kabul (vgl. Wines 2001b; Kifner 2001). Die Einnahme der gleichnamigen Hauptstadt der Provinz Kundus am 26. November läutete den allmählichen Übergang der Kriegsphase in die Nachkriegsphase ein. Mit der Einnahme der Taliban-Hochburg Kandahar im Süden des Landes endete am neunten Dezember die heiße Phase des Krieges (vgl. Johnson 2008: 99).[130]

5.2.1 Ideologie und Weltbild

In der Kriegsphase trat das *kooperative Weltbild* am deutlichsten hervor, allerdings hatte sich unter russischen Entscheidungsträgern bereits die Einsicht

---

129   Ein Großteil der dem Bündnis angehörenden Kämpfer ist usbekischer und tadschikischer Abstammung. Diese leben als ethnische Minderheiten (Usbeken – sechs Prozent; Tadschiken – 25 Prozent) im nördlichen Teil des Landes. Paschtunen, die mit 75 Prozent die ethnische Mehrheit in Afghanistan (und unter den Unterstützern der Taliban) stellen und vor allem in der südlichen Landeshälfte leben, sind in dem Bündnis kaum vertreten (vgl. Lambeth 2005: 57, 75).

130   Am sechsten Dezember verkündete der Botschafter der Taliban in Pakistan, Abdul Salam Saeef, dass mit dem designierten Führer der Übergangsregierung, Hamid Karsai, bereits ein Kapitulationsabkommen vereinbart sei und der Taliban-Führung im Gegenzug dazu Amnestie angeboten werde (vgl. Thamm 2008: 63). Nach der Einnahme von Kandahar wurde die Suche nach Mitgliedern der *al-Qaida* intensiviert. Geheimdienstinformationen zufolge sollte sich Bin Laden in der Bergfestung von Tora Bora an der Grenze zu Pakistan aufhalten. Diese wurde am 12. Dezember angegriffen und am 18. Dezember eingenommen. Alternativ ließe sich das Ende der Kriegsphase also auch auf den 18. Dezember datieren, da an diesem Tag zum ersten Mal die luftgestützten Angriffe eingestellt wurden (vgl. Lambeth 2005: xx).

durchgesetzt, dass kollektives Handeln in der Kriegsphase vonseiten Washingtons nicht gewünscht ist und sich auf eine Art Multilateralismus *á la carte* beschränkt, sich die Vereinigten Staaten aus den angebotenen Leistungen seiner Verbündeten also nur so weit bedienen, wie es die Aufrechterhaltung der Antiterrorkoalition erfordert (vgl. Reichinger 2010: 389). Dies zwang Russland ein eher *passives Rollenverhalten* auf, was in Widerspruch zu einem wesentlichen Segment seines Selbstverständnisses stand. Daher war Moskau bisweilen versucht, die aufgezwungene Passivität durch *Aktivismus* zu kompensieren, der mehr *Show* denn substanzielles Rollenhandeln darstellte.

5.2.2 Normen und Werte

Zu Beginn der Kriegsphase verdeutlichte Russland erneut, dass es nicht bereit war, auf militärischer Ebene maßgeblich zum Krieg gegen den Terror beizutragen, und so bekräftigte Außenminister Iwanow in einer Rede vor der Staatsduma am 15. Oktober, dass Russland „will render support for the Northern Alliance and humanitarian aid to the people of Afghanistan, but it will not participate in military actions" (RIA 2001j). Tatsächlich begann Russland bereits am ersten Oktober – und damit vor dem Anlaufen der Kriegshandlungen – mit der Bereitstellung von Hilfsgütern (vgl. Department of Defense 2002). Der Fokus auf humanitäre Hilfe in Afghanistan steht in Einklang mit dem Segment *Altruismus* und kann als normative Antwort auf den Solidaritätsanspruch der Amerikaner gewertet werden.[131] Darüber hinaus gewährte Moskau Afghanistan einen Schuldenerlass in Höhe von 11,5 Mrd. US-Dollar (vgl. Korgun 2010: 2). Auch das Segment *Kooperationsoffenheit* wurde nach wie vor beansprucht, und so warb Russland am 21. Oktober um eine engere Zusammenarbeit mit dem Iran, der ebenso wie Russland großen Einfluss auf die NA verfügte (vgl. AFP 2001s).

---

131 Nach Aussage des russischen Außenministers habe die schnelle Bereitstellung der Hilfsgüter vor Wintereinbruch eine humanitäre Katastrophe verhindert (vgl. I.Iwanow 2002a: 1).

5.2.3 Interessen und Ziele

In der Kriegsphase trat das Segment *Gestaltungswille* deutlicher hervor und äußerte sich in dem Versuch Russlands, die NA als maßgebliche militärische Kraft im Kampf gegen das Taliban-Regime zu positionieren (vgl. Chenoy 2001: 151): „The Russian Foreign Ministry believes that the Northern Alliance is the main bulwark of counter-action to the cross-boarder expansion of international terrorism and extremism from Taleban Afghanistan" (RIA 2001a). Schon in der Vorkriegsphase hatten verschiedene außenpolitische Entscheidungsträger wie Verteidigungsminister Sergej Iwanow und der Vorsitzende des Sicherheitsrates der RF, Wladimir Ruschailo, die langjährige russische Unterstützung der NA betont (vgl. AFP 2001a; AFP 2001b). Auch Putin hatte in einer Fernsehansprache seine grundlegende Bereitschaft zur Zusammenarbeit erklärt (vgl. AFP 2001c). Die USA hingegen hielten sich zwar die taktische Möglichkeit offen, auf die NA zurückzugreifen (vgl. Lambeth 2005: xvii), erachteten das Bündnis zunächst jedoch nicht als adäquaten Partner (vgl. Stepanowa 2002b: 1). Dies ist auf die militärische Planung zu Beginn der Kriegsphase zurückzuführen, da sich Washington auf luftgestützte Angriffe konzentrierte und Bodentruppen bei den Überlegungen noch keine wesentliche Rolle spielten (vgl. Lambeth 2005: xiv).[132] Daher fiel die Reaktion der Amerikaner auf ein Kooperationsangebot der NA im Kampf gegen das Taliban-Regime zunächst zurückhaltend aus (vgl. RIA 2001e).

Diese Einschätzung änderte sich ab der zweiten Woche nach Beginn der Angriffe, da die Taliban den intensivierten Luftangriffen auf feststehende Ziele leicht entgehen konnten und Washington klar wurde, dass der Hebel aus der Luft einen Drehpunkt am Boden benötigt (vgl. Conetta 2002: 15). Da sie ihre eigenen Verluste möglichst gering halten wollten, ließen sich die USA schließlich auf eine Zusammenarbeit mit der NA ein. Dadurch konnte Washington auf den Einsatz eigener Bodentruppen weitgehend verzichten – mit Ausnahme der SOF, deren Zahl sukzessive gesteigert wurde und die in gemeinsamen Einsätzen mit dem Bündnis zunehmend eine Leitfunktion einnahmen (Lambeth 2005: 46).

---

132 Hinzu kommt, dass sich Entscheidungsträger im Pentagon negativ in Hinblick auf die Kampferfahrung und zahlenmäßige *Ratio* der Kämpfer der Nordallianz gegenüber den Taliban äußerten (vgl. ebd.: 45f.).

Paradoxerweise schwächte Moskau in dem Moment, in dem es seine Gestaltungsmacht innerhalb dieser sich anbahnenden Allianz hätte ausspielen können, seinen Einfluss: So verhielt sich die NA im Kampf gegen die Taliban auf russischen Rat hin risikoavers und forderte von den USA eine stärkere Luftunterstützung, die ab Mitte Oktober auch gewährt wurde. Daraufhin stiegen die Verluste in der afghanischen Zivilbevölkerung stark an und bedingten Anfang November einen strategischen Wechsel zu einem verstärkten Zusammenspiel zwischen den SOF zur Zielaufklärung und Zielerfassung der Luftangriffe und der NA als regulären Streitkräften am Boden (vgl. Conetta 2002: 15).

Nachdem in der Vorkriegsphase erfolgreich eine Koalition gegen den Terror aufgestellt worden war, traten nun vermeintliche Detailfragen über die Ziele einer militärischen Aktion in Afghanistan in den Vordergrund und veranlassten Russland zu der Forderung, dass die Anti-Terror-Operation in Afghanistan ein klar definiertes Ziel haben müsse (vgl. RIA 2001j). Hier wurden erste Interessendivergenzen zwischen Russland und den USA erkennbar: Denn obwohl Washington in den ersten Wochen nach den Anschlägen auch das Ziel des Regimewandels ins Auge fasste, legte es in dem Moment, in dem die OEF als Einsatzfähig eingestuft wurde, den Fokus auf militärische Vergeltung: „Once OEF got underway, the administration's declared war aims transmuted rather quickly into the overthrow of the Taliban regime" (Conetta 2002: 12). Der amerikanische Botschafter in Russland, Alexander Vershbow, nannte zu einem Zeitpunkt, an dem die Luftangriffe gegen Positionen der Taliban in vollem Gange waren, drei Primärziele: „To punish those responsible for the terror acts of September 11, to destroy the Al-Qaeda terrorist network and to make Afghanistan stop being a terrorist shelter" (RIA 2001m). Russland hingegen, dessen maßgebliche Bedrohungsperzeption vom destabilisierenden Einfluss von Terrorismus und Extremismus auf die gesamte Region geprägt war, teilte lediglich das letzte Ziel in vollem Maße (vgl. Stepanowa 2002b: 2) und verwies auf die negativen *Spillover*-Effekte auf seine südliche Flanke:

„We have already said: the threat to Russia is lurching in the Caucasus and on the Asian border. It wasn't a global nuclear disaster or aggression on the part of the US or NATO that we considered one of the main threats. It was the threat emanating from Afghanistan. That's why we backed the Northern Alliance, [...] *warding off the threat from our boundaries*" (I. Iwanow 2002c: 3; eigene Hervorh.).

Das Fehlen längerfristiger Stabilitätserwägungen in der militärischen Strategie der USA (vgl. Conetta 2002: 7) hätte Moskau also zur Aufnahme der Rolle eines *Produzenten von Sicherheit* zwingen müssen, welcher sein Rollenhandeln auf die Sicherung der Grenzen jener Staaten konzentriert, die in direkter Nachbarschaft zu Afghanistan liegen (Tadschikistan, Turkmenistan, Usbekistan; vgl. Buszynski 2005: 549). Solch ein Bemühen ließ sich allein in der Sicherheitspolitik gegenüber Tadschikistan erkennen, das aufgrund der Stationierung von rund 10.000 russischen Soldaten an der etwa 1.200 Kilometer langen Grenze und der 201. Motorisierten Schützendivision im Inneren des Landes als russisches Militärprotektorat bezeichnet wurde (vgl. Halbach 2003: 292). Nach dem 11. September erhöhte Russland die Stärke der Division auf 15.000 Mann (vgl. Chenoy 2001: 151).[133] Doch da der zurückhaltende Mitteleinsatz der Vorkriegsphase konstant blieb und GUS und SOZ eine militärische Beteiligung ausgeschlossen hatten, setzte Russland konsequent auf die USA und die NA, die durch die Bekämpfung des Taliban-Regimes am ehesten für Sicherheit sorgen konnten. Russland hatte bereits im Vorfeld der Kriegsphase wichtige Unterstützung geleistet und war durch den Tschetschenienkrieg in eine umfassende eigene „Antiterroroperation" eingebunden (vgl. Lambeth 2005: 30). Daher lässt sich seine wahrgenommene Rolle am ehesten als die eines *Koproduzenten von Sicherheit* beschreiben.

5.2.4 Strategien

Während der Kriegsphase wurde das Segment *Multilateralität* von Moskau auf rhetorischer Ebene zwar weiterhin hervorgehoben, beim tatsächlichen Handeln jedoch als nachgeordnetes Rollensegment behandelt. Dies ist maß-

---

133   Umgekehrt erweist sich ein Blick auf diejenigen außen- und sicherheitspolitischen Beziehungen, die nach dem 11. September nicht aufgewertet wurden, ebenfalls als aufschlussreich: So lässt sich in der Beziehung Russlands zu Kasachstan, das nicht an Afghanistan grenzt und seit 1992 neben Tadschikistan als engster politischer und militärischer Verbündeter Russlands in der Region gilt, kein Wandel in Form von neuen Abkommen oder intensivierter Kooperation feststellen. Auch bei Turkmenistan, das zwar an Afghanistan grenzt, nach der Herauslösung aus der Sowjetunion jedoch das Rollenkonzept des *Unabhängigen* herausgebildet hat, ist kein Wandel feststellbar (vgl. Paramonow/Stolpowski 2008: 1-5; 15f.).

geblich auf das unilaterale Vorgehen der USA zurückzuführen und also als Anpassung an die Rolle eines *Mitglieds der Koalition* zu verstehen, welches die von der USA aufgestellten Spielregeln – und damit die Abwertung der Entscheidungskanäle in Form westlicher Institutionen – akzeptieren musste (vgl. Stepanowa 2002a: 4; Stepanowa 2005: 309). Dies betraf sämtliche Mitglieder der Koalition (dazu zählten Deutschland, Frankreich, Spanien, Italien, Großbritannien und Kanada, vgl. Lambeth 2005: 117). Bis Mitte November leisteten lediglich Großbritannien (als engster Verbündeter der USA) und Kanada eine substanzielle materielle Unterstützung der OEF. Frankreich blieb bis zum Ende der Kriegsphase das einzige Land, das überhaupt militärische Luftunterstützung anbot (vgl. ebd.: 26; 118). Der zunehmend stärkere Wunsch der Koalitionspartner nach Einbindung markierte jedoch eine Wende in der unilateralen Strategie Washingtons, welches die Angebote schließlich annahm – ohne sich freilich durch eine Änderung der grundlegenden Kommandostrukturen die Entscheidungsgewalt aus der Hand nehmen zu lassen (vgl. ebd.: 117f.). Das Angebot Russlands zur Beteiligung an SAR-Missionen indes wurde bis zum Ende der Kriegsphase nicht in Anspruch genommen (vgl. RIA 2001v).

Das Segment *Primat der UN* dagegen besaß für Russland weiterhin hohe Priorität. Während der Kriegsphase war Russland bemüht, die multilaterale Zusammenarbeit innerhalb der UN zumindest für den Kampf gegen globalen Terrorismus zu stärken (vgl. Stepanowa 2001: 4). Teilweise lässt sich auch die Unterstützung der NA auf das Segment zurückführen, da diese von der UN als legitime Regierung Afghanistans erachtet wurde (vgl. Lambeth 2005: 103). Am 12. November beschloss der UN-Sicherheitsrat einstimmig *Resolution 1377*, die vornehmlich dem Ziel diente „to keep up international momentum behind the drive to eliminate global terrorism" (BBC 2001) und die internationale Staatenwelt zur Ratifizierung der internationalen Anti-Terrorismus-Konventionen anhielt. Zwei Tage darauf wurde mit *Resolution 1378* erstmals ein Dokument verabschiedet, welches sich mit Fragen der Nachkriegsphase beschäftigte. Der Sicherheitsrat bekundete darin einstimmig seine

„nachdrückliche Untersützung für die Anstrengungen des afghanischen Volkes, eine neue Übergangsverwaltung einzurichten, die zur Bildung einer Regierung führt; bei-

de sollten auf breiter Grundlage stehen, multiethnisch sein und das gesamte afghanische Volk uneingeschränkt vertreten [...]" (United Nations 2001c).

Bis zum Beginn der Nachkriegsphase überdeckte diese inkludierende Formel
die Interessendivergenzen zwischen Russland und den USA in Fragen der
Nachkriegsordnung (vgl. Stepanowa 2002b: 3), auch weil sie implizierte, dass
diese unter der Ägide der UN entschieden würde (vgl. RIA 2001p).[134]

5.2.5 Instrumente

Da Russland eine Beteiligung an der militärischen Phase ausgeschlossen
hatte, sich aber weiterhin einen gewissen Einfluss auf den Krieg in Afghanistan vorbehalten wollte, intensiviert es seine Unterstützung gegenüber der NA,
indem es ihr bis zum Ende der Kriegsphase *materielle Unterstützung* in Form
von technischen Gütern und schwerer militärischer Ausrüstung wie Panzern,
Kampffahrzeugen, Waffen und Munition mit einem Gesamtwert von rund 167
Mio. US-Dollar gewährte (vgl. Kifner 2001; AFP 2001j) und darüber hinaus
von den USA Luftschläge zur Unterstützung forderte (vgl. RIA 2001f).[135] Dies
unterstreicht die Erwartung Russlands, wonach die USA im Verbund mit der

---

134   Obgleich *Resolution 1378* maßgeblich von Frankreich und Großbritannien erarbeitet
wurde, orientiert sich der Wortlaut sehr stark an einem *Communiqué* der „6 Plus 2"-
Kontaktgruppe, in der Russland und die USA maßgeblichen Einfluss hatten (vgl.
AFP 2001r). In diesem *Communiqué* von 18. September 2000 findet sich als Zielsetzung „the establishment of a broadly representative, multi-ethnic government that
would reflect the genuine aspirations of the Afghan people and be responsive to the
legitimate concerns of the international community" (Annan 2000).

135   Auch die Zusammenarbeit zwischen den Geheimdiensten erwies sich während der
Kriegsphase als hilfreich, da Russland beispielsweise Informationen über Drogen-
produktionsstätten weiterleitete (vgl. RIA 2001o) und während der Schlacht um die
Bergfestung Tora-Bora nützliche Kenntnisse über den Höhlenkomplex lieferte (vgl.
Lambeth 2005: 145). Die Truppen der NA trugen Uniformen aus russischen Beständen, fuhren Jeeps der russischen Marke KAMAZ und ließen ihre T-55-Panzer aus
russischer Produktion von Panzerfahrern aus Russland steuern (vgl. Pikajew
2001: 2). Dem Militärjournalisten Pawel Felgenhauer zufolge hatte Russland entgegen der Absicht, keine Truppen nach Afghanistan zu entsenden, bereits zu Beginn
der Kriegsphase eine kleinere Anzahl von Truppen zur Unterstützung der Nordallianz eingesetzt (vgl. Kennedy 2001). Den Umstand, dass dies heimlich geschah (so
trugen die Soldaten keine Erkennungszeichen), kann man als Indiz dafür ansehen,
dass Russland dem Segment *Primat des Nichtmilitärischen* und dem damit einhergehenden Parlamentsvorbehalt für einen Einsatz außerhalb russischen Gebiets zumindest gegenüber der Öffentlichkeit hohe Bedeutung beimisst.

NA nun die Rolle des *Garanten regionaler Sicherheit* auszufüllen haben. Vor allem jedoch konnten die USA mit expliziter Zustimmung Russlands Kampfflugzeuge in Usbekistan und Tadschikistan stationieren – ein seit dem Ende des Kalten Krieges beispielloser Vorgang (vgl. Lambeth 2005: 72). Die Genese des Konfliktverlaufs verdeutlicht, dass Russland in der akuten Kriegsphase ein differenziertes Instrumentarium angewendet hat.

Bereits in den ersten Tagen und Wochen der Kriegsphase konnten die Amerikaner aufgrund der schwachen Verteidigung der Taliban die Luftangriffe massiv ausweiten. Diese Initiativphase wurde von Moskau als Erfolg gewertet (vgl. RIA 2001k). Doch bereits Mitte Oktober kam es aufgrund ausbleibender Erfolge der rein luftgestützten Angriffe und zunehmenden Verlusten unter der Zivilbevölkerung zu einer Änderung der Taktik. Fortan war eine Zusammenarbeit zwischen dem beginnenden Einsatz der SOF und der NA – deren Unterstützung die USA am 16. Oktober erstmals offiziell bestätigten – vorgesehen, um effektiv gegen die Hochburgen der Taliban vorgehen zu können (vgl. Lambeth 2005: 91-95, 106f.).

Am 21. Oktober begann eine 3.000 Mann starke Truppe der NA mit einer Offensive gegen Mazar-i-Sharif und bat die USA um Luftunterstützung (vgl. Filkins 2001). Diese wurde gewährt, wie der amerikanische Botschafter in Russland, Alexander Vershbow, am 26. Oktober bestätigte (vgl. RIA 2001m). Daraufhin begann am 28. Oktober die heiße Phase der Schlacht um die Stadt (vgl. Lambeth 2005: 28), die am 9. November mit deren Einnahme endete. Die USA bewerteten das Zusammenspiel zwischen Luftangriffen, NA und SOF als vollen Erfolg (vgl. Lambeth 2005: 135) und intensivierten die Zusammenarbeit mit der NA.[136]

Am 13. November nahmen tadschikische Truppen der NA nach massiven, von den SOF dirigierten Luftangriffen nahezu kampflos die afghanische Hauptstadt Kabul ein (vgl. Lambeth 2005: 129f.). Washington hatte im Vorfeld einen Aufschub der Offensive gefordert, da es mit Rücksicht auf die pakista-

---

136 Während der Offensive auf Mazar-i-Sharif dienten Verteidigungsminister Donald Rumsfeld zufolge bereits 80 Prozent aller Luftschläge der Unterstützung der NA, hinzu kommen bis zu einhundert SOF, die direkt zum Zustandekommen dieser Luftschläge beitrugen (vgl. Lambeth 2005: 122). Andere Einschätzungen gehen von 90 Prozent aus (vgl. ebd.: 125).

nische Unterstützung der Paschtunen im südlichen Teil des Landes[137] auf eine politische Verständigung mit deren Anführer (und späteren Präsidenten Afghanistans) Hamid Karzai setzte (vgl. ebd.: 110f.). Doch die Truppen wiedersetzten sich dem Wunsch der USA, die sich aufgrund der ausbleibenden Erfolge Karzais im südlichen Teil des Landes bereits von der Vorstellung verabschiedet hatten, dass die militärische Kampagne auf politische Befindlichkeiten Rücksicht nehmen könne (vgl. ebd.: 114f.). Dies ist aus folgenden Gründen als Erfolg für Russland zu bewerten: Zum einen konnte Russland mit der Einnahme durch tadschikische Truppen mit geringem Mitteleinsatz seine Sichtbarkeit steigern.[138] Zum anderen ließen die militärischen Erfolge der NA starke Mitspracherechte der Tadschiken (und damit indirekt Russlands) in Fragen der Nachkriegsarchitektur erwarten.[139]

Mit der Einnahme der Hauptstadt öffnete sich für Moskau ein günstiges Zeitfenster, um seine Sichtbarkeit als *Gestaltungsmacht* zu erhöhen und damit *Status-* und *Prestigeinteressen* zu verfolgen. So kündigte Putin am 23. November die Einrichtung eines Feldlazarettes an (vgl. Spiegel 2001) und erklärte diese Operation als „new stage of humanitarian operations in Afghanistan" (Tavernise 2001). Drei Tage darauf landeten zwölf Transportflugzeuge

---

137 Am 10. November warnte der pakistanische Machthaber General Muscharraf, dass es keine Alternative zur Inklusion der afghanischen Bevölkerungsmehrheit der Paschtunen gebe und forderte die Gründung einer Südallianz als Gegengewicht zur NA (vgl. Schmemann/Tyler 2001). Pakistan unterhält traditionelle Kontakte zu Paschtunen und Taliban im Süden Afghanistans, gab jedoch auf Druck der amerikanischen Regierung seine Unterstützung der Taliban auf und gewährte den USA militärische Überflugrechte. Andernfalls hätten die USA die Luftangriffe nicht vom indischen Ozean aus fliegen können, da der Iran seinen Luftraum geschlossen hielt (vgl. Seybolt 2002: 41).

138 Einige Beobachter zogen Parallelen zu der eigenmächtigen Übernahme des Flughafens Priština durch russische Fallschirmjäger im Juni 1999. Damals wollten Soldaten der NATO den Flughafen besetzen, mussten dann jedoch feststellen, dass dies bereits ohne Absprache durch russische Truppen geschehen war (vgl. Bidder 2008). Tatsächlich soll die russische Führungsriege während der amerikanischen Luftangriffe auf Kabul in einer Sondersitzung in der tadschikischen Hauptstadt Duschanbe eine ähnliche Taktik wie 1999 beschlossen haben (vgl. Starr 2001).

139 Einen Tag nach der Einnahme Kabuls kritisierten die USA Menschenrechtsverletzungen und Hinrichtungen gefangener und verwundeter Talibankämpfer. Ungeachtet des faktischen Wahrheitsgehaltes der Anschuldigungen trachteten sie damit nach einer Delegitimierung des Vorrückens der NA. Moskau zeigte sich derweil von solchen Bezichtigungen unbeeindruckt (vgl. Sanger 2001).

mit humanitären Gütern und bewaffnetem russischen Personal auf dem na-
hegelegenen Flughafen Bagram und begannen mit dem Wiederaufbau der
russischen Botschaft (vgl. Conetta 2002: 20f.). Der rund fünfstündige Einsatz
fand ohne Wissen der UN und allein nach Absprache mit dem Außenminister
der NA, Abdullah Abdullah, statt (vgl. Kifner 2001). Gleichzeitig verwehrte
Abdullah britischen und französischen Einsatzkräften den Zutritt in die Stadt
(vgl. Tyler 2001b). Diese Ereignisse stellen eine deutliche Abwertung des
Segments *Primat der UN* zugunsten des Segments *Gestaltungswille* dar. Mit
dieser Handlung zeigt sich auch die Bereitschaft Moskaus zur taktischen Instrumentalisierung des Segments *Altruismus* zugunsten symbolischer Machtprojektion.

Mit der Einnahme Kabuls erreichten die USA die Primärziele der OEF:
Der Rest der Taliban-Kämpfer befand sich auf der Flucht, die großen Städte
waren befreit, die Infrastruktur des Terrornetzwerks *al-Qaida* lag in Trümmern
(vgl. Lambeth 2005: xix). Dies markierte den Übergang hin zur gezielten Suche nach den *al-Qaida*-Führungskadern (und damit auch Osama Bin Laden)
und zu Fragen der Nachkriegsordnung, weshalb die militärische Allianz mit
der NA von den USA aufgekündigt wurde (vgl. ebd.: 142).

5.2.6 Alterorientierte Rollen

Die in der Vorkriegsphase angenommene Rolle des *Juniorpartners* reduzierte
sich aufgrund des geringen Mitteleinsatzes Russlands während der militärischen Phase auf die Rolle eines *Mitglieds der Koalition*, da sich ein arbeitstei-
liges Verhaltensmuster zwischen den USA als Träger der militärischen
Hauptlast und der NA als unterstützendem Element herausgebildet hatte.
Gleichzeitig blieb das realistische Bewertungsmuster bestehen, und so zeigte
sich Moskau beeindruckt von „der Geschwindigkeit, dem Ausmaß und der In-
tensität der US-amerikanischen Antwort auf die Anschläge am 11. September" (Conetta 2002: 6). Dieses Bewertungsmuster diente als Grundlage für
die Rollenzuschreibung an die USA als *Garanten regionaler Sicherheit*. Der
Chef des russischen Generalstabs, Anatolij Kwaschnin, begründete etwa die
Ablehnung einer militärischen Beteiligung Russlands an der OEF damit, dass
die Streitmacht der USA mächtig genug für einen Alleingang sei (vgl. Lambeth 2005: 27).

Da eine marginalisierte Rolle mit dem grundlegenden Selbstverständnis russischer Entscheidungsträger unvereinbar war, schien es Moskau nur natürlich, dass US-Botschafter Vershbow während einer Pressekonferenz am 25. Oktober Russland als „key partner of the United States in its drive against terrorism" (Vershbow 2001, in: RIA 2001m) bezeichnete.[140] Dies bekräftigte Russland in dem Wunsch nach *Konzessionen*, dem die USA am 19. November mit der Ankündigung, ihr strategisches Nuklearwaffenarsenal zu reduzieren, entgegenkamen (vgl. RIA 2001t). Wichtiger war Moskau jedoch die Tatsache, dass Bewegung in die NATO-Frage gekommen war. Während eines dreitägigen Aufenthalts Putins in den USA Mitte November bekräftigte US-Präsident Bush, dass er eine Einbindung Russlands in die Entscheidungsfindungsorgane der NATO begrüße (vgl. Sanger 2001). Einen Tag darauf schickte der britische Ministerpräsident Blair ein Memo an die anderen 18 NATO-Mitglieder sowie an Russland, in dem er eine Aufwertung des 1997 gegründeten Ständigen Gemeinsamen Rates zu einem gemeinsamen Entscheidungsgremium forderte (vgl. Pikajew 2001: 2).

Darüber hinaus unterstrich Russland am 17. Oktober seine *Zugehörigkeit zum Westen*, indem es ankündigte, mit der Militärbasis in Vietnam und einem Stützpunkt des Geheimdienstes auf Kuba zwei Überbleibsel der Machtprojektion des Kalten Krieges aufgeben zu wollen (vgl. Lieven 2002: 254). Da die Entscheidung bereits lange vor dem 11. September feststand (vgl. Menkiszak 2002), scheint der Zeitpunkt der Ankündigung bewusst gewählt.

---

140   Kurz vor der Kriegsphase zeigten sich US-amerikanische Entscheidungsträger in ihrer Formulierung noch zurückhaltender (vgl. Smith 2001: 1). Da der geringe Mitteleinsatz Russlands während der Kriegsphase konstant blieb und daher keinen Wandel der Macht(a)symmetrie hätte induzieren können, liegt der Schluss nahe, dass die USA um die Wirkung der Worte auf die Befindlichkeit Russlands wussten und die Aussage aus taktischem Kalkül tätigten.

5.3 Nachkriegsphase – 9. Dezember 2001 bis Februar 2002

Die Nachkriegsphase wurde maßgeblich von der Frage bestimmt, wie die zukünftige staatliche Ordnung in Afghanistan aussehen soll. Diese Frage, die seit der Besetzung Kabuls durch die NA am 13. November zunehmend in den Vordergrund gerückt war, wurde Ende November/Anfang Dezember auf einer Konferenz auf dem Bonner Petersberg geklärt (vgl. Johnson 2008: 99). Auf dieser politischen Grundlage wurde am 20. Dezember vom UN-Sicherheitsrat mit der 4.500 Mann starken *International Security and Assistance Force* (ISAF) eine friedenserzwingende Mission[141] unter Führung der NATO mandatiert, die am vierten Januar ihre Arbeit aufnahm. Am 22. Juni 2002 endete die sechsmonatige Übergangsphase der Interimsregierung.[142]

5.3.1 Ideologie und Weltbild
Im Verlauf der Nachkriegsphase gewann eine *bedingt kooperative Sichtweise* russischer Entscheidungsträger zunehmend an Gewicht (vgl. Stepanowa 2002b: 3). Dies hängt mit zwei Faktoren zusammen:

Erstens fiel mit dem Sturz des Taliban-Regimes die wichtigste Legitimationsquelle der amerikanischen Präsenz im zentralasiatischen Raum weg. Russland mahnte an, dass die Zustimmung zur amerikanischen Präsenz in Zentralasien nur unter der Prämisse erfolgt sei, dass „concrete requirements of the military aspect of the counterterrorist operations justify this presence and it was not politically destabilizing" (ebd.). Dies beförderte eine zunehmend konfliktive Wahrnehmung Moskaus, die sich in verhaltenen Warnungen einiger Teile des sicherheitspolitischen Establishments äußerte, wonach Washington mit dem Afghanistankrieg eine *Hidden Agenda*, nämlich die Stärkung seines geopolitischen Einflusses in der Region verfolge (vgl. Smith

---

141 Vorbild für dieses Konstrukt ist die 1999 durch Australien geführte *International Force East Timor* (INTERFET) in Osttimor. Der Sicherheitsrat bezieht sich dabei auf Kapitel VII Art. 40 der UN-*Charta*, wonach die Mandatsträger sämtliche notwendigen Maßnahmen zur Wiederherstellung des internationalen Friedens und der Sicherheit aufnehmen können (vgl. Dwan/Papworth/Wiharta 2002: 125).

142 Der Untersuchungsschwerpunkt der Nachkriegsphase indes liegt auf den Vorbereitungen und Ergebnissen der Bonner Konferenz.

2004: 12).[143] Russland zog daraus Konsequenzen für sein Rollenverhalten und reaktivierte die SOZ durch ein hochrangiges Treffen der Außenminister der SOZ-Mitgliedstaaten am 8. Januar, was Beobachter als „efford by China and Russia to form a counterweight to growing American influence in the region" (Rosenthal 2002) deuteten. Die USA dementierten die Existenz einer solchen Zielsetzung vehement (vgl. Working Group 2002), doch nachdem Washington mit Kirgistan Anfang Februar ein Abkommen zur Nutzung des internationalen Flughafens Manas unterzeichnet und zwischen 3.000 und 5.000 Soldaten dort stationiert hatte (vgl. Halbach 2003: 293f.), fand der stellvertretende Verteidigungsminister Paul Wolfowitz deutliche Worte und verkündete, dass die militärischen Basen dem politischen Zweck dienen „[to] send a message to everybody, [...] that we have a capacity to come back and will come back in – we're not just going to forget about them" (Wolfowitz 2002, zit. in Lambeth 2005: 158; vgl. auch Conetta 2002: 28).

Zweitens führte die Konzentration auf Fragen der Nachkriegsordnung zu einer verstärkten Ausübung von Interessenpolitik für die jeweils genehme Klientel zum Zwecke der Sicherung des Einflusses auf die kommende Regierung. Moskau, das nun die Gewinne seiner langjährigen und während der Kriegsphase intensivierten Unterstützung der NA einfahren wollte, zeichnete sich in der Nachkriegsphase durch *aktives Rollenhandeln* aus, und so reisten hochrangige russische Delegationen wiederholt nach Afghanistan „to make sure Moscow's interests are not forgotten" (AFP 2001j). Die USA hingegen wollten die NA im Vorfeld der Bonner Konferenz nicht unnötig stärken, da sie auf eine Interimsregierung hofften, die eine möglichst breite ethnische Repräsentation garantieren würde (vgl. AFP 2001q).

5.3.2 Normen und Werte

In der Nachkriegsphase erklärte Russland, dass die Regierungsbildung eine innere Angelegenheit und Sache der Afghanen sei (vgl. I. Iwanow 2002c: 3). Diese Aussage gründet auf dem Segment *Nichteinmischung*, allerdings stand

---

143   Die erste in diese Richtung gehende Vermutung äußerte der Chef des russischen Grenzschutzes, General Konstantin Totski, bereits im Januar 2002 (vgl. Menkiszak 2011: 43). Im darauffolgenden Monat häuften sich bereits die Warnsignale aus dem Kreis der außenpolitischen Entscheidungsträger, als ranghöchster Offizieller äußerte Verteidigungsminister Sergej Iwanow Bedenken (vgl. Smith 2004: 11f.).

das russische Rollenhandeln dazu teilweise in Widerspruch, da die Einflussnahme Moskaus auf die NA recht weit ging.

Daneben wurde weiterhin das Segment *Altruismus* gefördert, da Russland nach wie vor humanitäre Hilfe[144] sowie Wiederaufbauhilfe leistete. So rekonstruierte ein russisches Wiederaufbauteam binnen eines Monats (Dez. 2001 – Jan. 2002) den Salangtunnel, der Kabul mit den nördlichen Landesteilen verbindet und die Versorgung mit humanitären Hilfsgütern über Tadschikistan gewährleisten soll – und unterzeichnete eine Übereinkunft mit der Interimregierung zur Modernisierung des Tunnels (vgl. Menkiszak 2011: 31). Dieselbe Zielsetzung spielte bei einem deutsch-russischen Gemeinschaftsprojekt eine Rolle, bei dem in Januar 2002 eine Pontonbrücke über den Pianjfluss errichtet wurde. Darüber hinaus überreichte Russland das Ende November fertiggestellte Feldkrankenhaus am 25. Januar der Zivilbevölkerung (vgl. Department of Defense 2002) und wirkte auf Wunsch Afghanistans beim Wiederaufbau des Bildungssystems mit (vgl. RIA 2002c), welches nach sowjetischem Vorbild modelliert war. Bemerkenswerterweise scheint das zunehmend konfliktive Weltbild das Rollensegment *Altruismus* geprägt zu haben, da sich Russland als Entwicklungshelfer begriff und von den Bemühungen westlicher Staaten abgrenzte: „Focused primarily on political and security questions, the western countries [...] have not built any enterprises, roads, or electricity stations [...]. Soviet aid, on the contrary, is presented as having an immediately beneficial effect on the population [...]" (Laruelle 2009: 26).

5.3.3 Interessen und Ziele

Das Segment *Gestaltungswille* trat während der Nachkriegsphase sowohl in der Rollenwahrnehmung als auch im Rollenhandeln deutlich hervor und zeigte sich in den Versuchen Russlands, die NA als maßgebliche Fraktion der Nachkriegsregierung aufzustellen und innerhalb des Bündnisses die Macht-

---

144 Die afghanische Regierung stellt lediglich aggregierte Datensätze zur offiziellen Entwicklungshilfe bereit. Einem Bericht des Finanzministeriums der Islamischen Republik Afghanistan zufolge hat Russland zwischen 2002 und 2013 rund 141 Millionen US-Dollar an Entwicklungshilfe versprochen und liegt damit auf dem 27. Platz. Bei den zwischen 2002 und 2009 tatsächlich ausgezahlten Geldern liegt Russland allerdings auf dem 18. Platz (vgl. Ministry of Finance 2009: 38; Menkiszak 2011: 3).

verteilung zugunsten der tadschikischen Kräfte zu beeinflussen, da diese am engsten mit Moskau verbündet waren (vgl. Stepanowa 2002b: 3).

Darüber hinaus zeichnete sich die prinzipielle Bereitschaft Moskaus zur Übernahme der Rolle eines *Produzenten von Sicherheit* ab (vgl. Tsygankow 2007: 109), auch wenn die USA diese Rolle vorerst weiterhin übernahmen. So beschlossen die Außenminister auf dem bereits erwähnten SOZ-Gipfeltreffen die Gründung eines Antiterrorzentrums (vgl. Menkiszak 2011: 53). Daneben forcierte Russland im Mai 2002 die Aufwertung des VKS, der in den 1990ern ebenfalls eine schleichende Abwertung[145] erfahren hatte, zur internationalen Organisation OVKS.[146]

5.3.4 Strategien

Russland verfolgte in der Nachkriegsphase eine *ambivalente Strategie*: Auf rhetorischer Ebene betonte es weiterhin das *Primat der UN* und versicherte, dass „things should take the course towards forming, under the United Nations' aegis, organs of power with broad representation of all political and ethnic groups of Afghanistan" (I. Iwanow 2002a). Derweil war die Handlungsebene von einem *unilateralen Vorgehen* geprägt, da Moskau ganz auf die NA setzte (vgl. Stepanowa 2002b: 4). Dies stand der Verpflichtung entgegen, sämtliche Bevölkerungsgruppen – und damit auch gemäßigte Taliban bzw. Paschtunen – in der Interimsregierung zu berücksichtigen. Das Vorgehen wurde durch zwei Wahrnehmungsmuster ermöglicht, mit denen Russland die faktische Abweichung von seinem Rollenkonzept zu rechtfertigen versuchte:

Erstens war dies bestimmten *Lernprozessen* geschuldet, die die Umsetzung der Vorgaben der UN bereits im Vorfeld als illusorisch und die Unter-

---

145 Von den ursprünglich neun Mitgliedern waren seit der Amtszeit Putins nur noch die sechs Staaten Russland, Belarus, Armenien, Kasachstan, Kirgistan und Tadschikistan in der Organisation vertreten (vgl. Adomeit/Reisinger 2003: 150).

146 Die Funktionsfähigkeit der Organisation wurde hauptsächlich im wirtschaftlichen Bereich bejaht. Dies betraf erstens die Ausweitung von Waffenexporten, da die Waffensysteme der GUS-Staaten im Wesentlichen noch auf alten Beständen aus der Sowjetzeit beruhten und folglich auf russische Importe angewiesen waren. Der zweite Bereich war die Rüstungsproduktion. Aufgrund der hohen Arbeitsteilung blieben russische Rüstungsbetriebe auf die Zulieferunternehmen in den GUS-Ländern angewiesen. Die gemeinsamen Luftabwehr- und Gefechtsübungen wurden hingegen als reine *Show* bewertet (vgl. Adomeit/Reisinger 2003: 150ff.).

stützung der Russland wohlgesonnenen Fraktionen als pragmatische Interessenpolitik erscheinen ließen:

> „Moscow [has] learned at least some lessons from both the Soviet experience and the post-Soviet decade of factionalism and civil strive in Afghanistan well enough not to have any illusions about the very limited political and administrative capabilities of any ‚united' coalition government that is doomed to play a largely nominal role in a de facto divided country" (Stepanowa 2002b: 2).

Zweitens wies Moskau wiederholt darauf hin (vgl. AFP 2001p), dass sein engster Verbündeter und Anführer der NA, der Tadschike Burhanuddin Rabbani (vgl. Conetta 2002: 23), seit seiner Flucht vor den Taliban im Jahre 1996 insbesondere von der UN, aber auch von den meisten Staaten als legitimer Präsident anerkannt wurde – und die Unterstützung, die Russland ihm zukommen ließ, sich somit indirekt im Rahmen der Angemessenheit des Segments *Primat der UN* bewegte.

Auf eine andere rollentheoretische Lesart deutet der Hinweis einiger renommierter Wissenschaftler[147] hin, die in einem Zeitungsbericht von 23. Oktober die Meinung vertraten, dass sich Russland und die USA im Vorfeld zu einer Art taktischer Arbeitsteilung abgesprochen hatten. Demnach habe Washington bewusst die Gefahr einer Inklusion von radikalen Taliban in die zukünftige Regierung heraufbeschworen,[148] während Moskau durch seinen Widerstand gegen dieses Scheinvorhaben unter den Angehörigen der NA die Gewissheit erzeugte, dass ihre Interessen berücksichtigt würden (vgl. AFP 2001n). Diese Argumentation fußt auf der Annahme, dass Putin sich der Tatsache bewusst war, dass eine gemeinsame Regierung nur mit und nicht gegen die paschtunische Bevölkerungsmehrheit bzw. moderate Taliban möglich ist. Somit stünde das Rollenhandeln Russlands in Einklang mit dem *UN-Primat*, während auf rhetorischer Ebene eine Rollendistanz taktischer Natur

---

147 Unter anderem aus dem *Carnegie Center* in Moskau und vom ebenfalls in Moskau ansässigen Russischen Institut für Nationale Sicherheit und Strategische Studien.

148 Am 26. Oktober beschrieb US-Botschafter Vershbow die Position seines Landes folgendermaßen: Einerseits stimmen die USA und Russland vollkommen darin überein, dass „the leadership of the Taliban movement has absolutely no role to play in a future government of Afghanistan" (AFP 2001g), andererseits gebe es jedoch „some specific figures within the Taliban movement that may play some sort of role in a future Afghan government" (ebd.).

zu konstatieren ist. Für diese Einschätzung sprechen auch die weiteren Ereignisse: So erklärte die NA am 14. November, also am Tag der Einnahme Kabuls und zwei Tage nach dem UN-Beschluss von *Resolution 1378*, dass sie die Bildung einer breiten Regierungskoalition unterstütze (vgl. AFP 2001m). Zwei Tage darauf war aus russischen Diplomatenkreisen bereits zu vernehmen, dass Moskau nunmehr eine gemäßigte Position zwischen „the usurping of power by the Northern Alliance" und „the complete takeover by the Taliban" (AFP 2001k) angenommen habe. Gleichwohl deutet das russische Rollenverhalten darauf hin, dass Moskau dem Segment *Gestaltungsmacht* den Vorzug gab, da am selben Tag eine hochrangige russische Delegation nach Kabul flog und erste diplomatische Arbeitskontakte zur NA aufnahm, welche es weiterhin als legitime Regierung Afghanistans bezeichnete (vgl. AFP 2001k). Selbst nachdem Rabbani am 23. November eine Regierungsbeteiligung ausgeschlossen hatte (vgl. AFP 2001j), bekräftigte Russland in der darauffolgenden Woche seine Unterstützung für den ehemaligen Präsidenten Afghanistans (vgl. AFP2001h) – und wurde daraufhin vom US-amerikanischen Außenminister Powell scharf kritisiert (vgl. Menkiszak 2002).

Während der Konferenz in Bonn wurde folgender Kompromiss ausgehandelt: Den Tadschiken, die während der Kriegsphase dominiert hatten, wurden die Schlüsselministerien Verteidigung, Inneres und Außenpolitik zugeschlagen – allesamt Ämter, die sie bereits unter der NA bekleidet hatten. Die Usbeken erhielten das Amt des stellvertretenden Verteidigungsministers. Die Paschtunen schließlich, die bei der Zerschlagung des Taliban-Regimes keine bedeutende Rolle gespielt hatten, aber die größte Ethnie des Landes darstellten, waren in Form des Ministerpräsidenten Harmid Karzai vertreten. Dieser war jedoch innerhalb der paschtunischen Stammesfürsten im Süden des Landes umstritten und wurde als eher schwacher Akteur angesehen (vgl. Conetta 2002: 22f.).

Russland beugte sich letzten Endes dem Primat der UN und bezeichnete die neue Regierung am siebten Dezember als „legitimate government of Afghanistan" (AFP 2001f). Obwohl sein Wunschkandidat Rabbani keinen Posten erhalten hatte, zeigte sich Moskau mit dem *Outcome* zufrieden. Dies lag zum einen daran, dass die Konferenz in Bonn unter der Ägide der UN stattgefunden hatte und Russland eine gewisse Einflussnahme auf den politischen Transformationsprozess in Afghanistan ermöglichte (vgl. Allison 2013: 81). Zum anderen wusste Moskau um die schwache Position Karzais und die faktische Machtasymmetrie zugunsten der Angehörigen der NA in der Regierung und rechnete sich daher zukünftige Einflussmöglichkeiten aus.[149]

Völlig in Einklang mit dem UN-Primat stand die Entscheidung Moskaus, im UN-Sicherheitsrat für *Resolution 1386* und damit für die Einsetzung der ISAF-Schutztruppe zu stimmen. Da das Mandat jährlich erneuert werden musste, konnte sich Russland als *Veto-Macht* positionieren (vgl. Allison 2013: 83) und nach dem weitgehenden Alleingang der USA sowohl die Bedeutung des Sicherheitsrates für Fragen der internationalen Ordnung und Sicherheit unterstreichen als auch das Segment *Konsulationsreflex* stimulieren – „in other words: Only actions which include Russia as a co-decider can be effective" (Menkiszak 2011: 43).

5.3.5 Instrumente

Russland nutzte vor als auch nach der Bildung einer Interimsregierung hauptsächlich *diplomatische Mittel*, um seinen Gestaltungswillen durchzusetzen. Dies zeigt sich in den Versuchen Moskaus, die NA unmittelbar nach der Einnahme von Kabul bei der Konsolidierung ihrer Macht zu unterstützen (vgl. Starr 2001). Auch nach der Einsetzung der Karzai-Regierung unterhielt Moskau diplomatische Kontakte und betonte, dass Russland eine wichtige Rolle in Afghanistan spielen werde. Am 4. Februar reiste mit Außenminister Lawrow der erste hochrangige Politiker seit dem sowjetisch-afghanischen Krieg in das Land (vgl. Burns 2002). Der stellvertretende Verteidigungsminister Afghanistans, Mohammed Fahim, besuchte Moskau am 12. Februar. Am 28. Februar flog Innenminister Kanuni ebenfalls in die russische Hauptstadt, ebenso wie Präsident Karzai, der am 12. März und am 4. Juni zu Konsultationen nach Russland kam (vgl. Menkiszak 2011: 21f.).

---

149 So ist Rabbani zwar ethnischer Tadschike, allerdings war er mit einem Paschtunenführer verbündet, der von Saudi-Arabien unterstützt wurde (vgl. Conetta 2002: 23). Seine Wahl zum Präsidenten hätte dazu geführt, dass den Paschtunen begehrte Ministerposten zugeschlagen worden wären. Mit der Wahl Karzais zum Präsidenten der Übergangsregierung, der als „ineffectual warlord with neither an all-Paschtun nor an national leadership profile" (Starr 2001) beschrieben wurde, war es den Tadschiken möglich, immerhin 15 von ursprünglich 20 geforderten Ministerposten zu erhalten – bei einer Gesamtzahl von 30 Ministerposten (vgl. ebd.).

Dabei konnte Russland von vielfältigen, bis in die Sowetzeit zurückrei-
chenden Beziehungsmustern profitieren: So waren einige Führungskader, die
in der ehemaligen Kommunistischen Partei Afghanistans sozialisiert wurden,
nun wieder erneut politisch aktiv, ebenso wie Geschäftsleute aus der afghanischen Diaspora (vgl. Menkiszak 2011: 27). Darüber hinaus sicherte Moskau
der neuen Regierung weiterhin *militärische* und *technische Unterstützung*[150]
zu (vgl. AFP 2001e) – und konnte darauf aufbauen, dass nahezu einhundert
Prozent des afghanischen Waffenarsenals aus russischen Beständen stamm-
ten (vgl. AFP 2002a).

Bei der Frage des militärischen Instrumentariums handelte Moskau weiterhin in Einklang mit dem Segment *defensive militärische Ausrichtung* und
betonte am Tag der Regierungsübernahme der Interimsregierung, dem fünften Dezember, dass Russland von Anfang an eindeutig erklärt habe „that it is
not going to send any military contingents to Afghanistan under any flag whatever, including the UN flag" (RIA 2001w). Dabei blieb das Afghanistan-
Trauma als Begründung bestehen: „For us a presence in any form of Russian
servicemen in Afghanistan is tantamount to, for example, the presence of
American soldiers in Vietnam" (ebd.).

Gleichwohl stimmte Moskau der Mandatierung der ISAF-Schutztruppe
zu, auch wenn es unmittelbar vor und nach der Bonner Konferenz mit der
Forderung, dem Einsatz eine besonnene Evaluation vorangehen zu lassen
(vgl. AFP 2001e), eher als *Nachzügler* denn als *Vorreiter* auftrat. Dies lag daran, dass die Mandatierung maßgeblich auf den Wunsch derjenigen ethnischen Gruppierungen in Afghanistan zurückging, die – anders als die NA –
keine eigene militärische Schlagkraft besaßen und daher auf anderweitige
Sicherheitsgarantien angewiesen waren (vgl. Smith 2001). Da die NA bereits
im Vorfeld der Bonner Konferenz die Formel des *Broad-based Government*
akzeptiert hatte und den Forderungen der anderen Regierungspartner Rech-
nung tragen wollte, blieb Russland nichts anderes übrig, als dem gesamten

---

150   Ein Großteil dieser Form der Unterstützung wurde gratis bewilligt. Daneben existierte eine semi-kommerzielle Form der Unterstützung, bei der die Gerätschaften (oder
auch die Ausbildungsmaßnahmen, bei denen beispielsweise afghanische Angehörige des Militärs oder vergleichbarer Einrichtungen wie der Antidrogenbehörde) zwar
von russischer Seite bereitgestellt, aber von dritter Seite finanziert wurden (vgl.
Menkiszak 2011: 38).

Package Deal – und damit auch der Mandatierung – zuzustimmen. Die Entscheidung wurde dadurch erleichtert, dass die ausgehandelte völkerrechtliche Grundlage für die ISAF lediglich ein Assistenzmandat vorsah, wonach die Schutztruppe „als Standbein einer zielspezifischen Lastenteilung" (Reininger 2010: 404) diente und die afghanische Regierung – vor allem also die Truppen und Milizen der NA – selbst für ihre Sicherheit verantwortlich waren. Dadurch entstand durch die Zustimmung kein Konflikt mit dem Segment *Nichteinmischung* in die inneren Angelegenheiten Afghanistans.

Gleichzeitig erkannte Russland, dass es die Mandatierung für seine Zwecke nutzen konnte. So wurde während der Verhandlungen des Mandates ein Anhang vereinbart, wonach in Gebieten, in denen ISAF-Truppen stationiert werden sollten, die Präsenz anderer Truppen nicht erlaubt war (vgl. AFP 2001d). Damit stellte das ISAF-Mandat in den Augen russischer Entscheidungsträger das ideale Instrument dar, um die Präsenz US-amerikanischer Truppen zu begrenzen. In den Folgejahren votierte Russland daher stets für eine geographische Ausweitung des Mandates und begrüßte 2003 auch die Übergabe des Kommandos durch die NATO (vgl. Menkiszak 2011: 43).[151]

5.3.6 Alterorientierte Rollen

Aufgrund der zunehmend konfliktiven Wahrnehmung russischer Entscheidungsträger und der immer deutlicher hervortretenden Interessendivergenzen setzte sich in der Nachkriegsphase die Erkenntnis durch, dass die Partnerschaft zwischen den USA und Russland nur eine „temporäre, rein funktionale Sache ist, die kühlem amerikanischen Kalkül entspricht" (Adam 2001, zit. in Joetze 2003: 495) und keinen grundlegenden Sinneswandel des außenpolitischen Establishments der USA bedeutete. Daran hat insbesondere die Tatsache ihren Anteil, dass die von Russland erhofften *Konzessionen* ausblieben.

---

151 Die Kommandogewalt über die ISAF folgte einem einjährigen Turnus. Im ersten Jahr lag die Führung in britischen Händen, 2002 übernahm die Türkei das Oberkommando. Anschließend war Deutschland gemeinsam mit den Niederlanden an der Reihe. 2003 wurde die ISAF erstmals im Rahmen gemeinsamer NATO-Strukturen (wie dem gemeinsamen Hauptquartier in Heidelberg) geführt (vgl. Reichinger 2010: 408). Bis 2006 waren faktisch keine US-amerikanischen Truppen in die ISAF-Mission involviert.

So verkündete Washington am 13. Dezember, dass es sich aus dem Vertragswerk des ABM zurückziehen werde (vgl. Sanger/Bumiller 2001), nachdem es bereits einen unmittelbar nach dem 11. September geplanten Test eines Raketenabwehrsystems ausgesetzt hatte (vgl. Sciolino 2001). Russland erblickte darin jedoch nicht länger eine Bedrohung seiner Sicherheit und reagierte erstaunlich gelassen auf die Ankündigung (vgl. Tyler 2001b). Dies könnte einem demonstrativen Desinteresse geschuldet sein, um die Niederlage nicht als solche aussehen zu lassen. Es ist jedoch plausibler, dass die Anschläge am 11. September einen tiefgreifenden sicherheitspolitischen Wandel hervorgerufen haben und die Gefahr terroristischer Anschläge nun ganz oben auf der Liste der Bedrohungen firmierte.[152] Auch die angekündigte Reduzierung des Atomwaffenarsenals wurde aufgeweicht. Die USA informierten Russland darüber, dass sie ihre Sprengköpfe nur einlagern, nicht jedoch zerlegen wollen (vgl. Lieven 2002: 253). Am schwersten jedoch wog die Verweigerungshaltung US-amerikanischer *Hardliner*, wonach die von Russland geforderte Mitsprache in Angelegenheiten der NATO begrenzt bleibe und die NATO-Erweiterung weder verlangsamt noch gestoppt werde (vgl. ebd.). Gleichzeitig blieben die USA ihrer Taktik treu, die Bedeutung der russisch-amerikanischen Beziehungen hochzuloben (vgl. RIA 2002b). Tatsächlich scheint dies mehr als nur ein rhetorischer Tribut an russische Befindlichkeiten zu sein, führt man sich die arbeitsteilige Strategie bei der Einflussnahme auf die Regierungsbildung in Afghanistan vor Augen. Im Frühling rückten die USA jedoch in der NATO-Frage von ihrer Blockadehaltung ab, und so wurde am 28. Mai 2002 der NATO-Russland-Rat (NRR) gegründet.[153] Somit

---

152   Bemerkenswerterweise entzündete sich die Kritik einiger Entscheidungsträger weniger an der Sache selbst als an der prinzipiellen Verletzung eines völkerrechtlichen Abkommens. Der liberale russische Politiker Grigorij Jawlinski drückte es so aus: „The essence of this [US administration] philosophy is the United States' striving to free itself from any limitations imposed by international agreements, including agreements with allies, in the field of arms control and other security areas. This is no longer criticism of the obsolete 1972 ABM Treaty, but rejection in principle of any possible treaties in the field of international security. It is really difficult to build anything reliable on such basis for a long period" (Jawlinski 2002, zit. in Lieven 2002: 248).

153   Dieser ersetzte den Ständigen Gemeinsamen NATO-Russland-Rat. Im Vorfeld dieser Entscheidung präferierte Russland einen Entscheidungsfindungsmechanismus, bei dem es in Einklang mit seinem Rollenkonzept als *gleichberechtigter Partner* –

hatten westliche Diplomaten die Bedeutung dieser Konzession für Russland verstanden und für sich nutzbar gemacht, da die „‚participation' with NATO in a ‚joint' format on an ‚equal basis' was the rationale found to justify the end of Russia's open opposition to enlargement" (Adomeit 2007b: 11).

---

nicht jedoch als Mitglied – eingebunden und mit einem Veto-Recht ausgestattet wäre und Entscheidungen nach dem Konsensprinzip gefällt würden. Dies sollte den bestehenden „NATO+1"-Mechanismus ersetzen, bei dem die Entscheidungsfindung der NATO-Mitgliedstaaten im Vorfeld im NATO-Rat stattfand und Russland anschließend mit den dort getroffenen Entscheidungen konfrontiert wurde. Allerdings ist zu beachten, dass die Einbindung Russlands eine Entscheidungsfindung im Vorfeld nicht *per se* verhinderte (vgl. Pikajew 2001: 3; Smith 2001: 3; Menkiszak 2002). Im Ergebnis wurde der bilaterale Mechanismus ersetzt und die Zahl der Arbeitsgruppen von zwei auf nunmehr 17 massiv ausgeweitet. Von Bedeutung ist auch die Gründung eines informellen und mindestens zweimal im Monat tagenden Vorbereitungsausschusses, der einer möglichen Exklusion Russlands aus der Entscheidungsfindung und Meinungsbildung entgegenwirken soll (vgl. Adomeit 2007b: 13).

5.4 Ausklang – Minimalkooperation, Desynchronisierung, Irak-Krieg

Die Zusammenarbeit in Afghanistan wurde zunehmend von der Erkenntnis geprägt, dass die Präsenz und Dominanz der USA als *Produzent regionaler Sicherheit* zwar von anhaltender Dauer sein würde (vgl. Menkiszak 2011: 22), diese Rolle jedoch aufgrund der strategisch bedingten Ausweitung des Kampfes gegen den Terrorismus in den GUS-Raum hinein zunehmend das russische Selbstverständnis als *imperialistische Macht* herausforderte (vgl. Allison 2013: 72). Moskau konnte sich nur widerwillig und mit Blick auf die prekäre Sicherheitslage und das ungefestigte Machtmonopol der neuen afghanischen Regierung zu der Erkenntnis durchringen, dass die Präsenz der USA als *Garanten regionaler Sicherheit* weiterhin notwendig war.[154]

Verteidigungsminister Rumsfeld verhandelte etwa am 26. April 2002 im Zuge einer diplomatischen Initiative in Zentralasien die Nutzungsrechte des Flughafen Manas in Kirgistan für Truppen der NATO, zwei Tage darauf stimmte der Präsident Kasachstans, Nursultan Nazarbajew, der militärischen Nutzung von drei Flughäfen im Land zu (vgl. Buszynski 2005: 547). Daher wuchs der russische Widerstand gegen die andauernde militärische Präsenz der USA – und auch der NATO, da die anfänglich begrüßte Übernahme des Kommandos über die ISAF zu einer schleichenden Abkehr vom Kooperationsgebot mit dem UN-Sicherheitsrat führte und dadurch das russische Mitspracherecht unterwanderte (vgl. Allison 2013: 86).

Bereits im Dezember 2001 reiste Putin nach Kirgistan und kündigte dort die Eröffnung einer russischen Basis in Kant an – nur rund 30km von der NATO-Basis in Manas entfernt (vgl. Buszynski 2005: 554). Die Basis wurde im Herbst 2003 in Betrieb genommen (vgl. Warkotsch 2004: 1119). 2005 veröffentlichten die SOZ-Mitgliedstaaten während eines Gipfeltreffens in Astana auf Initiative Russlands und Chinas hin eine gemeinsame Erklärung, in der

---

154 Bei der Frage der eigenen Sicherheit ging es Russland zunehmend um die Produktion und den Handel mit Opium, der nach Ansicht der russischen Drogenkontrollbehörde von 2001 bis 2009 um das 45-Fache gestiegen ist (vgl. Menkiszak 2011: 45) und ein ernstes Sicherheitsproblem für Russland darstellt (vgl. S. Iwanow 2004s: 5). Insbesondere die Taktik der ISAF, beim Mohnanbau „ein Auge zuzudrücken", wurde scharf kritisiert (vgl. Kuhrt 2010: 7), und so fiel die Bewertung der Rolle der Schutztruppe negativ aus: „NATO has yet to prove it's viability in Afghanistan" (Lawrow 2006e: 4).

sie einen genau terminierten Plan zum Abzug der internationalen Streitkräfte forderten (vgl. Menkiszak 2011: 44). Damit zeichnete sich das prinzipielle Verhaltensmuster ab, wonach die Zustimmung Russlands zum US-amerikanischen Engagement in der zentralasiatischen Region den Prüfstein für das grundlegende Verhältnis der beiden Länder zueinander bildete (vgl. Johnson 2005: 196). Die bilaterale Zusammenarbeit bei der Terrorismusbekämpfung blieb davon jedoch unberührt und wurde sogar ausgebaut (vgl. Allison 2013: 90).[155] Somit hatte sich diese eng ausgelegte Art der Kooperation zum grundlegenden Handlungsaxiom ausgebildet und fiel trotz aller Irritationen und politischen Verwerfungen nicht hinter eine aus pragmatischen Gründen gebotene rote Linie zurück.

Im Laufe des Jahres 2002 wurde die amerikanisch-russische Zusammenarbeit bei der Terrorismusbekämpfung jedoch zunehmend von der Irak-Krise überschattet (vgl. Erlanger 2002), die fundamental divergierende Rollenkonzepte der beiden Länder offenlegte.[156] Dies betraf die folgenden elementaren Segmente des russischen Rollenkonzeptes:

(1) Die Normen *Stabilität* und *Nichteinmischung,* da die USA nun ganz offen den Regimewechsel als „sanction for rogue behaviour" (Conetta 2002: 31) propagierten. Russland hingegen, das hohen Wert auf die Stabilität legte, vertrat die Ansicht, dass „terrorism could be defeated only through the

---

155 So wurde die *U.S.-Russian Working Group on Afghanistan* zur *Russo-American Anti-Terrorist Group* aufgewertet. Diese umfasste neue Sachbereiche wie die terroristische Bedrohung durch ABC-Waffen und die Bekämpfung der Finanzierungsmöglichkeiten von Terroristen (vgl. Stepanowa 2002a: 2) und wurde von russischer Seite als „one of the most effective mechanisms for bilateral cooperation in the area of fighting international terrorism and other threats and challenges" (Jakowenko 2002b) angesehen. Auch die Verrechtlichung unter dem Primat der UN wurde fortgeführt, und so verkündete der Ständige Vertreter Russlands bei der UN, Dimitri Lobatsch, auf der 57. Generalversammlung der UN, kurz vor dem Abschluss der Ratifizierung sämtlicher Anti-Terrorismus-Konventionen zu stehen (vgl. Lobatsch 2002).

156 Der maßgebliche Grund für die auftretende Divergenz ist im Wandel des außen- und sicherheitspolitischen Rollenkonzeptes der USA zu suchen (vgl. Johnson 2005) und lässt sich als *Desynchronisierung des sicherheitspolitischen Denkens* beschreiben. Während die USA weiterhin einen militärischen Ansatz zur Terrorismusbekämpfung verfolgten, hatte Russland aufgrund der Erfahrungen in Tschetschenien bereits eine sozioökonomische, zumindest jedoch nicht offen militärische Herangehensweise an das Problem internalisiert: „This dimension includes the attempt at normalising Chechnya through development and the rule of law, and fighting xenophobia, extremism, and religious fundamentalism across Russia" (Makaritschew 2008: 182).

coordination of state efforts, and not trough taking on relately established states, such as Iraq" (Tsygankow 2005: 144).

(2) Damit gingen unterschiedliche *Sicherheitsperzeptionen* einher. Während die USA die Hauptgefahr nun in den von ihnen als „Achse des Bösen" bezeichneten autoritären Staaten Iran, Irak und Nordkorea (hinzu kommen die Länder Kuba, Lybien, Syrien und der Sudan, vgl. Smith 2004: 17) als den Hauptsponsoren von Terrorismus sahen,[157] hatte Moskau zu diesem Zeitpunkt bereits den komplexen und grenzüberschreitenden Charakter von Terrorismus verinnerlicht (vgl. Tsygankow 2006b: 152) und sah die Hauptgefahr dementsprechend in dem sogenannten *Arch of Instability*, der von den Philippinen bis zum Kosovo reichte (vgl. Allison 2013: 73). Dieses Verständnis folgte eher der Lesart des Begriffs *Failed States* und nahm dadurch die sozioökonomischen Ursachen von Terrorismus in den Blick (vgl. Stepanowa 2005: 306f.). Darüber hinaus unterhielt Russland enge Beziehungen zu den meisten Ländern, die von Washington nun als potentielle Feindziele angesehen wurden (vgl. Smith 2004: 17).

(3) Auch die Prinzipien *Multilateralismus* und *Primat der UN* waren betroffen, da die USA den UN-Sicherheitsrat im Zuge der Irak-Krise nur selektiv in die Entscheidungsfindung und -implementation einbezogen (vgl. Johnson 2005: 195) und Moskau darin einen „extremely dangerous trend" (S. Iwanow 2004b: 2) sah.

(4) Das Handel der USA während der Irak-Krise stand ferner dem *Primat des Nichtmilitärischen* entgegen, und so wurde die am 17. März 2003 im Rahmen einer „Koalition der Willigen" begonnene und vom UN-Sicherheitsrat nicht legitimierte militärische Invasion von russischer Seite scharf verurteilt (vgl. Putin 2003a: 2). Der Kreml hatte zwar die OEF unterstützt und im zweiten Tschetschenienkrieg ebenfalls militärisch interveniert, doch zum Zeitpunkt der Irak-Krise hatte sich bereits die Erkenntnis durchgesetzt, dass die Lösung

---

157   *De facto* kursierte bereits zwei Wochen nach den Anschlägen am 11. September unter den sicherheitspolitischen *Hardlinern* Washingtons (hier sind insbesondere der stellvertretende Verteidigungsminister Paul Wolfowitz, der Stabschef des Vizepräsidenten der USA, Lewis Libby, sowie der Verteidigungsminister selbst, Dick Cheney, zu nennen) die Idee eines breit angelegten Militärschlags gegen den Irak und den Libanon. Außenminister Powell konnte jedoch eine gemäßigtere Herangehensweise durchsetzen, die militärische Aktionen zunächst auf die Taliban und *al-Qaida* beschränkte (vgl. Lambeth 2005: 41).

des Terrorismusproblems die Wahl politischer Instrumente notwendig machte (vgl. Tsygankow 2006b: 134).

(5) Die Divergenz blieb nicht ohne Auswirkungen auf die Selbstwahrnehmung Russlands als *Teil des Westens*. Im Herbst 2002 stellte sich Russland offen auf die Seite der Kriegsgegner Frankreich und Deutschland (vgl. Johnson 2005: 193). Im Rückblick begründete Außenminister Lawrow diese Entscheidung (implizit) neben der Bindungsmacht der Eigenwahrnehmung mit der plötzlich offen zutage tretenden Konvergenz der Rollenkonzepte der genannten Länder: „I think of key significance was the striving of two major European powers to uphold their foreign policy independence and the international legal order as corresponding to their fundamental national interests" (Lawrow 2006c: 2). Diese Wahrnehmungsverschiebung lässt sich als Prozess begreifen, wenn man die Ambivalenz in den Blick nimmt, mit der russische Entscheidungsträger noch in der Nachkriegsphase des Krieges in Afghanistan das sicherheitspolitische Potential der EU ausgelotet haben:

> „We can do considerably more in the realm of foreign policy, where our approaches in many aspects are either similar or concur, be it the search of a long-term peace in Afghanistan or a settlement in the Middle East. Concrete proposals have been transmitted to our partners [sic!] members of the EU also on the issues of security cooperation, where the relevant institutions of the European Union are only just being formed" (Meschkow 2002: 3).

Die im Zuge der Irak-Krise auftretende Teilung des Westens, die der US-amerikanische Politikwissenschaftler Robert Kagan mit der Aussage pointiert hat, dass die USA vom Mars, die Europäer jedoch von der Venus stammen, warf aus Sicht russischer Entscheidungsträger die Frage auf, aus welchem Teil des Westens es sein Selbstverständnis beziehen soll – dem europäischen oder dem transatlantischen (vgl. S. Medwedew 2004: 7). Russland löste dieses Dilemma, indem es als *Brücke* zwischen den USA und seinen Verbündeten innerhalb der EU lavierte (vgl. Johnson 2005: 193).[158] So bildete sich einerseits eine trilaterale Zusammenarbeit mit Frankreich und Deutsch-

---

158 In einem grundlegenden Sinne handelte Moskau dabei auf der Grundlage von bestimmten Normen und Werten, die zwar weitestgehend intersubjektiv geteilt sind (wie z.B. grundsätzliche diplomatische Verhaltensweisen und Arbeitsabläufe), Moskau aber dennoch als Mitglied der westlichen Gemeinschaft ausweisen (vgl. Stepanowa 2005: 195).

land heraus (vgl. Folz 2004: 51), die in der Veröffentlichung einer gemeinsamen Erklärung am fünften März ihren Höhepunkt erreichte (vgl. Gemeinsame Erklärung 2003)[159] und die Sichtbarkeit Russlands nicht bloß im diffusen Kräftefeld der EU, sondern „right in the European eye of power" (Neumann 2005: 17) erhöhte. Andererseits erklärte Moskau, dass eine Niederlage der USA aus politischen und ökonomischen Gründen[160] nicht wünschenswert sei und hielt während des gesamten Irak-Krieges den Dialog mit Washington aufrecht (vgl. Johnson 2005. 194). Auf einem gemeinsamen Gipfeltreffen in St. Petersburg im Mai 2003 betonten beide Länder den hohen Wert ihrer Partnerschaft (vgl. S. Medwedew 2004: 48). Diese Zweiteilung des Westens geronn 2006 zu der rollenkonzeptionellen Erkenntnis, dass „Russian foreign policy cannot have just one and only western vector, there are several of them" (Lawrow 2006c: 2).

Im selben Jahr begann sich das Verhältnis zwischen Karzai und dem Westen zu verschlechtern, was Russland ein gutes Gelegenheitsfenster zur (Wieder)aufnahme der Rolle der *Gestaltungsmacht* verschaffte (vgl. Menkiszak 2011: 22f.). Ein Jahr darauf unterstützte Moskau die Gründung der „Nationalen Front", einem Oppositionsblock, der von ehemaligen Mitgliedern der NA ins Leben gerufen wurde (vgl. Laruelle 2009: 23). Gleichzeitig intensivierte der Kreml die politischen Initiativen gegenüber Kabul im Rahmen der SOZ sowie der OVKS und forcierte die weitere Institutionalisierung dieser sicherheitspolitischen Kooperationsformate (vgl. ebd.: 12). Bis zum Ende von Putins zweiter Amtszeit hatte sich eine langfristige und proaktive Strategie im Umgang mit Afghanistan herausgebildet, die auf eine weitere Verbesserung der Beziehung zur Regierung Karzai setzte und die Schwierigkeiten der NATO und der USA in Afghanistan dazu nutzte, um den eigenen Nutzwert für das Gelingen des Einsatzes zu erhöhen (vgl. Laruelle 2009: 31; Menkiszak

---

159   Darin bekräftigten die drei Länder unter anderem ihre Auffassung, dass die „effektive und komplette Entwaffnung Iraks gemäß der *Resolution 1441* [...] auf friedlichem Wege durch die Inspektionen erreicht werden kann" (Gemeinsame Erklärung 2003) und verkündeten in diesem Zusammenhang, gegen einen Resolutionsentwurf zu stimmen, der Gewaltanwendung zulasse (vgl. ebd.).

160   So würde eine militärische Intervention den Ölpreis stark fallen lassen, was nicht im Interesse Russlands ist. Darüber hinaus drohte Washington, Russland beim (lukrativen) Wiederaufbau nach einer möglichen Intervention zu übergehen (vgl. Johnson 2005: 193).

2011: 7). So wurde am vierten April 2008 auf dem NATO-Gipfel in Bukarest ein Abkommen zum nichtmilitärischen Transit über russisches Hoheitsgebiet unterzeichnet und am 6. Juli 2009 dahingehend erweitert, dass nun auch militärische Flüge (jährlich etwa 4.500) möglich wurden (vgl. Menkiszak 2011: 50).[161]

---

161 Möglicherweise wurde die Entscheidung auch davon beeinflusst, dass die USA seit 2006 eigene ISAF-Kontingente unterhielten. Ende 2008 betrug der Anteil amerikanischer Streitkräfte an den Gesamttruppen mit 19.950 Mann rund 38,9 Prozent (vgl. Reichinger 2010: 407). Damit waren es vor allem auch die USA – und nicht nur die teilnehmenden NATO-Staaten – denen Russland seinen Nutzen wieder unter Beweis stellen konnte. Unbestritten waren die Überflugrechte von immenser strategischer Bedeutung für die USA und ihre NATO-Partner, da die bisherige Transitroute vom Hafen im pakistanischen Karatschi über den Khyberpass nach Afghanistan häufig Ziel von Anschlägen war (vgl. Krickus 2010: 10).

6. Der Fünftagekrieg in Georgien

„Russland muss sich entscheiden: zwischen machtpolitischen Instrumenten aus dem 19. Jahrhundert und seiner mit Nachdruck beanspruchten Rolle eines verantwortlichen, gewichtigen, für die Lösung weltpolitischer Probleme unumgänglichen internationalen Akteurs des 21. Jahrhunderts" (Adomeit 2008: 28).

Nach Scharmützeln zwischen georgischen Truppen und südossetischen Milizen befahl der Präsident Georgiens, Michail Saakaschwili, am späten Abend des siebten August 2008, den Separatismus der Provinz Südossetien mit militärischen Mitteln zu beenden (vgl. Haas 2010: 148). Die nächtliche Offensive georgischer Truppen auf die südossetische Hauptstadt Zchinwali in der Nacht vom siebten auf den achten August und die Mobilisierung der 58. Russischen Armee im Nordkaukasus markieren den Beginn des Fünftagekrieges.[162]

---

162 Alternativ auch Georgien- oder Kaukasuskrieg genannt.

Schaubild 3: Georgien und die separatistischen Regionen

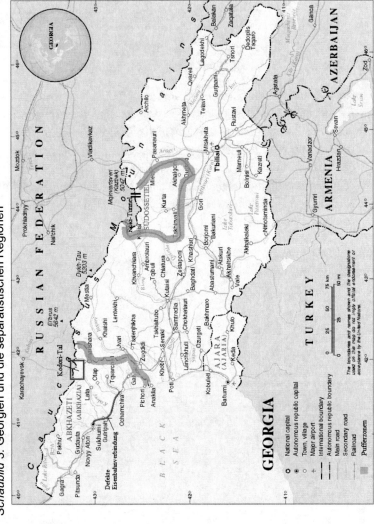

Quelle: United Nations Cartographic Section 2004; eigene Ergänzungen

6.1   Vorkriegsphase – 17. Februar 2008 bis 7. August 2008

Die Vorkriegsphase ist maßgeblich von der Unabhängigkeitserklärung des Kosovo und der darauffolgenden Reaktion weiter Teile der internationalen Staatengemeinschaft geprägt. Moskau sah darin einen weitreichenden Präzedensfall für die völkerrechtliche Anerkennung Südossetiens und Abchasiens (vgl. Cornell et al. 2008: 7). Derweil befand sich das Verhältnis zwischen Russland und Georgien nach den Provokationen der vergangenen Monate und Jahre auf einem Tiefpunkt. Russland verschärfte seine vormals konziliante offizielle Rhetorik gegenüber Georgien (vgl. RFE 2008). Ab dem Frühjahr 2008 mehrten sich Hinweise darauf, dass sowohl Russland als auch Georgien Vorbereitungen für eine militärische Auseinandersetzung trafen (vgl. Haas 2010: 147f.). Nach einem Anschlag auf georgische Polizeikräfte Anfang August eskalierte die Gewalt zwischen südossetischen und georgischen Truppen (vgl. Cornell et al. 2008: 12), am sechsten August kam es praktisch an der gesamten südossetisch-georgischen Grenze zu gewaltsamen Auseinandersetzungen (vgl. IIFFMCG 2009: 208).

6.1.1 Ideologie und Weltbild
Kapitel 4.5 hat gezeigt, dass die russische Wahrnehmung am Ende von Putins zweiter Amtszeit von einem *konfiktiven Weltbild* geprägt war. Dies wirkte sich massiv auf die Kooperationsaussichten im Rahmen internationaler Organisationen aus und korrespondierte im vorliegenden Fallbeispiel mit zwei neuralgischen Punkten des russischen Rollenkonzepts: Zum einen hatten die in den 90er Jahren einsetzenden und während des Afghanistankrieges ihren Höhepunkt erreichenden Lernprozesse gegenüber der NATO zwar zur Inklusion des Bündnisses in das kooperative Bewertungsmuster und damit in das Segment *Multilateralismus* geführt, allerdings blieb die Frage der NATO-Erweiterung davon ausgenommen, da sie aufgrund der russischen Belagerungsmentalität weiterhin als starke Bedrohung wahrgenommen wurde (vgl. Adomeit 2007b: 2, 9; Karagiannis 2013: 85). Bezeichnenderweise stellte also die NATO keine Gefahr *per se* dar, sondern lediglich die konkreteren Pläne des NATO-Beitrittes der Ukraine und Georgiens (vgl. Bogomolow/Litwinenko 2012: 2f.). Der Umstand, dass den beiden Ländern auf dem NATO-Gipfel in

Bukarest am 3. April 2008 zwar kein *Membership Action Plan* (MAP) angeboten (vgl. Ditrych 2008: 115), die grundlegende Beitrittsperspektive allerdings bejaht wurde (vgl. NATO 2008), stieß auf russischer Seite daher auf Unverständnis (vgl. Außenministerium 2008e; Haas 2010: 146). Nach Ansicht des Kremls würde damit erstmals in der Geschichte der NATO das Prinzip der Konditionalität nach Artikel 10 des Nordatlantikvertrags unterlaufen (vgl. Brzoska et al. 2008: 10).[163] Am 20. Juni bekräftigte NATO-Generalsekretär Jaap de Hoop Scheffer bei einem Treffen mit Saakaschwili die georgische Beitrittsperspektive. Kaum einen Monat vor Ausbruch des Krieges wurden russische Sicherheitsbedenken erneut symbolisch missachtet: Während einer Europareise bekundete US-Außenministerin Condoleezza Rice in Tbilisi erneut die Unterstützung Washingtons für den MAP – der russischen Hauptstadt blieb sie demonstrativ fern (vgl. Tsygankow/Tarver-Wahlquist 2009: 323). Damit erschöpfte sich die pragmatische Kooperation zwischen Russland und der NATO im sachlich eng umgrenzten Politikbereich der Terrorismusbekämpfung, während grundlegende Wahrnehmungsunterschiede im Bereich von *High Politics* fortbestanden (vgl. Adomeit 2007b: 16f.).[164]

6.1.2 Normen und Werte

Die Anerkennung der Unabhängigkeit des Kosovo durch einen Großteil der internationalen Staatengemeinschaft[165] induzierte einen Wahrnehmungswan-

---

163   Der entsprechende Passus in dem Vertragswerk regelt die Beitrittsperspektive der Aspiranten. Diese müssen in der Lage sein, „die Grundsätze dieses Vertrags zu fördern und zur Sicherheit des nordatlantischen Gebiets beizutragen" (NATO 1949).

164   Beispielhaft sei hier auf die Wortwahl des Abschlusscommuniqués eines informellen Gipfels der NATO-Verteidigungsminister verwiesen, kaum eine Woche nachdem die NATO Georgien einen intensivierten Dialog angeboten hatte (vgl. Adomeit 2007b: 28): „Ministers also met with their counterpart from Russia, Sergei Ivanov. The meeting focused on two main issues: *NATO-Russia practical cooperation, which is going well*; and the current tensions in Georgia, where information was shared by Minister Ivanov on this bilateral issue between Russia and Georgia" (NATO 2006; eigene Hervorh.). Tatsächlich blieb die Zusammenarbeit im Bereich der Terrorismusbekämpfung weitgehend unangetastet (vgl. Schröder 2008: 11; Joenniemi 2010: 23), da der NATO auf selbigen Gipfel nichtmilitärische Überflugrechte gewährt wurden (siehe Abschnitt 5.4).

165   Bis zum Ausbruch des Krieges erkannten die USA und insgesamt 20 der 27 EU-Staaten die Unabhängigkeit des Kosovo an (vgl. Marquand 2008). Im Oktober 2008 ersuchte Serbien zur Frage der Unabhängigkeit des Kosovo eine rechtliche Stel-

del bei der Bewertung des Segments *territoriale Integrität*: Bislang hatte sich Russland auf rhetorischer Ebene stets zugunsten der territorialen Integrität Georgiens ausgesprochen, das Selbstbestimmungsrecht der Völker mit Blick auf die separatistischen Regionen auf seinem Staatsgebiet im Nordkaukasus verneint und seine Unterstützung gegenüber Südossetien und Abchasien offiziell dementiert. Auch in den Verhandlungen im Vorfeld der Anerkennung des Kosovo lief die russische Verhandlungsposition unter Verweis auf *Resolution 1244* (1999) darauf hinaus, das Kosovo als Teilrepublik Serbiens zu erhalten und ihm höchstens weitgehende Autonomierechte zu gewähren (vgl. Harzl 2008: 513). Parallel dazu mehrten sich unter außenpolitischen Entscheidungsträgern Russlands Stimmen, die unter der Losung *more than Autonomy, less than Independence* eine Ausweitung des Selbstbestimmungsrechts auf die separatistischen Regionen in Georgien forderten (vgl. Smith 2006: 4). Putin äußerte die Forderung unter Verweis auf den universalistischen Soll-Zustand neu aufkommender Normen und rekurrierte somit auf rhetorischer Ebene an das Segment *Altruismus*: „Principles should apply identically to all" (Putin 2005c). Nach der Anerkennung der kosovarischen Unabhängigkeit wurde diese Forderung mit neuem Nachdruck vertreten.

Die Frage, inwieweit der Kreml dabei von genuin altruistischem Verhalten geleitet wurde, lässt sich mit einem Blick auf die Ereignisse im Nordkaukasus beantworten. Schließlich waren die dort vorherrschenden zentrifugalen Kräfte seit der Auflösung der Sowjetunion der ausschlaggebende Grund für die Priorisierung der Norm *territoriale Integrität* (siehe Abschnitt 4.1). In dieser Hinsicht hätte sich Russland mit Blick auf die Desintegrationstendenzen etwa Tschetscheniens der westlichen Lesart anschließen müssen, wonach es sich beim Kosovo um einen Fall *Sui Generis* handele und keine völkerrechtlichen Impulse von der Anerkennung ausgehen (vgl. Reljić 2006: 278).[166]

---

lungnahme vor dem Internationalen Gerichtshof (IGH) in Den Haag. Dabei sprachen sich bei 74 Enthaltungen und sechs Gegenstimmen insgesamt 77 Länder für die Unabhängigkeit aus (vgl. Nußberger 2009: 350).

166 Es gilt zu beachten, dass das Völkerrecht keine Rechtsprechung auf Basis von Präzedenzfällen kennt. Dies wäre nur dann möglich, wenn sich die erfolgte Art und Weise einer Sezession gewohnheitsrechtlich eingebürgert hätte. Gewohnheitsrecht ist jedoch selbst Subjekt der Rechtsnorm des Artikels 38 des Statutes des IGH, der dessen Entstehung regelt. Im Falle des Kosovo waren die Bedingungen zur Herstellung von Gewohnheitsrecht nicht gegeben (vgl. Nußberger 2009: 350f.). So kann

Allerdings hatte sich die politische Lage im Nordkaukasus seit dem zweiten Tschetschenienkrieg entschieden geändert: So sprachen sich bei einer Volksbefragung im August 2003 über 78 Prozent der tschetschenischen Bevölkerung für den Verbleib in der RF aus (vgl. Tsygankow 2006a: 1091). Auch lässt sich ab 2001 aufgrund der direkten Designation lokaler Machthaber durch den Kreml eine Stärkung des Einflusses der Zentralmacht auf die regionale Ebene erkennen, die nach der Geiselnahme von Beslan nochmal verstärkt wurde (vgl. Blandy 2005: 3f.). Daneben intensivierte Moskau die Grenzsicherung im gesamten nordkaukasischen Militärdistrikt und erhöhte die Truppenstärke bis Ende 2007 auf über 45.000 Mann (vgl. ebd.: 11f.). Die Lage im Nordkaukasus galt zwar trotz dieser Maßnahmen als instabil, zumal in den umliegenden autonomen Republiken Dagestan, Inguschetien, Nordossetien, Kabardino-Balkarien und Karatschai-Tscherkessien eine alarmierende sozioökonomische Situation vorherrschte (vgl. ebd.). Eine Sezession hatte Moskau jedoch vorerst nicht zu befürchten (vgl. Tsygankow 2006a: 1091). Es lässt sich sogar eine Solidarisierung der nordkaukasischen Entitäten mit Abchasien und Südossetien beobachten, weshalb der russische Staat als Unterstützer wahrgenommen und die Sezessionsgefahr auch aus diesem Grund geringer wurde (vgl. Halbach 2008: 27). Russland musste also weder um seine territoriale Integrität fürchten, noch erwuchsen dem Kreml aus der geforderten Universalität des Selbstbestimmungsrechts schwerwiegende Nachteile.

---

das Selbstbestimmungsrecht der Völker nur im Rahmen geltenden Rechts in Anspruch genommen werden. *Resolution 1244* bestätigte jedoch ausdrücklich die territoriale Integrität und Souveränität Jugoslawiens/Serbiens. In seltenen Ausnahmen wird das Sezessionsrecht bei schweren Menschenrechtsverletzungen gegenüber einer ethnisch-kulturellen Bevölkerungsgruppe gewährt. Selbst wenn man diese Bedingung für den Zeitraum vom Ende der NATO-Luftangriffe im Juni 1999 bis zum Sturz des Milošević-Regimes im Oktober 2000 bejaht, so lässt sich dies unter keinen Umständen für den Zeitraum von 2000 bis Februar 2007 konstatieren (vgl. IALANA 2008). Doch da eine konstruktivistische Lesart völkerrechtlicher Aspekte auf Wahrnehmungskategorien gestützt bleiben muss, stellt die Tatsache, dass Georgien ungeachtet jeglicher Beteuerungen des Westens unter Verweis auf seine „nationalen Interessen" eine Anerkennung der Unabhängigkeit des Kosovo verweigerte (vgl. AFP 2008a) und sich andere Staaten wie Aserbaidschan und die Republik Moldau, die ebenfalls mit gefrorenen Konflikten zu tun haben, dieser Position anschlossen (vgl. Harzl 2008: 509), ein starkes Argument dafür dar, dass die politischen Implikationen der Unabhängigkeitserklärung durchaus wahrgenommen wurden.

Vor einer vollständigen Anerkennung der Unabhängigkeit schreckte Russland jedoch zurück und nahm am 16. April lediglich quasi-diplomatische Beziehungen zu Südossetien und Abchasien auf (vgl. Cornell et al. 2008: 8), nachdem die abtrünnigen Republiken am fünften beziehungsweise am sechsten März zur Anerkennung ihrer Unabhängigkeit aufgerufen hatten (vgl. AFP 2008b). Dies zeigt, dass die Angst vor dem Verlust der eigenen territorialen Integrität nach wie vor präsent war (vgl. ICG 2008a: 8), Moskau jedoch aus dem Prozess der Anerkennung den maximalen Nutzen für sich im postsowjetischen Raum ziehen konnte (vgl. Reljić 2006: 278) und im Rahmen seines Rollenkonzeptes durchaus pragmatisch handelte.

6.1.3 Interessen und Ziele

Der russische Gestaltungswille manifestierte sich während der Vorkriegsphase in der *Mediatorrolle* als Mittel zur Aufrechterhaltung des Einflusses auf Georgien, da Moskau Südossetien und Abchasien nach der formellen Anerkennung ihrer Unabhängigkeit nicht mehr als Hebel gegenüber Georgien hätte verwenden können (vgl. Harzl 2008: 492). Diese Rolle lässt sich von 2004 bis zum Beginn der Kriegsphase in der Rhetorik russischer Entscheidungsträger nachweisen und blieb auch von der Anerkennung des Kosovo unbeeinflusst (vgl. Außenministerium 2008a). Noch am 15. April – also einen Tag vor der Aufnahme quasi-diplomatischer Beziehungen zu den abtrünnigen Republiken – bekräftigte Russland durch seine Zustimmung zur *Resolution 1808* des UN-Sicherheitsrates seine Unterstützung für die „Souveränität, Unabhängigkeit und territoriale Integrität Georgiens in seinen international anerkannten Grenzen" (United Nations 2008a). Daraufhin äußerte der Sonderbeauftragte der NATO, Robert Simmons, Zweifel an der Ernsthaftigkeit der Mediatorrolle (vgl. Lederer 2008).

Auch *Sicherheitsinteressen* wurden tangiert, allerdings fürchtete Moskau aufgrund der Wahrnehmungsverschiebung bei der Frage der territorialen Integrität weniger einen destabilisierenden Dominoeffekt mit Auswirkungen auf den Kaukasus als die durch das auf geopolitische Deutungsmuster gerichtete Prisma betrachtete und als Einkreisung wahrgenommene NATO-Erweiterung (vgl. Haas 2010: 146; Bogomolow/Litwinenko 2012: 6). Diese Sicht findet sich durch das zeitliche Timing russischer Maßnahmen bestätigt. So erklärte

Russland am sechsten März seinen Ausstieg aus einem 1996 im Rahmen der GUS vereinbarten Embargo gegenüber Abchasien, genau einen Tag nach einem informellen Treffen der NATO-Außenminister in Brüssel, auf dem die Möglichkeit erörtert wurde, Georgien einen Aktionsplan zur NATO-Mitgliedschaft anzubieten (vgl. Lobjakas 2008). Keine zwei Wochen nach der offiziellen Bestätigung der Beitrittsaussichten Georgiens und der Ukraine stärkte Russland seine diplomatischen Beziehungen mit Abchasien und Süd-ossetien (vgl. ICG 2008a: 2). Darüber hinaus fand während der Vorkriegs-phase in Georgien die militärische Übung *Immediate Response 2008* statt, an der rund 1.000 US-amerikanische und georgische Soldaten teilnahmen. Die Übung endete eine Woche vor Beginn des Fünftagekrieges und gab Russ-land einen Vorgeschmack auf den künftigen militärischen *Modus Vivendi* (vgl. Karagiannis 2013: 87).

Parallel zum vermittelnden Standpunkt Russlands bei der Frage der ter-ritorialen Anerkennung der abtrünnigen Republiken lässt sich eine auf den *Status Quo* fixierte Haltung bei der Frage der Internationalisierung der GUS-Friedenstruppe beobachten, da Russland einen Abzug bzw. eine Ablösung seiner Truppen mit einem Anstieg der Gefahr im Kaukasus assoziierte (vgl. Ditrych 2008: 120; Außenministerium 2008f). Ein weiterer, damit einherge-hender Aspekt ist die Verknüpfung des *Schutzes der Landsmänner im Aus-land* mit sicherheitspolitischen Fragen, den Moskau als wesentlichen Treiber seiner Politik gegenüber Georgien bezeichnete: „The chief motive of all our actions in this direction is concern for the intererests of the populations of Ab-khazia and South Ossetia, including the [rights, freedoms and lawful interests of the] Russian citizens living there" (Außenministerium 2008d). Dieses Ar-gument trägt jedoch nur teilweise, da das angesprochene Segment zwar ein „recurring theme in Russian foreign security policy" (De Haas 2010: 18) dar-stellt und seine Genese durchaus evidenten Sorgen um die Sicherheit seiner nach der Auflösung der Sowjetunion unversehends im Ausland lebenden Staatsbürger verdankt, gleichzeitig jedoch bis *dato* keine Implikationen auf der Handlungsebene erkennbar waren (vgl. Allison 2008: 1167) und Moskau durch die extensive Vergabe der russischen Staatsbürgerschaft erst die Grundlage für dieses Sicherheitsproblem hergestellt hat.

6.1.4 Strategien

In der Vorkriegsphase betrieb Russland insbesondere eine *aktive Politik* im *Rahmen der UN*. Für Russland war es „of the utmost importance to reinforce the role of the Security Council when it comes to conflicts of separatism" (Harzl 2008: 508). Daher betonte Moskau die Notwendigkeit völkerrechtlich legitimierten Handelns und versuchte das eigene Handeln in diesem Rahmen zu verorten. So wurde etwa der Ausstieg aus dem Handelsembargo gegenüber Abchasien im März in offiziellen Stellungnahmen als gewohnheitsrechtliches Handeln dargestellt (vgl. Außenministerium 2008b).[167] Unmittelbar nach der Unabhängigkeitserklärung des Kosovo verdeutlichte Moskau in einer Stellungnahme, welchen Referenzrahmen es als bindend erachtete:

> „On February 17, Kosovo's Provisional Institutions of Self-Government declared a unilateral proclamation of independence of the province, thus violating the sovereignty of the Republic of Serbia, the Charter of the United Nations, UNSCR 1244, the principles of the Helsinki Final Act, Kosovo's Constitutional Framework and the high-level Contact Group accords" (Außenministerium 2008h).

Diese Darstellung versuchte Moskau auf einer Sondersitzung des UN-Sicherheitsrates nachdrücklich durchzusetzen, letztlich jedoch ohne Erfolg (vgl. Isaschenkow 2008). Westliche Diplomaten verwiesen darauf, dass die Unabhängigkeitserklärung auf einem UN-Entwurf basiere (vgl. Avni 2008) und

---

167 Das Handelsembargo wurde 1996 auf einem Gipfeltreffen der GUS-Mitgliedstaaten beschlossen, da sich Abchasien nach dem Bürgerkrieg mit Georgien einer Repatriierung georgischer Flüchtlinge verweigert hatte. Weitere Elemente des Embargos basierten auf *Resolution 876* des UN-Sicherheitsrates von 1993, in der das Einfuhrverbot für Waffen und Munition festgeschrieben ist. Insgesamt richtete sich das Embargo weniger gegen die Zivilbevölkerung als vielmehr gegen die abchasische *de facto* Regierung (vgl. Gegeschidze 2008: 68f.). Russland begründete seinen Ausstieg aus dem Embargo zum einen damit, dass Abchasien mittlerweile umfassende Rückkehrrechte gewähre und daher seinen internationalen Verpflichtungen nachkomme. Ein weiterer Aspekt bezog sich auf die schlechte Verhandlungsposition der abchasischen Autoritäten infolge des Embargos (vgl. Außenministerium 2008b). Dieser Punkt wird auch von dem georgischen Politikwissenschafter (und seit März 2013 Botschafter in Washington) Archil Gegeschidze aufgegriffen, der darauf hinweist, dass georgische Entscheidungsträger die Kompromissbereitschaft der faktischen Regierung Abchasiens durch die Maximalforderung nach territorialer Integrität um jeden Preis unterminieren (vgl. Gegeschidze 2008: 70). Es darf jedoch nicht vergessen werden, dass Russland selbst das Embargo unterwandert und dadurch die Aussichten auf einen Wandel verringert hat (vgl. ebd).

daher mit dem *Primat der UN* in Einklang steht. Daraufhin konstatierte Russland eine Erosion des Völkerrechts (vgl. Oschlies 2007: 729) und leitete daraus Gefahren für die internationale Stabilität ab: „We see separatist tendencies in certain parts of the world strengthened" (Tschurkin 2008, in: Avni 2008).

Daneben hievte Russland – ebenso wie Georgien – Streitigkeiten konstant auf die internationale Ebene und versuchte über die Konstruktion eines bestimmten Narratives, den *Output* zu kontrollieren, sodass man von einem Kampf um die Deutungshoheit der Ereignisse vor der internationalen Staatengemeinschaft sprechen kann (vgl. Allison 2008: 1145). Beispielsweise stellte sich Moskau nach dem Abschuss einer georgischen Drohne am 20. April der Forderung Georgiens nach Einberufung einer Sondersitzung des UN-Sicherheitsrats nicht entgegen – obwohl es als ständiges Mitglied von seinem Vetorecht hätte Gebrauch machen können (vgl. Butler 2008). Während der Sitzung wies Moskau jede Verantwortung am Abschuss von sich (vgl. Außenministerium 2008j) und belegte den Wahrheitsgehalt seiner Aussage mit dem Umstand, dass es der Diskussion nicht aus dem Weg gehe (vgl. Außenministerium 2008g).[168] Umgekehrt wurde am 16. Mai auf georgische Initiative hin eine Erklärung der UN-Generalversammlung abgegeben, die ein Rückkehrrecht für georgische Binnenflüchtlinge nach Abchasien einforderte und dadurch die Legitimationsquelle Russlands zur Aufhebung des Embargos gegenüber Abchasien offen infrage stellte. Die USA stimmten für, Russland gegen die Erklärung, die meisten Mitgliedstaaten der EU enthielten

---

168   Der Vorfall wirft ein repräsentatives Schlaglicht auf die gängige Vorgehensweise Russlands und Georgiens (vgl. Tsygankow/Tarver-Wahlquist 2009: 312): Während Russland Georgien vorwarf, das der Einsatz von Drohnen über abchasischem Gebiet eine Verletzung des in der Moskauer Vereinbarung von 1994 geregelten Waffenstillstandes darstelle (vgl. Außenministerium 2008j), konzentrierte sich Georgien auf den Aspekt, dass die Drohne von der russischen – und nicht wie von russischer Seite behauptet, von der abchasischen – Luftwaffe abgeschossen wurde. Ein Untersuchungsbericht der UNOMIG vom 26. Mai kommt schließlich auf Basis einer Videoaufnahme zu dem Ergebnis, dass ein russisches Flugzeug vom Typ MIG-29 oder SU-27 den Abschuss getätigt haben muss (vgl. UNOMIG 2008: 6). Im Kampf um die Deutungshoheit bildet sich aus einer falsch verstandenen Objektivität eine Politik der Äquidistanz heraus: demnach hätten sowohl Russland (Abschuss und Verletzung des Luftraumes) als auch Georgien (Verletzung des Luftraumes) gegen internationale Vereinbarungen verstoßen.

sich (vgl. Cornell et al. 2008: 10). Auch nachdem am sechsten Juni in Abchasien mehrere Menschen bei einem Mörserangriff verletzt wurden und ein
Dolmetscher der UN ums Leben kam, forderte der russische UN-Botschafter
Vitali Schurkin mit Blick auf die vermutete Urheberschaft Georgiens eine Verurteilung der Gewalt durch den UN-Sicherheitsrat (vgl. Heilprin 2008a). Eine
ähnliche Strategie liegt einer Sondersitzung des Gremiums am siebten Juli
zugrunde. Die Einberufung der Sitzung geht auf eine russische Initiative zurück, nachdem die südossetische Hauptstadt Zchinwali trotz eines einseitig
von Georgien ausgerufenen Waffenstillstandes unter heftigen Beschuss ge-
riet. Der russische Entwurf einer Stellungnahme wurde jedoch nicht angenommen, da er sowohl die südossetische als auch die georgische Seite zum
Gewaltverzicht aufforderte und damit ein Schuldeingeständnis Georgiens implizierte (vgl. Heilprin 2008b). Kurz vor Beginn der Kriegsphase wurde offensichtlich, dass der UN-Sicherheitsrat durch die Verwicklung Russlands anfäl-
lig für eine Blockade war und damit keinen geeigneten Konfliktlösungsme-
chanismus darstellte (vgl. ICG 2008a: 26). Noch am Vorabend des Krieges
drängte Russland den Sicherheitsrat während einer Sondersitzung auf eine
Verurteilung der georgischen Militäraktionen, doch dieser konnte sich bei der
Frage der territorialen Integrität Georgiens auf keinen gemeinsamen Nenner
einigen (vgl. ebd.: 29).

Auch in anderen multilateralen Formaten betrieb Russland eine aktive
Politik. Dabei lässt sich deutlicher als noch beim *Primat der UN* erkennen,
dass das Segment *Multilateralismus* der größtmöglichen Einflussnahme diente. Deutlich wird dies am folgenden Vorgehen Russlands: Am fünften März
verkündete Tbilisi seinen Rückzug aus der gemeinsamen Kontrollkommission
für die georgisch-ossetische Konfliktlösung (vgl. Cornell et al. 2008: 8) und
forderte eine Internationalisierung des Gremiums. Anstelle der trilateralen
Besetzung (Georgien, Russland sowie Nord- und Südossetien), die aufgrund
der dominanten Position Russlands und seiner Verbündeten von georgischer
Seite als unfair erachtet wurde, forderte Tbilisi eine Besetzung nach der
„2+2+2" Formel. Demnach wären Georgien plus Russland, die faktische Regierung Südossetiens plus die provisorische, pro-georgische Regierung sowie die EU plus die OSZE in dem Gremium vertreten (vgl. Civil Georgia
2008). Obwohl die Regelung durch die Einbindung internationaler Organisati-

onen multilateralem Verhalten entsprochen hätte, lehnte Russland sie unter Verweis auf die daraus erwachsenden Vorteile für Georgien ab (vgl. Außenministerium 2008m). Auch die faktische Regierung Südossetiens lehnte direkte Gespräche mit Georgien außerhalb des bestehenden Formats ab (vgl. Cornell et al. 2008: 13).[169] Gleichzeitig entfiel damit ein wichtiger direkter Dialogkanal zwischen Russland und Georgien.

6.1.5 Instrumente

Auf rhetorischer Ebene tätigte Russland im Verlauf der Vorkriegsphase äußerst ambivalente Äußerungen: Einerseits betonte der Kreml die Notwendigkeit des *Gewaltverzichts*. Diese Forderung stand in Einklang mit den Erwartungen aus der rhetorisch wahrgenommenen Rolle des *unparteiischen Mediators* und richtete sich folglich an die jeweiligen Konfliktparteien (vgl. Außenministerium 2008a; 2008r; 2008m; 2008n), „because a mediator's role is to faciliate the resolution of conflicts by peaceful, not military, means" (IIFFMCG 2009: 282). Andererseits erforderte die ebenfalls wahrgenommene Rolle eines *Sicherheitsgaranten der Landsleute* eine selbstbewusste Haltung, und so erklärte der russische Sonderbotschafter Valeri Kenyaikin am 25. April die Bereitschaft zum Einsatz militärischer Gewalt, sollte der Schutz der Landsleute dies erforderlich machen (vgl. ICG 2008b: 3).

Auf der Handlungsbene ließ sich derweil eine zunehmende Assertivität des zurückhaltenden und defensiven Mitteleinsatzes beobachten, die gegen Ende der Vorkriegsphase in *militärischen Macht-* und *Drohgebärden* mündete.

Die Aufhebung der Sanktionen gegenüber Abchasien im März wurde von georgischer und US-amerikanischer Seite als Indiz für die Bereitschaft Russlands zu Gewährung militärischer Unterstützung angesehen (vgl. AFP 2008b; Avni 2008) und auch von den EU-Außenministern mit Sorge registriert (vgl. AFP 2008c). Ende April erhöhte Russland die Stärke seines Kontingents in der friedensschaffenden GUS-Truppe in Abchasien um mehr als 500 auf

---

169 Es sollte jedoch nicht unerwähnt bleiben, dass sich Südossetien in der Vergangenheit bereits für eine Internationalisierung unter der Ägide der OSZE starkgemacht und Georgien die Vorschläge ebenso häufig zurückgewiesen hatte, da es eine militärische Lösung für die gefrorenen Konflikte mit Südossetien und Abchasien nicht ausschließen wollte (vgl. IIFFMCG 2009: 194).

2.500 Mann (vgl. Cornell et al. 2008: 9). Als offizielle Begründung für diese Entscheidung verwies Moskau auf Berichte über georgische Truppenbewegungen in der Region, die es als Beweis dafür ansah, dass Georgien das Kodoritai als Brückenkopf für eine militärische Operation gegen Abchasien nutzen wollte (vgl. Außenministerium 2008s). Die Beobachtermission UNOMIG sah hierfür nach einer Untersuchung jedoch keine Anhaltspunkte (vgl. Cornell et al. 2008: 9). Im Übrigen – so argumentierte Russland – lag die Truppenstärke selbst nach der Erhöhung unterhalb der 1994 vereinbarten Obergrenze von 3.000 Mann (vgl. ICG 2008b: 1).[170] In der GUS-Friedenstruppe sah Russland ein geeignetes Instrument zur Einflussnahme, da sie eine relativ hohe internationale Akzeptanz genoss und der UN-Sicherheitsrat sowie Moskau wiederholt auf ihre sicherheitspolitische Bedeutung für Abchasien hingewiesen haben (vgl. Wipperfürth 2007: 112; Außenministerium 2008f). Da der Oberbefehlshaber stets von Russland gestellt wurde, ignorierte dieser kurzerhand den steten Aufmarsch mehrerer tausend bewaffneter Freiwilliger aus Nordossetien (vgl. Allison 2009: 181; vgl. IIFFMCG 2009: 216).

Ende Mai schickte Russland 400 Soldaten des Verteidigungsministeriums zur Reparatur der defekten Eisenbahnverbindung zwischen den Städten Sochumi und Otschamtschire in Abchasien. Georgien vermutete mit Blick auf den kriegstaktischen Wert dieser Verbindung[171] militärisches Kalkül, welches Russland mit Verweis auf humanitäre Motive dementierte (vgl. ICG 2008a: 2). Die Wiederherstellung der mehr als 54 Kilometer langen Verbindung wurde am 30. Juli abgeschlossen (vgl. Cornell et al. 2008: 11f.). Am 8. Juli unterrichtete das georgische Verteidigungsministerium die Öffentlichkeit über die Verletzung des südossetischen Luftraumes durch vier russische Kampfjets (vgl. ebd.). Erstmals dementierte das russische Außenministerium nicht die Verletzung der Souveränität Georgiens und erklärte die Notwendigkeit „to cool hot heads in Tbilisi and to prevent a military scenario from unfolding, the like-

---

170 Allerdings war die Truppenerhöhung in anderer Hinsicht als russische Drohgebärde zu verstehen: So handelte es sich bei den verlegten Truppen um Soldaten aus Tschetschenien, die bereits während des abchasisch-georgischen Sezessionskrieges im tschetschenischen Bataillon des Kommandeurs Bassajew gegen Georgien gekämpft und zahlreiche Massaker an der Zivilbevölkerung zu verantworten haben (vgl. Dytrich 2008: 116).

171 Siehe Schaubild 3.

lihood of which was more than real" (Außenministerium 2008t). Mitte Juli begann Russland unter dem Namen *Kaukasus 2008* eine großangelegte und lange geplante Militärübung im Nordkaukasus. Rund 8.000 russische Soldaten aus dem Nordkaukasus nahmen an dem offiziell als Antiterrorübung ausgewiesenen Manöver teil, dazu ein Teil der russischen Schwarzmeerflotte (vgl. Haas 2010: 147), Lufteinheiten und rund 700 Panzer (vgl. ICG 2008a: 11).

6.1.6 Alterorientierte Rollen

In der Vorkriegsphase lassen sich in Bezug auf die Alterorientierung vier eng miteinander verflochtene Faktoren ausmachen, die das russische Rollenhandeln zugunsten einer militärischen Entscheidung beeinflussten:

Erstens übte die Position der USA als Referenzpunkt für Russland einen starken *Nachahmungseffekt* auf Moskau aus (vgl. Haas 2010: 147; Joenniemi 2010: 22). Die Anerkennung der Unabhängigkeit des Kosovo durch einen großen Teil der westlichen Staatengemeinschaft wurde von Russland als Aufkündigung der vermeintlichen Übereinstimmung über essenzielle völkerrechtliche und moralische Normen verstanden (vgl. Allison 2009: 175). „By trashing the accepted international ‚rules of the road' on Kosovo, Washington has created what amounts to the rules of the jungle. Each power acts as it will, either to suppress restive minorities or to compromise other countries' borders" (Jatras 2008). Dies blieb nicht ohne Auswirkungen auf die russische Deutung angemessenen Verhaltens und verleitete das russische Außenministerium zu folgender Aussage:

> „In actual fact, the Russian side reaffirmed that although we would not ‚copy' the unlawful actions of a number of western states, we would certainly consider the unilateral declaration and recognition of Kosovo's independence in our subsequent policy line" (Außenministerium 2008a).

Zweitens fand diese Neubewertung starken Widerhall in der seit Beginn der Farbrevolutionen von russischen Entscheidungsträgern beobachteten normativen Devianz Georgiens bzw. seiner „final divorce with the Eurasian civilization" (Sulaberidze 2007: 61). Da die Anerkennung des Kosovo aus Sicht Moskaus einen Verfall internationaler Werte verkörperte, den der Westen (insbesondere die USA und NATO) zu verschulden hatte, kam es zu einer entsprechenden Distanzierung Russlands gegenüber seiner Rolle als *Teil des Westens* und, infolge der starken Westbindung Georgiens, zu einer Gleichsetzung des kaukasischen Staates mit der nunmehr negativen Konnotation dieses identitären Konstrukts (vgl. Ditrych 2008: 118f.; Sulaberidze 2007: 64). Dieses Wahrnehmungsmuster wurde dadurch verstärkt, dass es sich bei den Adressaten der Westintegration um zwei Staaten handelte, die nicht nur zweifelsfrei in der regionalen Einflusssphäre Russlands liegen und damit die *machtpolitische Dimension russischen Imperialismusdenkens* evozieren, sondern – insbesondere im Fall der Ukraine – aufgrund gemeinsamer Geschichte und einem vermeintlich weitgehend geteilten Normen- und Werteverständnis integrale Bestandteile russischer Identität sind (vgl. Bogomolow/Litwinenko 2012: 3). In diesem Sinne verstanden russische Entscheidungsträger die georgische Politik gegenüber den separatistischen Regionen und ihre Unterstützung durch die USA als Herausforderung russischer Hegemonieansprüche im Kaukasus (vgl. Müller 2012: 52).

Drittens mangelte es den Fremderwartungen sowohl der EU als auch der USA während der Vorkriegsphase an Kohärenz und Bestimmtheit (vgl. Cornell et al. 2008: 26). Während die EU im Südkaukasus nicht als einheitlicher Akteur auftrat, verliehen die USA ihren Forderungen keinen Nachdruck, da Georgien zwar den Hauptverbündeten am Schwarzen Meer darstelle (vgl. Joenniemi 2010: 23), die Interessen Washingtons an der Region insgesamt jedoch nachrangig waren (vgl. Ditrych 2008: 122).

In dieser Hinsicht lassen sich die russischen Provokationen der Vorkriegsphase wie der Abschuss einer georgischen Drohne im März, die Aufnahme quasi-offizieller Beziehungen zu den abtrünnigen Republiken im April und schließlich die offene Verletzung des georgischen Luftraumes im Juli als pragmatische Tests begreifen, mit denen Moskau die Reaktion des Westens und Georgiens ausloten konnte (vgl. ICG 2008a: 1). Da folgenreiche Warnungen – auch aufgrund der Blockade im UN-Sicherheitsrat – ausblieben und der Westen die strukturelle Asymmetrie zugunsten Russlands im Rahmen der Friedenstruppen nicht durch eine Internationalisierung auszugleichen trachtete (vgl. Cornell et al. 2008: 27f.), nahm der Kreml die Situation als „low-risk opportunity to punish Georgia" (ebd.: 26) wahr.

Viertens dürfen spezifische Wahrnehmungsmuster auf georgischer Seite nicht unerwähnt bleiben. Der georgische Historiker Juri Sulaberidze weist darauf hin, dass ein wesentliches und zeitlich konsistentes Element der politischen Identität Georgiens auf der Beziehung zu einem Schutzpatron als relevantem *Alter* gründet (vgl. Sulaberidze 2007: 59). Nach ihrem Untergang verlor die Sowjetunion allerdings ihre Funktion als Schutzpatron und verkam zu einem Feindbild. Die Idee eines Schutzpatrons als solche blieb jedoch weiterhin wirkmächtig, und so übertrug Georgien die Rolle auf die USA und die NATO und überschätzte auf dieser Grundlage die Unterstützung Washingtons deutlich (vgl. Ryabow 2011: 273).[172] Ähnlich argumentiert Halbach (2008: 26), der vermutet, dass die georgische Regierung „Tauschbeziehungen von Loyalität und Schutz unter Ungleichen [...] auf ihr Verhältnis zu ‚befreundeten' Staaten übertragen und dabei die sachlich vermittelten Herschaftsverhältnisse zwischen modernen Staaten verkannt [habe]." Dies zeigt sich auch daran, dass Georgien die Warnungen Washingtons vor einer militärischen Aktion offensichtlich missachtete, obwohl diese laut Aussage von Unterstaatssekretär Burns „direkt, [und] nicht subtil [waren]. Unsere Botschaft war klar" (Burns 2008, in: Brzoska et al. 2008: 13). Daher konnte der Schutzpatron Georgiens die militärische Eskalation des Konfliktes nicht verhindern.[173]

---

172 In diesem Kontext sind Aussagen wie diese zu lesen: „Ich glaube, wir haben die volle Unterstützung nicht nur der amerikanischen Regierung, sondern auch der ganzen vernünftigen Welt. [...] Russland hat sich nicht geändert. Wie es war, so ist es. Es ist gut, dass ich im Weißen Haus war. Wir haben die volle Unterstützung Washingtons, die volle Unterstützung" (Saakaschwili 2004, in: Wipperfürth 2007: 22f.).

173 Obwohl das georgische Verteidigungsbudget aufgrund der militärischen Unterstützung Washingtons von 19 Millionen Dollar im Jahre 2002 auf 906 Millionen Dollar (und damit auf 7,5 Prozent des BIPs) im Jahre 2007 angewachsen war und Georgien seine Streitkräfte in dieser Zeit substanziell modernisiert hatte (vgl. Ditrych 2008: 120), konstatiert Ditrych, dass die *Offense-Defense-Balance* – also die Bewertung der Gewinnaussichten einer militärischen Auseinandersetzung aus Sicht des Aggressors bzw. des Verteidigers – im Falle Georgiens „seems inclined toward the latter, and any invasion scenario, while not unfathomable, would be the product of irration decision" (ebd.).

6.2 Kriegsphase – 7. August 2008 bis 16. August 2008

Es herrscht weitgehend Einigkeit darüber (vgl. Tsygankow/Tarver-Wahlquist 2009: 313), dass georgische Truppen in der Nacht vom siebten auf den achten August eine Bodenoffensive gegen die südossetische Hauptstadt Zchinwali begannen (vgl. Allison 2008: 1148) und damit „am Vorabend der Olympischen Spiele, eine schlafende Stadt beschossen" (Halbach 2008: 25).[174] Die 58. Russische Armee traf im Lauf des achten August in Südossetien ein und eroberte Zchinwali gegen Abend zurück (vgl. Cornell et al. 2010: 15). Dies stellt den ersten Abschnitt der Kriegsphase dar. Am selben Tag begann die russische Luftwaffe mit Angriffen auf militärstrategische Ziele im georgischen Kernland (vgl. Haas 2010: 148).

Der zweite Abschnitt der Kriegsphase begann am 9. August. An diesem Tag drängte Russland die georgischen Truppen aus Südossetien, eröffnete im Verlauf der nächsten Tage mit rund 9.000 Mann eine zweite Front in Abchasien (vgl. Haas 2010: 148) und unterstützte die abchasischen Truppen bei der Rückeroberung des Kodoritals, welches seit 2006 von Georgien verwaltet

---

174 Dies ergibt eine Analyse der Ereignisse unmittelbar vor Kriegsausbruch. Zwar behauptete Georgien unter Berufung auf Geheimdienstangaben, lediglich auf den Einmarsch russischer Truppen durch den Roki-Tunnel zu reagieren (vgl. Cornell et. al. 2008: 14), doch drei Argumente sprechen gegen diese Darstellung. Erstens stellt sich die Frage, weshalb sich georgische Truppen in der Nacht vom siebten auf den achten August auf die Belagerung Zchinwalis konzentrierten und lediglich die Straße südlich des Roki-Tunnels bombardierten (vgl. ebd.: 15), anstatt den Roki-Tunnel direkt zu zerstören. Dieser stellt die wichtigste Verbindung zwischen Russland respektive Nordossetien und Südosstien dar (siehe Schaubild 3). Seine Zerstörung hätte den russischen Vormarsch zumindest verlangsamt und Georgien dadurch die militärische Rückeroberung der abtrünnigen Gebiete ermöglicht. Zweitens begann der russische Einmarsch nach Südossetien erst nachts um 1:30 Uhr, also etwa eine halbe Stunde, nachdem georgische Truppen das Feuer auf Zchinwali eröffnet hatten (vgl. Allison 2008: 1148f.; ICG 2008a: 1). Drittens liegen widersprüchliche Aussagen über die Intention des Einmarsches vor: Während von offizieller Seite behauptet wurde, der Angriff erfolge als Reaktion auf den Einmarsch russischer Truppen, berichtet ein Befehlshaber des georgischen Friedenstruppen-Kontingents kurz vor dem Angriff, dass Georgien durch den Angriff seine territoriale Integrität wiederherstellen wolle (vgl. IIFFMCG 2009: 19). Darüber hinaus hatte Georgien im Vorfeld der Kriegsphase sein Kontingent in der GUS-Friedenstruppe vierteljährlich rotieren lassen – und nicht, wie vorgesehen, halbjährlich. Dadurch waren bei Kriegsausbruch sämtliche Einheiten der 4. Infantriebrigade, welche den Angriff auf Zchinwali leitete, mit den Gegebenheiten vor Ort vertraut (vgl. ebd.: 193f.).

wurde (vgl. ICG 2008a: 3; siehe Schaubild 3). Am 11. August verkündete die politische Führung in Tbilisi einen einseitigen Waffenstillstand (vgl. IIFFMCG 2009: 21) und erklärte, dass sich keine georgischen Soldaten mehr in Südossetien befänden (vgl. ICG 2008a: 2). Am selben Tag drangen russische Bodentruppen aus Abchasien und Südossetien nun auch in georgisches Kernland vor (vgl. Cornell et al. 2008: 16), zerstörten bzw. demontierten die militärische Infrastruktur und installierten Pufferzonen, die weit in georgisches Territorium reichten (vgl. Haas 2010: 149).

Der dritte Abschnitt der Kriegsphase wurde am 12. August durch eine offizielle Erklärung der russischen Regierung eingeleitet, wonach die militärischen Operationen beendet worden seien (vgl. IIFFMCG 2009: 439). Am selben Tag stimmten Russland und Georgien einem vom französischen Staats- und EU-Ratspräsidenten Nicolas Sarkozy vermittelten Waffenstillstandsabkommen (den sog. „Sechs-Punkte-Plan") zu. Dieser wurde am 15. bzw. am 16. August von den Konfliktparteien unterzeichnet (vgl. ICG 2008a: 3) und markierte das Ende der Kriegsphase. Die Konfliktparteien einigten sich auf folgende Punkte:

(1) „Not to resort to force;
(2) To end hostilities definitively;
(3) To provide free access for humanitarian aid;
(4) Georgian military forces will have to withdraw to their usual bases;
(5) Russian military forces will have to withdraw to the lines held prior to the outbreak of hostilities. Pending an international mechanism, Russian peacekeeping forces will implement additional security measures;
(6) Opening of international talks on the security and stability arrangements in Abkhazia and South Ossetia" (Rat der EU 2008a: 5f.).

Trotz des unterzeichneten Waffenstillstandsabkommens und der Verkündung des Endes der Militäroperationen kam es weiterhin zu militärischen Aktivitäten russischer Truppen im georgischen Kernland (vgl. Haas 2010: 151). So wurde etwa am 13. August die georgische Stadt Gori besetzt (vgl. Karagiannis 2013: 79).

6.2.1 Ideologie und Weltbild
Während der Kriegsphase waren die russischen Entscheidungsträger von einem *hochgradig konfliktiven Weltbild* getrieben. Dies wirkte sich insbesonde-

re auf das russische Rollenverhalten der ersten beiden Abschnitte der Kriegsphase aus:

Im ersten Abschnitt – kurz vor Ausbruch der militärischen Auseinandersetzungen – kumulierten die georgische Truppenkonzentration an der Grenze zu Südossetien, die Nichteinhaltung eines einseitigen Waffenstillstands Georgiens (vgl. Tsygankow/Tarver-Wahlquist 2009: 313, 322) sowie die Aussicht auf die NATO-Mitgliedschaft Georgiens zu einer starken Bedrohungsperzeption und förderten die Entscheidung für den Einsatz militärischer Gewalt. Dieser erfolgte im engeren Sinne *reaktiv* und stand somit in Einklang mit der Ablehnung einer ideologisch geleiteten Außenpolitik.[175]

Allerdings lief der zweite Abschnitt der Kriegsphase – beginnend mit der Eröffnung einer zweiten Front in Abchasien – der zentralen Interventionsbegründung (und damit einer *reaktiven Außenpolitik*) zuwider, wonach Russland seine unter Beschuss stehende Friedenstruppe in Zchinwali schützen wolle (vgl. Allison 2008: 1151). Zu diesem Zeitpunkt – dem 11. August – hatte Georgien bereits einen Waffenstillstand gefordert und damit seine militärische Niederlage eingestanden (vgl. Dschindschikaschwili 2008a). Dessen ungeachtet kreiste der offizielle Diskurs in Russland zunehmend um die Themen

---

175 Allerdings stellt sich mit Blick auf die *Force Dispositions* (vgl. Allison 2008: 1149) der Vorkriegsphase die Frage, ob die strategischen Absichten Russlands in der Retrospektive nicht doch auf expansive Absichten hinweisen: So waren mit der 58. Russischen Armee und Teilen der Kriegsmarine im Schwarzen Meer jene Truppenteile in das *Kaukasus 2008*-Manöver involviert, die während der Kriegphase als militärische Hauptakteure wirkten (vgl. Haas 2010: 147). Auch verblieben die Truppen nach dem Ende der Übung am zweiten August in hoher Kampfbereitschaft auf ihren Positionen an der Grenze zu Georgien (vgl. Allison 2008: 1150). Zudem irritiert angesichts der offiziellen Klassifizierung des Manövers als Antiterrorismusübung das hohe Aufgebot an Panzern, da der Terrorismusbekämpfung nur bedingten Nutzen entfalten, ebenso wie die Konzentration der Übungen auf den Roki-Distrikt. Durch den dort befindlichen Roki-Tunnel marschierte während der Kriegsphase ein Großteil der russischen Streitkräfte nach Georgien ein. In diesem Zusammenhang ist auch die abweichende Aussage des Befehlshabers über die militärischen Streitkräfte im nordkaukasischen Militärdistrikt von Interesse, wonach dem Manöver ein Szenario zugrunde lag, bei dem die Unterstützung der russischen friedensschaffenden Truppe in Südossetien und Abchasien geübt wurde (vgl. ICG 2008a: 11). Die Sorge Moskaus um jene in Zchinwali stationierten Truppenteile diente als ein Argument für den Einmarsch russischer Truppen. Darüber hinaus dienten die abchasischen Gleisanlagen, die kurz vor Ausbruch des Kriegs instandgesetzt wurden, während der Kriegsphase dazu, große Truppenkontingente von Abchasien nach Georgien zu verlegen (vgl. ebd: 2).

„Rache" und „Vergeltung" (vgl. Allison 2008: 1163). Am Ende der militärischen Handlungen verkündete Medwedew unverblümt: „The aggressor has
been punished and suffered very heavy losses. Its armed forces are disorga-
nized" (Medwedew 2008e).
Dennoch sprechen drei gewichtige Einwände dagegen, Russland eine
ausschließlich expansive Intention zu unterstellen. Erstens zeigten die Verhandlungen Russlands mit der Republik Moldau über das abtrünnige
Transnistrien, dass die Neutralitätszusage Chisinäus in der Frage des NATO-
Beitritts tatsächlich eine entspanntere Position Russlands bei den Verhandlungen beförderte (vgl. Tsygankow/Tarver-Wahlquist 2009: 323). Im Umkehr-
schluss wirkte die Aussicht auf die NATO-Mitgliedschaft Georgiens daher tatsächlich als Treiber russischer Außenpolitik – ungeachtet der Frage nach
staatlicher Souveränität und freier Bündniswahl. Zweitens hätte Russland,
wäre das Oberziel auf Expansion ausgelegt, aufgrund der hohen strategischen und politischen Bedeutung zunächst in Abchasien einmarschieren
müssen (vgl. Allison 2008: 1150). Drittens stellt sich die Frage, weshalb das
russische Militär selbst während des zweiten Abschnitts kurz vor der georgischen Hauptstadt haltmachte (vgl. IIFFMCG 2009: 10), obwohl es von dort
aus ein Leichtes gewesen wäre, das Land komplett einzunehmen,
Saakaschwili zu stürzen und damit einen *Regime Change* herbeizuführen
(vgl. Tsygankow/Tarver-Wahlquist 2009: 315).

6.2.2 Normen und Werte

In der Kriegsphase gab Russland die Rhetorik von der Unverletzbarkeit des
georgischen Territoriums auf: „One can forget any talk about Georgia's territorial integrity" (Lawrow 2008, in: ICG 2008a: 9). Dies stellte weniger eine
Entscheidung zugunsten des Selbstbestimmungsrechts Südossetiens und
Abchasiens dar, sondern verdeutlicht einen Wandel der Wahrnehmung russischer Entscheidungsträger, wonach die sezessionistischen Regionen zunehmend als russisches Territorium angesehen wurden (vgl. Allison
2008: 1152). Diese Sichtweise sticht bei folgendem Argumentationsmuster
Putins deutlich hervor: „When an aggressor comes into *your* territory, you
need to punch him in the face – an aggressor needs to be punished" (Putin
2008, in: Kendall 2008; eigene Hervorh.). Darin zeigt sich – befeuert durch

den steten Zuwachs an Gestaltungsmacht seit der zweiten Amtszeit Putins – auch das neue Sendungsbewusstsein Russlands, welches sich auf der Handlungsebene als Versuch einer unilateralen Transformation internationaler, auch rechtlich eingebetteter Normen äußert (vgl. Allison 2009: 192; Allison 2013: 159).[176]

Daneben lassen sich in der Rhetorik russischer Entscheidungsträger verschiedene Argumentationsmuster unter das Segment *Altruismus* subsumieren, da Moskau die militärische Auseinandersetzung mit Georgien in den größeren Kontext globaler Verantwortlichkeit stellte (vgl. Lawrow 2008d) und normative Argumente für die militärische Intervention vorbrachte (vgl. Allison 2009: 175). So bezeichnete Russland die Intervention als humanitären Einsatz und verwies auf explizite Berichte über ethnische Säuberungen und Gräueltaten georgischer Truppen in südossetischen Dörfern (vgl. Außenministerium 2008p; Medwedew 2008d). Allein der georgische Angriff auf Zchinwali habe dem Kreml zufolge mehr als 2.000 zivile Todesopfer gefordert (vgl. Allison 2009: 183). Einige Monate später wurde die offizielle Zahl der zivilen Opfer allerdings von russischer Seite auf 162 gesenkt (vgl. ebd.). Dies legt den Schluss nahe, dass die Zahl absichtlich zu hoch angesetzt wurde (vgl. Allison 2013: 156f.). Aus konstruktivistischer Sicht ist die Annahme plausibel, dass Russland seine Motivation weniger aus völkerrechtlich eingebetteten Normen als vielmehr aus moralischen Wertekategorien bezog (vgl. Allison 2009: 183), die auf der faktisch vorherrschenden Wahrnehmung ethnischer Osseten als Opfer eines Genozides gründeten (vgl. ICG 2008a: 9).[177]

---

176 Ein ähnliches Muster lag der Konstruktion des Konzepts der „souveränen Demokratie" zugrunde. Hinter dem Begriff verbirgt sich der demokratische Sonderweg Russlands, der einerseits auf der Ablehnung bzw. Adaption genuin „westlicher" Demokratiekonzepte basiert (vgl. Makaritschew 2008: 203), andererseits den Anspruch auf Universalisierung und Generalisierung in sich birgt (vgl. Ju 2010: 2).

177 Ein Jahr nach dem Fünftagekrieg beschrieb der stellvertretende russische Außenminister Grigori Karasin dieses Wahrnehmungsmuster in einem Interview: „Those people, I think, on an emotional line, not on a legal line, but on an emotional line, have their own right to refer to the policy of Tbilisi toward the minorities, and toward South Ossetians, as a type of genocide" (Karasin, zit. in: Levy 2009). Diese Selbsteinschätzung der Lage beruhte teilweise auch auf den Erfahrungswerten aus den Sezessionskriegen während der 90er, die von ethnischen Atrozitäten und Kriegstraumata geprägt waren (vgl. ICG 2008a: 4).

Der russischen Lesart ist jedoch entgegenzuhalten, dass diese Wahrnehmung in Abchasien nicht vorherrschte. Aus der Region liegen keine Berichte über Menschenrechtsverletzungen oder „anything comparable to ‚genocide'" (Nußberger 2009: 363) vor. Damit wurde die humanitäre Begründung spätestens durch die russische Unterstützung Abchasiens *ad absurdum* geführt. Überdies kommt ein Bericht der Menschenrechtsorganisation *Amnesty International* (AI) zu dem Schluss, dass Russland in seiner Eigenschaft als Besatzungsmacht beim Schutz ethnischer Georgier in Südossetien und Abchasien versagt hat und südossetische Milizen nicht an der Verübung zahlreicher Menschenrechtsverletzungen und Vertreibungen hinderte (vgl. AI 2008: 60f.; IIFFMCG 2009: 27).[178] Es lässt sich also festhalten, dass Russland zwar moralisch argumentierte, aber keineswegs humanitär oder altruistisch handelte.

6.2.3 Interessen und Ziele

Im Verlauf der militärischen Auseinandersetzung mit Georgien trat das Segment *Gestaltungswille* im russischen Rollenhandeln deutlich hervor, allerdings entsprechend des konfliktiven Weltbildes in einer *destruktiven Ausprägung*: „The destruction of Georgian military [...] infrastructure was almost certainly a ‚core element' of the operation" (ICG 2008a: 16). Die russischen Luftangriffe auf strategische Ziele in Georgien gleich zu Beginn der Kriegsphase machen dies deutlich. Ab dem 11. August stießen trotz eines einseitigen georgischen Waffenstillstandes auch russische Bodentruppen in Gebiete abseits der Konfliktzonen vor und vernichteten dort militärische Infrastruktur (vgl. Cornell et al. 2008: 17f.). Haas (2010: 149) weist in dieser Hinsicht eine starke Korrelation zwischen den strategischen Zielen des russischen Militärs und ihrer Bedeutung als militärische Standorte in Friedenszeiten nach (siehe Tabelle 4). Am 16. August – also nach der Unterzeichnung des Waffenstillstandsabkommens – sprengten russische Truppen rund 45 Kilometer westlich von Tiflis eine Eisenbahnbrücke in die Luft, die für Georgien die wichtigste Verbindung in den Westen des Landes darstellte (vgl. Berberoglu 2008).

---

178   Tatsächlich sind auf georgischer Seite mit rund 228 Toten mehr zivile Opfer zu beklagen als auf südossetischer Seite (vgl. Allison 2009: 183), darüber hinaus sind von den 192.000 (kurzzeitigen) Kriegsflüchtlingen rund 31.000 ethnische Georgier, die dauerhaft aus Südossetien oder Abchasien vertrieben wurden (vgl. Europarat 2008).

Tabelle 5: Korrelation zwischen strategischen Zielen und Militärstandorten

Ort	Angriffs- / Invasionsdatum	Stationierte Truppen
Vaziani (bei Tbilisi, Georgien)	8. August - Luftangriffe	Erste und Vierte Infantriebrigade
Marneuli (bei Tbilisi, Georgien)	8. August – Luftangriffe	Kampfflugzeuggeschwader
Gori (Georgien)	8. August – Luftangriffe 11. August – Bodeninvasion	Artilleriebrigade; Panzerbattalion; Pionierbattalion
Senaki (Abchasien)	9. August – Luftangriffe 11. August – Bodeninvasion	Zweite Infantriebrigade; Kampfhubschrauberstaffel
Poti (Abchasien)	9. August – Luftangriffe 14. August – Bodeninvasion	Marinestützpunkt
Tbilisi (Georgien)	10. August - Luftangriffe	Sondereinsatzkräfte; Transporthubschrauberbattalion, Flugzeugfabrik
Kutaissi (Georgien)		Dritte Infantriebrigade; Luftverteidigungsbattalion

Quelle: Haas (2010: 149); AP (2008); ICG (2008a: 3); Cornell et al. (2008: 15f.)

Die Nuancierung des gewünschten *Outcome*, der sich einerseits nicht bloß auf den Schutz der eigenen Friedenstruppen und der südossetischen bzw. abchasischen Bevölkerung beschränkte, sondern auch die Zerstörung des georgischen Militärpotentials umfasste (vgl. Haas 2010: 149), andererseits jedoch nicht auf die völlige Unterwerfung Georgiens abzielte, legt den Schluss nahe, dass Russland in vielerlei Hinsicht als *pragmatische Gestaltungsmacht* handelte: Da die Preise für Rohöl kurz vor dem Krieg eine Rekordhöhe von 147 Dollar pro Barrell erreichten (vgl. Karagiannis 2013: 88), wies der Kreml seine Truppen während des Konflikts an, keinerlei Pipeline-Infrastruktur in Georgien zu beschädigen, da dies möglicherweise zu einem Preisrutsch geführt hätte (vgl. Karagiannis 2013: 81, 89).[179]

Gleichermaßen liegt hier ein *statusorientiertes Handeln* vor, da Russland auf den durch die NATO-Erweiterungspläne missachteten *Konsultationsreflex* gemäß einer Großmacht reagierte (vgl. Haller 2013: 47). Im Rahmen dieser Logik sah Russland in dem Gewaltakt eine angemessene Möglichkeit, um auf

179 Darüber hinaus stärkte der Georgienkrieg den innenpolitischen Rückhalt Putins und Medwedews (vgl. Killingsworth 2012: 230), was sich in Hinblick auf die damit verbundene Stärkung der Machtvertikale als Ausdruck einer domestizierten Außenpolitik begreifen lässt.

die „sicherheitspolitischen Bedenken und Sorgen Russlands" (Brzoska et al. 2008: 14) hinzuweisen und sich für die wahrgenommene Demütigung durch die NATO zu rächen (vgl. Medwedew 2008b: 7).

Ebenso stark prägte die Selbstwahrnehmung Russlands als „guarantor for the security of the peoples of the Caucasus" (Außenministerium 2008u) das Rollenhandeln. Deutlicher noch als in der Vorkriegsphase wurde die Rolle dabei in den Diskurs um den *Schutz der Landsmänner* eingebettet bzw. damit verknüpft. Bemerkenswerterweise tauchte die drohende NATO-Erweiterung – das sicherheitspolitische Motiv der Vorkriegsphase – während der Kriegsphase in der Rhetorik russischer Entscheidungsträger nicht auf. Dies kann als Indiz für die Wirkmacht des *hochgradig konfliktiven Weltbildes* gedeutet werden, welches die Sichtweise auf die militärische Unterwerfung Georgiens verengte und geopolitische Implikationen außer Acht ließ. In diesem sicherheitsgetriebenen Aspekt des *Outcome* spiegelt sich die Logik des Krieges in ihrer konfliktiven Lesart wider, wonach das Ziel jeder kriegerischen Auseinandersetzung (in Anlehnung an den preußischen Militärtheoretiker Carl von Clausewitz) der Sieg über den Feind sei (vgl. Killingsworth 2012: 221). Demnach gebiete das Wesen des Krieges die Zerstörung des Gegners und „so long as he has any capacity for resistance left, you are logically bound to destroy it" (ebd.: 222).[180]

Allerdings rechtfertigte Moskau sein militärisches Eingreifen mit der Sorge um die Sicherheit zweier Gruppen: „Last night, Georgian troops committed what amounts to an act of aggression against *Russian peacekeepers* and the civilian population in South Ossetia […], and the majority of them are *citizens of the Russian Federation*" (Außenministerium 2008u; eigene Hervorh.). Der Umstand, dass die Entscheidung für eine militärische Intervention in Tbilisi gefällt wurde, ermöglichte Russland die Darstellung seines Handelns als Selbstverteidigung (vgl. Allison 2009: 176).

---

180   In diesem Zusammenhang ist ein *Statement* Medwedews aufschlussreich, in dem sowohl Statusinteressen als auch Kriegslogik erkennbar sind: „I am not ashamed of the actions of the Russian troops, rather I am simply proud of them: they operated effectively, harmoniously and in proportion with what was required. And *proportionality must be considered in light of the fact that it is impossible to stop during this period*, when an aggression has begun, because if you stop you are perfectly aware that the aggressor could simply regroup a few days later and deliver a new blow, *if only to save face*" (Medwedew 2008b: 8; eigene Hervorh.).

6.2.4 Strategien

Während der Kriegsphase zeichnete sich Moskau vor allem durch ein *unilaterales Rollenhandeln* aus, da die militärische Operation maßgeblich von russischen Einheiten durchgeführt wurde und sich Russland weder um ein Mandat des UN-Sicherheitsrates für einen Auslandseinsatz noch um eine Diskussion darüber in dem Gremium bemühte (vgl. Allison 2013: 151). Auch die OVKS als multilateraler Referenzpunkt auf regionaler Ebene war während der Kriegsphase nicht von Bedeutung, obwohl die Organisation den Kaukasus als potentielle Zielregion für Friedenstruppen definiert hatte (vgl. ebd.: 165). Allerdings versuchte Russland weiterhin, sein Handeln gegenüber der Weltöffentlichkeit so darzustellen, als stünde es in Einklang mit völkerrechtlichen Normen. Dabei dienten insbesondere UN-Regulatorien als Referenzrahmen. Dieses Vorgehen entspricht teilweise dem Segment *Primat der UN*, aber auch einer instrumentellen Lesart des Segments *Verrechtlichung* (vgl. Allison 2013: 166).

Daher betrieb Russland im Gegensatz zur Vorkriegsphase eine *passive Politik im Rahmen der UN*. Von insgesamt fünf Sondersitzungen des UN-Sicherheitsrates während der akuten Kriegshandlungen ging lediglich die erste Sitzung auf die Initiative Moskaus zurück, die restlichen Sitzungen wurden auf Initiative Georgiens und den USA einberufen (vgl. Security Council Report 2008). Dabei diente der Sicherheitsrat – stärker noch als während der Vorkriegsphase – bloß noch als Austragungsort der gegensätzlichen Narrative Russlands und Georgiens und konnte infolge der importierten Interessengegensätze zwischen Moskau und Washington während der gesamten Kriegsphase weder eine Resolution noch eine Stellungnahme verabschieden (vgl. ICG 2008a: 26).

Die instrumentelle Herangehensweise an völkerrechtliche Normen zeigte sich zum einen bei der Rechtfertigung des Einsatzes zum Schutze der Landsmänner. Hierbei bemühte Russland das Konstrukt der *Responsibility to Protect (R2P)* und rechtfertigte darüber den Gebrauch militärischer Gewalt (vgl. Medwedew 2008c; Allison 2009: 184). Die R2P ist eine aufkommende völkerrechtliche Norm, die 2005 in dem Abschlussdokument des UN-Weltgipfels bekräftigt wurde und folgendes besagt:

„Each individual State has the responsibility to protect its populations from genocide, war crimes, ethnic cleansing and crimes against humanity. This responsibility entails the prevention of such crimes, including their incitement, through *appropriate* and *necessary means*" (United Nations 2005: 31; eigene Hervorh.).

Die Norm ist an bestimmte Bedingungen gebunden. Beim Abgleich zwischen diesen Bedingungen und dem russischen Vorgehen finden sich drei Argumente, die gegen eine solche Klassifizierung sprechen: Erstens ist zweifelhaft, ob tatsächlich ein Genozid an der südossetischen Bevölkerung durch georgische Truppen verübt wurde (vgl. Allison 2009: 185). Die Untersuchung in Abschnitt 6.2.1 hat gezeigt, dass der Einsatz militärischer Gewalt zwar auch durch moralische Überlegungen motiviert war, allerdings beweist die hohe Diskrepanz zwischen den ursprünglichen und den revidierten Opferzahlen, dass nach völkerrechtlichen Maßstäben kein Interventionsgrund vorlag (vgl. ICG 2008a: 28). Der Schluss liegt nahe, dass Russland die R2P aus innnenpolitischen Gründen instrumentalisierte, um die Zustimmung des Föderationsrates zum Einsatz russischer Truppen außerhalb der Landesgrenzen zu erhalten (vgl. Allison 2008: 1151).[181] Zweitens bezieht sich die Norm explizit auf die Schutzverantwortung eines Staates gegenüber der Bevölkerung auf seinem eigenen Territorium. Im Falle des Versagens erlaubt die Norm adäquate Maßnahmen von Drittstaaten. Sie ist jedoch nicht für Fälle gedacht, in denen ein Staat seiner Schutzpflicht auf fremden Territorium nachzukommen trachtet (vgl. ICG 2008a: 28). Drittens muss eine humanitäre Intervention zwingend durch den UN-Sicherheitsrat legitimiert werden. In dieser Hinsicht unternahm Russland während der Kriegsphase jedoch keinerlei Anstrengungen (vgl. ebd.: 29). Viertens muss die militärische Reaktion dem Gebot der Verhältnismäßigkeit genügen (vgl. ebd.). Ein Blick auf die Truppen-

---

181   Das russische Verfassungsrecht sieht vor, dass jeder Auslandseinsatz durch den Föderationsrat (also das Oberhaus der russischen Legislative) legitimiert wird. Seit 2006 ist ein Gesetz in Kraft, das die Zustimmungspflicht des Föderationsrates faktisch aushebelt, indem es den Einsatz außerhalb der RF zum Zwecke der Terrorismusbekämpfung allein von der Entscheidung des Präsidenten abhängig macht (vgl. LOC 2012). Am 13. August veröffentlichte der oberste Richter des Russischen Verfassungsgerichts, Valeri Sorkin, ein *Statement*, in welchem er die Rechtmäßigkeit des Auslandseinsatzes hervorhob. Dabei berief er sich auf Artikel 61 (Abs. 2) der Russischen Verfassung, der die Schutzfunktion des Staates auch für im Ausland lebende Staatsbürger garantiert. Mit dem Einsatz russischer Truppen komme Russland folglich nur seinen Verpflichtungen nach (vgl. ebd.).

stärke (über 20.000 Mann und 100 Panzer), die Art der Kriegsführung (Luft-angriffe auf georgische Städte und Vororte, eine umfassende Seeblockade im Schwarzen Meer) sowie die geographische Ausweitung der militärischen Operationen auf Abchasien und georgisches Kernland (vgl. ICG 2008a: 29) verdeutlichen die Unverhältnismäßigkeit des russischen Vorgehens (vgl. Allison 2009: 184).

Zum anderen evozierte Russland nach dem Angriff georgischer Truppen auf Zchinwali und einen Teil seiner Friedenstruppen das Recht auf Selbstver-teidigung gemäß Art. 51 der UN-*Charta*. In einen Brief vom 11. August an den Vorsitzenden des Sicherheitsrates legte der UN-Botschafter der RF, Vita-li Tschirkow, die russische Sichtweise dar:

> „A targeted massive assault was launched on the Russian peacekeeping contingent which is part of the Joint Peacekeeping Forces. The Russian peacekeepers sus-tained casualties. The scale of the attack against the servicemen of the Russian Federation deployed in the territory of Georgia on legitimate grounds, and against citizens of the Russian Federation, the number of deaths it caused as well as the statements by the political and military leadership of Georgia, which revealed the Georgian side's aggressive intentions, demonstrate that we are dealing with the ille-gal use of military force against the Russian Federation. In those circumstances, the Russian side had no choice but to use its inherent right to self-defence enshrined in Article 51 of the Charter of the United Nations" (Tschirkow 2008a).

Bei dieser Rechtfertigung handelt es sich ebenfalls um eine Instrumentalisie-rung der Norm: So kann sich ein Staat zwar nur dann auf das Recht auf Selbstverteidigung berufen, wenn sein eigenes Territorium angegriffen wird (vgl. Allison 2009: 177). Der Angriff auf die russischen Friedenstruppen ließe sich höchstens in einem konstruktivistischen Sinne mit einem Angriff auf rus-sisches Territorium vergleichen (vgl. IIFFMCG 2009: 265), weil Südossetien in der Wahrnehmung Moskaus zunehmend als eigenes Territorium angese-hen wurde. Doch selbst dann gilt ebenso wie bei der R2P-Begründung, dass die Reaktion verhältnismäßig sein muss.[182] Da Bestrafungs- und Racheaktio-

---

182 Während der Sondersitzung des UN-Sicherheitsrates am achten August gab der russische Botschafter bekannt, dass 10 Mann getötet und mehr als 30 verletzt wor-den seien (vgl. IIFFMCG 2009: 268), einige davon angeblich infolge direkter Gewalt-einwirkung georgischer Mitglieder der Truppe (vgl. Außenministerium 2008u). Am 9. August verkündete der russische Außenminister Lawrow in einem Interview mit BBC, dass mindestens 15 Mann getötet und mehr als 50 verletzt seien, und verwies

nen mit Selbstverteidigungsmaßnahmen unvereinbar sind (vgl. IIFFMCG 2009: 271), ebenso wie die Intrusion in Abchasien (vgl. ebd.: 274), kann die Verhältnismäßigkeit nur schwerlich bejaht werden.

Auch markierte die Anerkennung des Waffenstillstandsabkommens zu Beginn des dritten Abschnittes der Kriegsphase nur dem Anschein nach die Rückkehr zu einem echten *Multilateralismus*. Darin spiegelte sich zwar die Anerkennung der Rolle der EU als *Vermittler* wider (vgl. Brzoska et al. 2008: 14), doch auch das Abkommen wurde von Russland instrumentalisiert und teilweise konträr zu seiner Intention ausgelegt. So konnte Russland in den Verhandlungen erwirken, dass die Frage der territorialen Integrität Georgiens ebensowenig im Text auftauchte wie ein Passus über die Entsendung einer internationalen Friedenstruppe nach Südossetien (vgl. Brzoska et al. 2008: 5). Darüber hinaus rückten russische und südossetische Truppen auch noch nach dem 12. August weiter vor und besetzten diverse Ortschaften, zuletzt am 16. August (vgl. IIFFMCG 2009: 219). Dies geschah alles mit dem Verweis auf die im Sechs-Punkte-Plan festgelegten zusätzlichen Sicherheitsmaßnahmen, die Russland unilateral zu seinem Gunsten interpretierte (vgl. Allison 2008: 1158; Brzoska et al. 2008: 5).

6.2.5 Instrumente

Unmittelbar vor Beginn der Kriegsphase handelte Russland in Einklang mit dem *Primat des Nichtmilitärischen* und versuchte, die angespannte Situation in Georgien mit diplomatischen Mitteln zu entschärfen. So forderte Moskau noch am Vorabend des Kriegsausbruchs auf einer Sondersitzung des UN-Sicherheitsrates eine Verurteilung der Gewalt (vgl. Heilprin 2008b) und brachte Georgien dazu, einen einseitigen Waffenstillstand auszurufen, um die Aussicht auf eine diplomatische Lösung der Spannungen zwischen Georgien und Südossetien zu erhöhen (vgl. Tsygankow/Tarver-Wahlquist 2009: 313; Cornell et. al 2008: 13f.). Dieser wurde jedoch kurz darauf von Georgien gebrochen. Gleichzeitig stellte der Sicherheitsrat die einzige verbleibende Kommunikationsplattform dar (vgl. Karasin 2008a), die jedoch ausschließlich der Darstellung der eigenen Position diente und einen Dialog folglich verhinderte.

---

auf Berichte, wonach die russischen Verwundeten durch georgische Friedenstruppen hingerichtet worden sind (vgl. Lawrow 2008d).

Russland und Georgien warfen sich in diesem Rahmen insbesondere gegenseitig Genozid vor (vgl. etwa Heilprin 2008c). Angesichts der Kritik an der Unverhältnismäßigkeit der Gewaltanwendung (vgl. Allison 2008: 1153) scheint Russland bei der militärischen Durchführung einer eigenständigen Logik der Angemessenheit gefolgt zu sein. Der Grund hierfür ist in dem Umstand zu suchen, dass sich Moskau bei friedensschaffenden Einsätzen weniger an den Erfahrungen der westlichen Staatengemeinschaft mit Einsätzen unter UN-Mandat beispielsweise auf dem Balkan orientierte, sondern auf seine eigenen Erfahrungen als *Schutzmacht der GUS* während der 90er zurückgriff (vgl. Allison 2008: 1155; vgl. auch Kapitel 4.2).[183]

Gemäß dieser Selbstwahrnehmung schloss die Durchführung einer Friedensmission parteiisches Handeln zugunsten einer Konfliktpartei nicht aus, und so sah sich Russland auch während der Unterzeichnung des Sechs-Punkte-Plans noch als *Mediator* (vgl. Außenministerium 2008x). Damit konnte Russland einem Rollenkonflikt zwischen der Rolle des *unparteiischen Vermittlers* und dem *Recht auf Selbstverteidigung* entgehen, denn nach weitgehender Lesart gilt: „Whoever is drawn into a conflict can no longer act as peacekeeper" (IIFFMCG 2009: 276). Ausschlaggebend für die Durchführung war jedoch die „tendency in Russian strategic thinking to place ‚peace operations' on a continuum with low-intensity conflicts. [...] In this sense, so called peacekeeping forces represented the first echelon of forces capable of responding to small-scale threats, to be supported by strong second echelon forces if the need arises" (Allison 2008: 1157). Demgegenüber übertraten selbst Friedenseinsätze unter einem robusten UN-Mandat selten die Schwelle der Gewaltanwendung über den Zweck der Selbstverteidigung hinaus (vgl. IIFFMCG 2009: 270).

---

183   Verstärkt wurde dieses Vertrauen auf die eigenen Erfahrungswerte durch die negativen Erfahrungen während der Kosovo-Krise, da sich Russland durch den NATO-gestützten Einsatz übergangen fühlte (vgl. Władimirowicz et. al. 2005: 50) und diesen als Beweis für die „inability of NATO to solve effectively peacekeeping tasks" (S. Iwanow 2001: 4) ansah. Seitdem herrschte ein Vorbehalt gegenüber dem Versuch „to introduce into the international parlance such concepts as ‚humanitarian intervention' and ‚limited sovereignty' in order to justify unilateral power actions bypassing the un security council [sic!] " (Putin 2000b: 4).

Im ersten Abschnitt der Kriegsphase kommt dieses Muster geradezu idealtypisch im Rollenverhalten Russlands zum Ausdruck. Da die bis *dato* in Südossetien stationierte russische Friedenstruppe der massiven Bombardierung und anschließenden Einnahme Zchinwalis durch georgische Truppen nichts entgegenzusetzen hatte, stellte der Einmarsch der 58. Russischen Armee im obengenannten Sinne die zweite Welle dar und wurde als Verstärkung der Friedenstruppe in Südossetien bezeichnet (vgl. Allison 2009: 180). In dieser Hinsicht verwundert es nicht, dass Russland anstelle der 58. Armee nicht solche Truppenverbände nach Südossetien schickte, die ausgewiesenermaßen Erfahrung in internationalen Friedenseinsätzen gesammelt hatten (vgl. Allison 2008: 1157). Auch wenn dieses Vorgehen maßgeblich intrinsischen Motiven geschuldet war, barg es auch ein taktisches Moment, da sich Russland durch die Bezugnahme auf seine Friedenstruppen weiterhin als neutrale Kraft darstellen und sein unilaterales Vorgehen hinter einer multilateralen Struktur verbergen konnte (vgl. Allison 2008: 1156f.). Der Umstand, dass der fünfte Punkt des Sechs-Punkte-Plans die russischen Streitkräfte als Friedenstruppen bezeichnete, zeigt den Erfolg dieser Strategie (vgl. Allison 2009: 182). Darüber hinaus orientierte sich die Kriegsführung auf der taktischen Ebene an den bisherigen Erfahrungswerten mit Konflikten im Kaukasus – allen voran den Tschetschenienkriegen – und umfasste massive Artillerieschläge und Luftbombardements sowie den anschließenden Einsatz massiver Bodenverbände (vgl. Haas 2010: 150).

Im zweiten Abschnitt der Kriegsphase deckt sich die Durchführung der militärischen Operation ebenfalls mit dieser Logik. So deklarierte das russische Außenministerium den Einmarsch in georgisches Kernterritorium zu einem friedenserzwingenden Einsatz [*peace coercion operation*] um (vgl. Medwedew 2008c). Diese Umdeutung erfolgte vor dem Hintergrund, dass „for troops to be able to operate in a normal situation the enemy infrastructure directly supporting combat actions must […] be neutralized" (Karasin 2008a) und war unter keinen Umständen von den Bestimmungen des Abkommens von Sotschi und weiterer Folgevereinbarungen gedeckt, die allesamt nur das Einschreiten bei niedrigschwelligen Auseinandersetzungen erlaubten und schon gar nicht unilaterale Waffengänge durch einen der beteiligten Staaten zuließen (vgl. Allison 2009: 191). Darüber hinaus verwies Russland auf angebliche Pläne einer bevorstehenden Invasion Abchasiens durch Georgien (vgl. IIFFMCG 2009: 274, 337), die der Generalstab der abchasischen Streitkräfte dem russischen Verteidigungsministerium vorlegte (vgl. Allison 2008: 1157f.).[184]

6.2.6 Alterorientierte Rollen

Der während der Vorkriegsphase festgestellte *Nachahmungseffekt* gegenüber dem Westen fand während der Kriegsphase seinen entsprechenden Niederschlag in sämtlichen Kategorien des russischen Rollenhandelns. Die Ereignisse während der Kosovo-Krise stellten für Russland gewissermaßen kollektive Erfahrungswerte dar, da sie von der westlichen Staatengemeinschaft als dem Normeninterpreteur schlechthin generiert wurden und derer sich Russland – nun mit einer ganz ähnlichen Situation konfrontiert – bedienen konnte. Dies lässt sich als Versuch verstehen, den Konflikt zunächst im Rahmen der Rolle eines *liberalen Interventionisten* zu lösen und dadurch die Zugehörigkeit zum Westen zu unterstreichen (vgl. Joenniemi 2010: 9f.).[185] Der ehemalige Staatssekretär im Bundesverteidigungsministerium, Willi Wimmer, bezeichnete dieses Denkmuster als „negative Gleichheit" (Blätter 2008: 117), und tatsächlich „kopiert[e] die russische Regierung bei ihrer militärischen Reaktion auf die georgischen Angriffe auf Zchinwali (Südossetien) bis in [sic!] Kleinste" (ebd.: 116) sowohl die rhetorischen Argumentationsmuster als auch das Vorgehen des Westens.

---

184 Bemerkenswerterweise wendete der Kreml dies nicht zum Argument für einen präemptiven Angriff (vgl. Allison 2013: 152), obwohl er Georgien in der Vergangenheit mit einem solchen gedroht hatte und sich der präemptive Gebrauch militärischer Gewalt im Rahmen der Angemessenheit des Rollenkonzeptes befindet. Darin äußert sich die hohe Bedeutung einer schlüssigen Argumentation für das militärische Vorgehen, da das von Moskau bemühte Recht auf Selbstverteidigung nach Art. 51 UN-*Charta* der Behauptung zuwiderlaufen würde, wonach Georgien die militärische Eskalation herbeigeführt habe (vgl. ebd.).

185 In diesem Sinne stellte sich für Russland die Rollenverteilung wie folgt dar: Während Georgien der Aggressor war und dieselbe Rolle einnahm wie Serbien während des Kosovokrieges, ließ sich das Volk der Osseten (und damit Südossetien) mit den Kosovoalbanern vergleichen, die unter der Vorherrschaft Serbiens gelitten hatten. Russland hingegen kam die Rolle der USA-geführten Koalition im Rahmen der NATO zu, die zum Schutz der Kosovaren intervenierte und die Separation des Kosovo unterstützte (vgl. ICG 2008a: 8f.).

Während der Kriegsphase lässt sich auf der Handlungsebene insbesondere die Frage der Unverhältnismäßigkeit der russischen Reaktion sowie der Genozidvorwurf gegenüber Georgien in dieses Muster einordnen. In einem Protokoll der dritten Dringlichkeitssitzung des UN-Sicherheitsrates vom 11. August findet sich ein Passus, wonach Russland Vorwürfe des unverhältnismäßigen Vorgehens insbesondere vonseiten der USA mit dem Verweis auf das Vorgehen Washingtons während der Luftangriffe auf Belgrad zurückwies:

> „[By making an analogy with Kosovo, Churkin pointed out] that nobody had limited the definition of what had happened in Kosovo when the bombing of Belgrade had started. The Russian Federation rejected the suggestion of indiscriminate military action on its part. [...] Such references were unacceptable [...], as was the reference by the representative of the United States regarding terror against civilians, particularly when his country's own actions against the civilian populations in Iraq, Afghanistan and Serbia were known" (Tschurkin 2008).

Auch die Vorwürfe Russlands, wonach georgische Truppen ethnische Säuberungen in Südossetien durchführten, folgten dem Kosovo-Skript und lassen sich als Versuch lesen „to conjure up emotive images of ethnic cleansing in the Balkans" (Allison 2008: 1152). Es wurde bereits festgestellt, dass Russland den Einmarsch seiner Truppen mehr durch moralische Imperative als durch völkerrechtliche Normen begründete: in dieser Hinsicht ahmte es also das Vorgehen des Westens im Kosovo nach, da dieser dort nach Maßgabe Moskaus nicht in Einklang mit dem Völkerrecht gehandelt (vgl. Harzl 2008: 506), sondern ebenfalls moralische Argumente bemüht hatte (vgl. Joenniemi 2010: 13). Die Bezugnahme auf die R2P lässt sich hier als Beispiel anführen, da diese Norm „transcend Westphalian notions of sovereignty" (Killingsworth 2012: 220) und wiederum als Ausdruck der Rolle des *liberalen Interventionisten* gelesen werden kann.

Die Desavouierung westlicher Suprematie wirkte sich negativ auf die Erfolgsaussichten der Fremderwartungen vonseiten der USA und der EU auf das russische Rollenhandeln aus.[186] Darüber hinaus mangelte es ihnen wei-

---

186   Selbiges galt für den Einfluss der ansässigen internationalen Organisationen: So konnte die UNOMIG Russland nicht davon abhalten, eine zweite Front in Abchasien zu eröffnen (vgl. Cornell 2008: 29f.). Die OSZE-Beobachtermission in Südossetien wiederum hatte sich in den Augen Moskaus ohnehin diskreditiert, da viele Mitglied-

terhin an Bestimmtheit und Substanz. Die westlichen Staaten konnten sich zwar auf gemeinsame Stellungnahmen einigen (vgl. Brzoska 2008: 12), doch während die EU in der Frage der Haltung gegenüber Russland in zwei Lager gespalten war (vgl. ICG 2008a: 22),[187] hielten sich die USA bei der Kritik an Russland mit deutlichen Worten zurück (vgl. Lee 2008a). Washington machte lediglich deutlich, dass es kein *Business as Usual* geben könne (vgl. Brzoska 2008: 12).

Dabei wurden Sanktionen als Machtinstrument gegenüber Russland ausgeschlossen, und die substanzielleren Maßnahmen verblieben auf symbolischer Ebene wie etwa der Boykott einer geplanten gemeinsamen Militärübung im Rahmen der NATO (vgl. Lee 2008b). Auch schlossen die Mitgliedstaaten der G8 Russland demonstrativ aus ihren Dialogkanälen aus (vgl. ebd.) und dachten mittelfristig nach über einen vollständigen Ausschluss Russlands aus dem für das Land so bedeutsamen, weil politische Macht und wirtschaftliche Prosperität symbolisierenden Gremium (vgl. ebd.).

Obwohl die Ansätze immerhin an den viralen Stellen des russischen Rollenkonzeptes wie der *Statusorientierung* ansetzten, zeigten sie keine Wirkung da Russland zu dem Zeitpunkt bereits einem Statusbegriff verhaftet war, der sich als Reaktion auf die Ablehnung der Rolle des *liberalen Interventionisten* durch den Westen bildete und eher zum Rollenbegriff einer traditionellen und machtbasierten *Großmacht* passte (vgl. Joenniemi 2010: 10). So

---

staaten dieser Internationalen Organisation Georgien mit Angriffswaffen beliefert hatten (vgl. IIFFMCG 2009: 193).

187 Am einen Ende des Spektrums standen die schärfsten Kritiker Russlands, Polen und die baltischen Staaten Estland, Lettland und Litauen. Diese Staaten verurteilten die russische Intervention in Georgien in einem gemeinsamen Statement vom 12. August als imperialistische und revisionistische Politik im Osten Europas (vgl. Brzoska 2008: 12). Großbritannien, Schweden und die Ukraine teilten im Wesentlichen diese Sichtweise, äußerten sich jedoch zurückhaltender (vgl. ebd.). Auf der anderen Seite des Spektrums fanden sich Vertreter eines gemäßigten Ansatzes wie Deutschland, Frankreich, Italien, Spanien, Belgien, Luxemburg sowie Ungarn (vgl. ebd.: 13). Beispielhaft sei hier die Position Deutschlands erwähnt, das den Einmarsch russischer Streitkräfte zwar grundsätzlich als legitim erachtete, das Vorgehen Russlands während des zweiten und dritten Abschnittes der Kriegsphase jedoch kritisierte (vgl. ebd.). Am anderen Ende des Spektrums befanden sich die „Russlandversteher", die sich mit Kritik an Russland zurückhielten. Dies traf insbesondere auf die Mittelmeerstaaten Italien, Spanien und Griechenland zu (vgl. ebd.; ICG 2008a: 22).

äußerte sich der damalige Botschafter Russlands bei der NATO nach dem Krieg folgendermaßen:

„Heute repräsentiere ich ein starkes Russland, und ich fühle hier in Brüssel [...] eine ganz neue Haltung zu uns [...]. Man schaut uns anders an – man betrachtet uns mit Respekt –, und ich halte dies für den wichtigsten diplomatischen Erfolg, den Russland erzielen konnte" (Rogozin 2008, zit in: Heller 2013: 47).

Analog dazu blieben die Einflussmöglichkeiten der auf normative Aspekte konzentrierten EU stark beschränkt und erschöpften sich in der Rolle eines *Mediators* zwischen den Konfliktparteien (vgl. Joenniemi 2010: 13, 21). Dieser Umstand ist insofern bemerkenswert, als die EU überhaupt als Akteur akzeptiert wurde. Dies stellt ein minimales Zugeständnis an das Selbstverständnis Russlands als *Teil des Westens* dar, eine Rolle, die Moskau trotz aller Gegensätze nicht aufzugeben bereit war.

6.3 Nachkriegsphase – 16. August 2008 bis 9. Oktober 2008

Auch nach dem 16. August verblieben die russischen Streitkräfte in georgischem Kernland. Ein Großteil der Truppen zog sich erst nach dem 22. August in die Pufferzonen in Abchasien und Südossetien zurück (vgl. IIFFMCG 2009: 22, 375) und errichtete dort mehrere Dutzend Beobachtungsposten (vgl. ebd.: 352). Am 26. August erkannte Präsident Medwedew die Unabhängigkeit Südossetiens und Abchasiens an (vgl. Nußberger 2009: 359). Nach erneuter Vermittlung durch Sarkozy wurde am 9. September eine präzisierende Umsetzungsvereinbarung des Waffenstillstandsabkommens beschlossen, wonach die russichen Truppen auch die Pufferzonen verlassen und sich hinter die Demarkationslinien vor Ausbruch des Konfliktes zurückziehen sollten (vgl. IIFFMCG 2009: 376). Dies stellte einen wichtigen Meilenstein zur Rückkehr in die diplomatische und politische Sphäre dar (vgl. ebd.: 22) und markierte das Ende der Nachkriegsphase. Am ersten Oktober begann die Stationierung der 200 Mann starken Beobachtermission *European Union Monitoring Mission* (EUMM), und am 9. Oktober endete der Rückzug russischer Truppen aus den Pufferzonen (vgl. ebd.: 441).

6.3.1 Ideologie und Weltbild

Auch während der Nachkriegsphase war das russische Handeln von einem *konfliktiven Weltbild* geprägt, wie die anhaltende Militärpräsenz auch über den Zeitpunkt der offiziellen Unterzeichnung des Waffenstillstandsabkommens hinaus zeigt. Allerdings öffnete sich das „clausewitzsche" Wahrnehmungsmuster der Kriegsphase allmählich wieder für die geopolitischen Implikationen des Krieges. Ein Hinweis für diese Lesart ist der erneuerte Rekurs auf das *Great Game* – und damit auf konfliktive Beziehungsmuster: „The phantom of the Great Game wanders again in the Caucasus" (Lawrow 2008b: 1). Nach russischer Lesart trugen dabei insbesondere die USA die Schuld an dieser Entwicklung (vgl. Medwedew 2008a: 1), und so ist die russische Außenpolitik als Reaktion auf die Außenpolitik der USA zu verstehen. Russland betrachtete sich selbst als Opfer, dem eigentlich ein anderer Politikstil „cleared of geopolitical expediency" (Lawrow 2008a: 4) vorschwebte: „We do not want a Cold War. No one has ever gained from it" (Medwedew

2008f). Gleichzeitig erklärte Medwedew vor dem Hintergrund der neuen Assertivität Russlands, dass er einen neuen Kalten Krieg nicht fürchte (vgl. Joenniemi 2010: 18). Damit bezog er sich implizit auf die bipolare Machtverteilung zwischen 1950 und 1990 und damit auf das erneuerte Selbstbild Russlands als einer gestärkten Großmacht, die in der Lage sei, sich dem Unilateralismus der USA entgegenzustellen (vgl. Lawrow 2008a: 2).

Ein ähnliches Argumentationsmuster findet sich explizit für den Kaukasus. So betonten russische Entscheidungsträger einerseits, dass „the CIS space is not a ‚chessboard' for playing geopolitical games" (Lawrow 2008b: 2), andererseits nahmen sie für sich selbst in Anspruch „that nobody should interfere [...] in their own egoistic interests" (ebd.). Am deutlichsten wurde Medwedew in einem Interview für einen russischen Fernsehsender. Darin erklärte er, dass Russland, wie andere Länder auch, privilegierte Interessen in gewissen Regionen verfolge (vgl. Medwedew 2008g). Damit knüpfte Russland an die *machtpolitische Dimension* seiner *imperialen Identität* an.

6.3.2 Normen und Werte

In der Nachkriegsphase schwenkte Russland nun komplett auf das *Selbstbestimmungsrecht* der Völker zulasten der *territorialen Integrität* um (vgl. Makaritschew 2009: 10) und erkannte nach einem gemeinsamen Appell Abchasiens und Südossetiens am 26. August die Unabhängigkeit der beiden Entitäten an (vgl. IIFFMCG 2009: 351). Schon bei den Verhandlungen zum Sechs-Punkte-Plan konnte Russland die territoriale Integrität Georgiens ausklammern, und nun stimmte es auch während einer Sitzung des Sicherheitsrates am 22. August gegen ein Bekenntnis zur territorialen Integrität des Landes (vgl. Petesch 2008a). Während der Vorkriegsphase hatte Russland bereits darauf geachtet, dass die Neubewertung des Selbstbestimmungsrechts den nationalen Interessen mit Blick auf den Nordkaukasus nicht zuwiderlief. Dieses Muster blieb weiterhin aktuell, und so konzentrierte sich der Diskurs um die Anerkennung zunächst auf Südossetien, weil sich dieses an Nordossetien angliedern könnte, „which would have the additional advantage of helping pre-empt any possible seperatist tendencies in North Ossetia" (Allison 2008: 1160). Daneben konzentrierte sich Moskau in der Nachkriegsphase auf die Rechtfertigung der Anerkennung gegenüber der internationalen Staatengemeinschaft. So bemühte Außenminister Lawrow einen Vergleich, wonach Südossetien und Abchasien – im Gegensatz zu Tschetschenien – niemals als Sprungbrett für terroristische Angriffe auf Russland gedient haben (vgl. ebd.: 1155). Bemerkenswerterweise erklärte Putin während eines Interviews mit CNN, dass „those who insist that those territories must continue to belong to Georgia are Stalinists: They defend the decision of Josef Vissarionovich Stalin" (Putin 2008). Die Negierung der Entscheidung einer der prägendsten Figuren der Sowjetunion lässt sich als deutliche Bezugnahme auf die *territoriale Dimension* des *imperialistischen Erbes* interpretieren (vgl. Nußberger 2009: 361) und zeigt die Bereitschaft Moskaus „to relativize the core principles of the wider international system, sovereignty and territorial integrity, in its relations with neighbouring CIS states" (Allison 2013: 159).

Darüber hinaus ist festzuhalten, dass die während der Kriegsphase vertretenen humanitären Motive im letzten Abschnitt des Krieges vollends ihre Glaubwürdigkeit verloren und Russland einseitig für die südossetische und abchasische Bevölkerung Position bezog. So führten die russischen Streitkräfte in den Pufferzonen nur selten Patrouillen durch und konnten zahlreiche Hinrichtungen und Fälle von Folter und Mißhandlungen an ethnischen Georgiern nicht verhindern (vgl. ICG 2009: 3).[188] In dieser Hinsicht entkleideten die während einer Sitzung Ende Januar geäußerten Vorwürfe der Parlamentarischen Versammlung des Europarates (PACE), wonach es während des Krieges in Südoessetien zu ethnischen Säuberungen und anderen Menschenrechtsverletzungen gekommen war und Russland sich unfähig gezeigt hatte, diese zu verhindern (vgl. ICG 2009: 1), das russische Vorgehen während des Fünftagekrieges vollends seiner normativen Patina.

---

188 Ein weiteres Indiz für die Nichtbeachtung des Rollensegments *Altruismus* ist der Umgang Russlands mit humanitärer Hilfe. So begannen die USA bereits während der Kriegsphase mit einer humanitäre Hilfsmission (vgl. IIFFMCG 2008: 346). Die Güter wurden mithilfe von Fregatten der US-*Navy* über das Schwarze Meer transportiert, wobei Washington versicherte, dass die Fregatten nur die übliche Bewaffnung an Bord hätten (vgl. Stöber 2008). Dennoch äußerte Russland Mißtrauen ob der Intention der Schiffe und schickte in der Nachkriegsphase eine kleine Flotte vor die Küste Abchasiens, darunter den mittelgroßen Raketenkreuzer *Moskwa* (vgl. RIA 2008c). Dieser Vorgang unterstreicht die Wirkmacht des konfliktiven Weltbildes.

6.3.3 Interessen und Ziele

Auch in der Nachkriegsphase trat Russland deutlich als *Gestaltungsmacht* in *destruktiver Ausprägung* auf. Dies zeigte sich an der anhaltenden Zerstörung georgischer Militärausrüstung und -infrastruktur und der verzögerten Rückkehr in die Sicherheitszonen in Abchasien und Südossetien (vgl. Allison 2008: 1163f.). Russland nutzte das kurze Zeitfenster zwischen der Einwilligung zum Sechs-Punkte-Plan zwischen dem 15. und dem 22. August und gab seinen Streitkräften „open-ended instructions to destroy Georgian ‚pockets of resistance and other aggressive actions'" (ebd.: 1158).[189] Darüber hinaus lässt sich die Anerkennung der umstrittenen Regionen als Ausdruck des Gestaltungswillens begreifen, da Russland die separatistischen Regionen zu Militärprotektoraten ausbaute (vgl. ebd.: 1163) und damit den Willen demonstrierte, seine Ziele auch längerfristig mit militärischen Mitteln zu erreichen. Eine Fortsetzung der bisherigen Grundlage der Militärpräsenz im Rahmen einer von russischen Streitkräften dominierten Friedenstruppe war nach dem Krieg ausgeschlossen (vgl. Zagorski 2009: 24f.).

Weiterhin wurde während der Nachkriegsphase das Segment *Sicherheit* konstant mit dem *Schutz der Landsmänner* verknüpft. So begründete Moskau die Verzögerung des Abzugs, der erst am 18. August begann (vgl. Außenministerium 2008k) damit, dass Russland während des Krieges seinen Wert unter Beweis gestellt und sich als „the most reliable peacekeeper" (Gruschko 2008) erwiesen habe. Auch die Anerkennung Abchasiens und Südossetiens erfolgte unter Verweis auf die Sicherheitsinteressen der dort lebenden Völker und wurde als zwingende Konsequenz aus dem Angriff georgischer Streitkräfte auf Zchinwali dargestellt (vgl. Allison 2008: 1159):

> „It became definitively clear to Russia that there was no way to ensure the security and the very survival of the Abkhaz and South Ossetian peoples other than recognizing their independence and taking, at their request, these peoples under the protection of the Russian Federation" (Lawrow 2008e).

---

189 Dementsprechend zeigen Bilder des Satellitenbeobachtungsprogramms UNOSAT, dass Siedlungen im Umfeld von Zchinwali, die von ethnischen Georgiern bewohnt sind, bis zum 22. August systematisch zerstört wurden (vgl. ICG 2009: 3).

Mit Blick auf die voherige Verwendung des Konstrukts *Schutz der Landsmänner* ist die Ausweitung des semantischen Inhalts auf die gesamten in den abtrünnigen Regionen ansässigen Völker bemerkenswert. Dies zeigt die Flexibilität der Rolle der *imperialistischen Macht*, da sich das Legitimierungsmuster „Landsmänner = Abchasen bzw. Südosseten mit russischem Pass" nicht für die Anerkennung eignete. Daher sprach Moskau die *kulturelle Dimension* dieser Identität an: „There is protection for small peoples, and the recognition of South Ossetia's and Abkhazias independence is an example of this protection" (Medwedew 2008a: 2).

Diese Taktik war dem Umstand geschuldet, dass die Begründung, Georgien gehe weiterhin mit brutaler militärischer Gewalt gegen die Ethnien in den separatistischen Regionen vor, zwar weiterhin aufrechterhalten wurde (vgl. IIFFCMG 2009: 190), aber keine Glaubwürdigkeit mehr für sich beanspruchen konnte. Zu diesem Zeitpunkt herrschte in Russland bereits die weitgeteilte Überzeugung vor, dass sämtliche Ziele der militärischen Auseinandersetzung erreicht worden sind (vgl. Schröder 2008: 9). Tatsächlich hatten die NATO-Beitrittsaussichten Georgiens einen empfindlichen Dämpfer erfahren (vgl. ICG 2008a: 12), da der strategische Nutzen des Landes durch den Einsatz militärischer Gewalt gegen Südossetien und die heftige Reaktion Russlands abgenommen hatte (vgl. Joenniemi 2012: 24).

6.3.4 Strategien

Während der Nachkriegsphase war das russische Rollenhandeln weiterhin von einem *unilateralen Vorgehen* geprägt. Allerdings war Moskau – etwa im Falle der Anerkennung der Souveränität Südossetiens und Abchasiens – um eine *nachholende Multilateralisierung* bemüht. Daneben knüpfte Russland an die instrumentelle Interpretation des Rollensegments *Verrechtlichung* aus der Kriegsphase an. In deren Zentrum stand der Sechs-Punkte-Plan, dem insgesamt viele „loopholes and [a] lack of clarity" (Cornell et al. 2008: 26) attestiert wurden. Russland zeigte sich weiterhin nicht willens „[to honour] the spirit of a loosely worded agreement" (ICG 2008a: i).[190]

190　Im UN-Sicherheitsrat stellte das Verhalten Russlands lediglich eine Variation dieses Themas dar, da Russland in den vorgeschlagenen Resolutionstexten nicht vom Wortlaut des Sechs-Punkte-Plans abwich und daher konsequent die Frage der terri-

Basierend auf dem Plan richtete Russland die Pufferzonen so ein, dass sie an der südossetischen bzw. abchasischen Peripherie lagen und bis zu 20 – und nicht, wie von Sarkzoy intendiert, einige wenige – Kilometer ins georgische Zentrum hineinreichten (vgl. ICG 2008a: 4; siehe Schaubild 3). Auch der verzögerte Truppenrückzug aus Georgien widersprach dem Abkommen und ähnelte dem Vorgehen Russlands beim verschleppten Rückbau russischer Militärbasen Mitte der 2000er (vgl. Tsygankow/Tarver-Wahlquist 2009: 315), dem ebenfalls eine konfliktive Logik zugrunde lag. Am 16. August kritisierte Sarkozy die Verzögerungstaktik (vgl. ICG 2008a: 5), weshalb sich das russische Außenministerium am 1. September zu einer Stellungnahme genötigt sah, in welcher es seine Sichtweise auf das Abkommen darlegte. Dies betraf insbesondere die „zusätzlichen Sicherheitsmaßnahmen" aus Punkt Fünf des Abkommens, den Moskau folgendermaßen konkretisierte:

> „As to the pullback of Russian Armed Forces to previous positions, this process is now over. All the units of our armed forces […] have been returned to the territory of Russia, with the exception of those stationed in South Ossetia in response to the request of its leadership for the fulfillment of their peacekeeping functions. In addition, Russian peacekeeping forces […] have taken additional security measures. A security zone has been formed around South Ossetia for these purposes, the regime of which is currently ensured by checkpoints of Russian peacekeeping forces totaling up to 500 men" (Außenministerium 2008c).

In diesem Zusammenhang bestand Moskau zwar rhetorisch auf „a reliable international control in Georgia's areas abutting their territory so as to prevent preparation by the Tbilisi regime of any new military adventures" (ebd.), doch faktisch blockierte es eine Internationalisierung, um den Vorwand für seine anhaltende Militärpräsenz nicht zu verlieren. So beschloss der Ständige Rat der OSZE am 19. August die Entsendung einer Mission zur Überwachung der Implementation des Sechs-Punkte-Plans (vgl. ICG 2008a: 5). Russland bestand jedoch auf einem äußerst eingeschränkten Bewegungsradius der Beobachter im unmittelbaren Umfeld von Südossetien und verhinderte damit faktisch eine erfolgreiche Überwachung (vgl. Zagorski 2009: 26). Am 16. August verweigerten russische Truppen OSZE-Beobachtern den Zugang zur

---

torialen Integrität Georgiens ausklammerte (vgl. Petesch 2008a) bzw. ein Veto einlegte, weil die vorgeschlagenen Resolutionen die zusätzlichen Sicherheitsmaßnahmen aus dem Plan nicht erwähnten (vgl. Weissenstein 2008a).

georgischen Stadt Gori (vgl. ICG 2008a: 5f.). Ähnlich reagierte Russland auf das Vorhaben der EU, im Rahmen des Konkretisierungsabkommens ab dem ersten Oktober die EUMM nach Georgien und in die abtrünnigen Republiken zu entsenden (vgl. Riecke 2008: 1). Im Laufe hitziger Verhandlungen im September opponierte Moskau zunächst gegen die Entsendung von Beobachtern nach Abchasien und Südossetien (vgl. Allison 2008: 1159). Die Zustimmung hierzu ging schließlich mit einer geschickten Rollenzuweisung einher, denn indem Russland die EU in diesem Zusammenhang als „guarantor of nonattack against South Ossetia and Abkhazia" (Lawrow 2008c) bezeichnete, konnte es implizit seine Schuldzuweisung gegenüber der georgischen Aggression erneuern[191] und in einer Art Arbeitsteilung seinen eigenen Verantwortungsbereich für die Sicherheit Abchasiens und Südossetiens abstecken (vgl. Zagorski 2009: 27). Ausschlaggebend für diese Entscheidung war dabei die Aussicht, dass die EUMM die Schwächung der OSZE-Mission nicht würde kompensieren können, da diese seit 1992 in der Region aktiv war und über ein breites Netzwerk und Expertise verfügte (vgl. ICG 2009: 13).

Auch die Anerkennung der abtrünnigen Provinzen am 26. August lässt sich in die festgestellte Strategie Russlands während der Nachkriegsphase einordnen. Nach Ansicht Russlands stand dieser Schritt mit geltendem Völkerrecht und bestehenden Normen in Einklang (vgl. Nußberger 2009: 359). Russland verwies dabei insbesondere auf die „Deklaration der Vereinten Na-

---

191 So betonte Russland bereits in seiner Stellungnahme vom ersten September, dass der erste Punkt (Verzicht auf Waffengewalt) ausschließlich an Georgien adressiert ist (vgl. Außenministerium 2008c). Im Übrigen erscheint auch die Anerkennung der separatistischen Provinzen vor diesem Hintergrund als nachvollziehbare Strategie, da Russland sich nun von der Rolle des *Mediators* zurückziehen und auf die Souveränität und Entscheidungsvollmacht Abchasiens und Südossetiens verweisen konnte – wohlwissend, dass Georgien Gespräche auf gleicher Augenhöhe nicht zulassen würde, da dies einer Anerkennung „russischer Tatsachen" gleichkäme (vgl. Allison 2008: 1160). Bei der Frage der konkreten Ausgestaltung der OSZE-Beobachtermission eignete sich Moskau die südossetische Minimalposition an (max. acht Beobachter) und wies im Übrigen darauf hin, dass solche Fragen nun ausschließlich mit Südossetien selbst besprochen werden sollten (vgl. Lawrow 2008c). Bei der EUMM folgte Moskau einem ähnlichen Muster: Das zugrundeliegende Mandat sah zwar das gesamte international anerkannte Staatsgebiet Georgiens als Einsatzgebiet vor, doch faktisch verweigerten Südossetien und Abchasien den Beobachtern den Zugang (vgl. Halbach 2009: 9).

tionen über Grundsätze des Völkerrechts" von 1970 (vgl. Allison 2008: 1154), wonach

> „every State has the duty to refrain from any forcible action which deprives peoples referred to in the elaboration of the principle of equal rights and self-determination of their right to self-determination and freedom and independence" (United Nations 1970).

Dabei stand die Entscheidung unter einem erhöhten Rechtfertigungszwang, da Russland noch in der Vorkriegsphase die territoriale Integrität Georgiens *de jure*, sprich in zahlreichen Resolutionen des UN-Sicherheitsrates, mitgetragen hatte. Um einem Intrarollenkonflikt zwischen der Eigen- und der Fremderwartung an das fundamentale Rollensegment *Primat der UN* vorauszugreifen, verkündete UN-Botschafter Tschurkin am Tag der Anerkennung vor dem Sicherheitsrat, dass der Einsatz militärischer Gewalt durch Georgien „clearly dashed all of those previous resolutions and created a completeley new reality" (Tschurkin 2008, in: Petesch 2008b). Faktisch unternahm Russland jedoch gar nicht erst den Versuch, in Einklang mit dem *Primat der UN* zu handeln, da es keine formale UN-Resolution vorlegte, die sich mit der Frage der Anerkennung beschäftigte (vgl. Antonenko 2008: 27).

Da Russland mit der Anerkennung eine „einseitige Entscheidung gegen den Willen der westlichen Staaten" (Brzoska et al. 2008: 11) getroffen hatte, versuchte es, den unilateralen Charakter seiner Entscheidung durch eine *nachholende Multilateralisierung* abzuschwächen. Diese richtete sich entsprechend des konfliktiven Weltbildes weniger an die Länder der westlichen Staatengemeinschaft als an die traditionellen Partner und Aspiranten einer alternativen globalen Machtbalance. So konnte Russland während eines Gipfeltreffens der SOZ-Mitgliedsstaaten am 28. August (unter maßgeblicher Einflussnahme des chinesischen Präsidenten Hu Jintao, vgl. Wolkowa 2008) zwar erreichen, dass seine „aktive Rolle in der regionalen Friedenssicherung und Zusammenarbeit" (SOZ 2008) gewürdigt wurde, doch gleichzeitig forderten die Verbündeten Russlands Respekt für die territoriale Integrität aller Staaten, China blieb gar einer Sitzung des UN-Sicherheitsrates später am selben Tag fern (vgl. Weissenstein 2008b). Vor allem jedoch wurde die Frage der Anerkennung der Unabhängigkeit Südossetiens auf den Treffen weder thematisiert noch gar unterstützt (vgl. Brzoska et al. 2008: 12). Auch die OVKS, die am fünften September ein Gipfeltreffen abhielt, würdigte zwar (mit exakt demselben Wortlaut) die aktive Rolle Russlands in der regionalen Friedenssicherung und stellte sich hinter die russische Darstellung des Krieges in Georgien (vgl. Nowak 2008), doch auch hier wurde die Frage der Unabhängigkeit ausgeklammert (vgl. Brzoska et al. 2008: 11). Die forcierte Multilateralisierung lässt sich also als gescheitert ansehen (vgl. ebd.: 12).

6.3.5 Instrumente

Während der Nachkriegsphase wurde das Rollenverhalten Russlands im Sinne des *Primats des Nichtmilitärischen* erschwert durch das konfliktive und gegen Saakaschwili als *Persona non Grata* gerichtete Weltbild. Dadurch blieben die höchsten Dialogkanäle verschlossen und reduzierten sich auf sporadischen Kontakte auf Ebene der Außen- und Verteidigungsminister sowie ihrer Stellvertreter (vgl. Außenministerium 2008n). Die Blockadehaltung Russlands bei der Frage der Anerkennung der Rolle von OSZE (und zunächst von der EU) zeigt, dass Russland in der Nachkriegsphase nicht an einem institutionalisierten Gesprächsforum gelegen war, in welchem friedliche Konfliktlösung und vertrauensbildende Maßnahmen kultiviert werden konnten.

Auf rhetorischer Ebene bewegte sich Russland im Rahmen der *defensiven militärischen Ausrichtung*. So wurden die regulären Militärverbände zunächst weiterhin als legitime Verstärkung der friedensschaffenden Truppe in den Sicherheitszonen bezeichnet (vgl. IIFFMCG 2009: 348, 350). Nach der an Russland gerichteten Aufforderung Südossetiens und Abchasiens, ihre Unabhängigkeit anzuerkennen (vgl. ebd.: 315), schien diese Gleichsetzung jedoch an Bedeutung zu verlieren, und so bezeichnete Russland seine Streitkräfte bereits während des Rückzugs in die Pufferzonen als „units of the Russian armed forces that took part in the peacekeeping operation" (IIFFMCG 2009: 352) und damit gemäß seiner Lesart von der zweiten Welle der Verstärkung. Bestätigt wird die Vermutung durch die komplette Aufgabe des Narrativs nach der formalen Anerkennung der Souveränität der beiden Republiken am 26. August (vgl. Allison 2009: 182). Es steht zu vermuten, dass Russland auf diesem Wege versuchte, innerhalb des Waffenstillstandsabkommens als dem angemessenen Verhaltensrahmen den maximalen Mehrwert für sich herauszuholen, da es durch die Rücknahme der Gleichsetzung von regulären Armeeverbänden und Friedenstruppen den Eindruck erwecken konnte, den fünften Punkt des Abkommens zu erfüllen.

Am 9. September sprach Außenminister Lawrow bereits offen davon, dass Russland reguläre Streitkräfte – und nicht russische Friedenstruppen – in Südossetien und Abchasien stationieren werde (vgl. RIA 2008a). Insgesamt sollten rund 7.600 Mann stationiert werden, rund doppelt so viel wie das Kontingent an Friedenstruppen umfasste (vgl. RIA 2008b). Nach der Anerkennung geschah dies auf Grundlage der Präsidentenerlasse Nr. 1260 (Abchasien) und Nr. 1261 (Südossetien) vom 26. August, welche den russischen Verteidigungsminister dazu ermächtigten „to ‚cause the Armed Forces of the Russian Federation to perform peacekeeping functions' in the territories of these republics until Russia enters into agreements on friendship, cooperation and mutual assistance with them" (IIFFMCG 2009: 434). Diese Übergangsvereinbarung wurde sukzessive ausgebaut.[192]

6.3.6 Alterorientierte Rollen

Auch in der Nachkriegsphase stellte der *Nachahmungseffekt* einen bedeutenden Treiber russischen Rollenhandelns dar. Dies gilt insbesondere für die Anerkennung der beiden separatistischen Provinzen, die Russland mit der Anerkennung des Kosovo durch den Westen legitimierte (vgl. Gutterman 2008). Bemerkenswerterweise spiegelten sich in der Entscheidung erneut kollektive und von Russland adaptierte Erfahrungswerte der Kosovo-Krise wider, diesmal in einem umfassenderen Sinne als wahrgenommene Machtverteilung: Während der Westen während der Kosovo-Krise von der regionalen Machtverteilung profitierte und Russland, Serbien (und die Türkei) zu schwach waren, um die Sezession des Kosovo zu verhindern, stellte sich die

---

192 Am 17. September wurde das entsprechende Vertragswerk unterzeichnet (vgl. IIFFMCG 2009: 434). In Artikel Fünf des Vertrags heißt es: „In order to ensure the security of the Parties as well as peace and stability in the Transcaucasian region, each of the Parties to this Agreement shall extend to the other Party's armed forces the right to build, use and improve military infrastructure and military bases (facilities) in its territory" (ebd.). Darüber hinaus enthält der Vertrag eine militärische Beistandsverpflichtung (Art. 3) und einen als „Anti-NATO-Klausel" bezeichneten Passus, wonach weder Südossetien noch Abchasien einem gegen Russland gerichteten Bündnis beitreten dürfen (vgl. Zagorski 2009: 25f.).

Situation im Südkaukasus unmittelbar nach dem Fünftagekrieg in den Augen Russlands genau umgekehrt dar (vgl. Harzl 2008: 517f.). Der Nachahmungs-effekt erklärt auch die konsequente Ablehnung Saakaschwilis als Gesprächs-partner und Adressaten russischer Außenpolitik, da dieser im Zuge der Aner-kennung Südossetiens und Abchasiens als Kriegsverbrecher bzw. als „Erbe Stalins" (Makaritschew 2008: 6) dargestellt wurde, dessen Gräueltaten denen des ehemaligen serbischen Präsidenten Slobodan Milošević in nichts nach-standen (vgl. Marquand 2008).

Die bereits gegen Ende der Kriegsphase durch den Westen erfolgte Ab-lehnung der Rolle des *liberalen Interventionisten* und die verstärkte Selbst-wahrnehmung als traditionelle *Großmacht* wirkten sich während der Nach-kriegsphase folgendermaßen aus: So erfolgte die bereits erwähnte Rollenzu-weisung gegenüber der EU als Garant der Gewaltlosigkeit auch deshalb so zögerlich, weil das russische Denken von harten Sicherheitsaspekten geleitet war und Fragen einer internationalen Präsenz nachrangige Bedeutung hatten (vgl. Gruschko 2008). Der Umstand, dass die EUMM den einzigen Ausdruck eines möglichen Internationalisierungswillens darstellte (vgl. IIFFMCG 2009: 11), lässt sich neben der weiter oben angeführten Lesart als Strategie auch dahingehend interpretieren, dass das russische Selbstverständnis als *Teil des Westens* im Falle des Fünftagekrieges auf das Involvement der EU als Legitimitätsproduzenten angewiesen war und diese für die zivilen Aspekte des Krisenmanagements verantwortlich zeichnete:

> „Incidentally, the settlement of the South Ossetia crisis demonstrated that it's possi-ble to find solutions with Europe. We will deepen our relations with Europe in the field of security. I am sure that they have a good future" (Medwedew 2008a: 14).

In diesem Zusammenhang wurde deutlich, dass die russische Kritik an der europäischen Sicherheitsstruktur (vgl. Lawrow 2008a: 4) auf eine Spaltung der transatlantischen Partnerschaft zwischen den USA (respektive: NATO) und der EU und eine engere Zusammenarbeit mit Letzterer hinauszulaufen drohte (vgl. Kupferschmidt 2008: 35). Nach dem Krieg stellte Russland klar, dass es die EU als prinzipiellen Partner Russlands in Europa erachte (vgl. Haas 2010: 154). Dabei sollte sich der Einfluss der EU nach dem Willen Moskaus auf die Rolle eines „Sprungbretts" beschränken, mit dessen Hilfe

Russland auf Augenhöhe mit Washington kommunizieren könnte (vgl. Kupferschmidt 2008: 34). Der eingeschränkte Einfluss des Westens zeigte sich etwa daran, dass die PACE als bedeutende Normeninstanz die Anerkennung der beiden abtrünnigen Republiken durch Russland als Verletzung des Völkerrechts wertete (vgl. Killingsworth 2012: 232) und damit im Kreml lediglich eine Situationsdefinition „reminiscent of Moscow's appeal to the West during OAF *[Operation Allied Force*, Militäroperation der NATO während des Kosovokrieges]" (Averre 2009: 590) evozierte. Auch die Gleichgültigkeit, mit der Moskau einer möglichen Suspension der WTO-Beitrittsverhandlungen begegnete (vgl. Joenniemi 2012: 18), erhärtet diese Vermutung.

Gleichzeitig sah Russland nach dem Fünftagekrieg auch die Voraussetzungen für eine *gleichberechtigte Partnerschaft* mit den USA gegeben. So deutete Russland die zurückhaltende Reaktion der USA als Indikator für die eigene Bedeutung auf der politischen Agenda der Vereinigten Staaten: „An abandonment of Russia as a partner would entail that the US loses a considerable amount of social capital needed […] in influencing international relations at large" (Joenniemi 2012: 24). Dies galt insbesondere für das iranische Atomprogramm, welches seit 2005 weit oben auf der sicherheitspolitischen Agenda der USA firmierte (vgl. Karagiannis 2013: 88).

Derweil waren die Fremderwartungen auch in der Nachkriegsphase von einer starken Zurückhaltung, dafür aber einer umso kritischeren Rhetorik geprägt. Die USA etwa konzentrierten sich ähnlich wie während des Krieges auf symbolische Maßnahmen – oder anders formuliert, auf „much talk and little action" (ebd.: 24).[193] So kursierten Anfang September innerhalb der US-amerikanischen Präsidialverwaltung Überlegungen, ein seit Mai geplantes Kooperationsabkommen im Bereich der zivilen Kernenergie auf Eis zu legen (vgl. Loven 2008). Darüber hinaus wurde weiterhin über einen langfristigen Ausschluss Russlands aus der G8 nachgedacht (vgl. ebd.). In diesem Zusammenhang muss der Umstand, dass die NATO-Außenminister am 19. August den Dialog mit Russland im Rahmen des NRR suspendierten, als Fehl-

---

193 In dieser Hinsicht stellt die bereits erwähnte Marinepräsenz im Schwarzen Meer eine Ausnahme dar, da sie als Machtprojektion gewertet werden kann. Doch selbst wenn Mutmaßungen über die atomare Bestückung der Schiffe (vgl. Joenniemi 2012: 24) der Wahrheit entsprechen, zeigt der Umstand, dass dies von Washington vehement bestritten wird, dass diese Machtprojektion durch die USA nicht intendiert ist.

entscheidung gewertet werden, da sie zu einem Zeitpunkt erfolgte, an dem dieser Einflusskanal auf den Kreml hilfreich gewesen wäre (vgl. Brzoska et al. 2008: 15). Darüber hinaus konnten sich die Staats- und Regierungschefs der EU auf einem Sondertreffen des Europäischen Rats am ersten September zwar auf den vorläufigen Abbruch der Verhandlungen über ein neues Partnerschafts- und Kooperationsabkommen (PKA) einigen (vgl. Bendiek/Schwarzer 2008: 38), doch zu handfesteren Maßnahmen wie Sanktionen konnte sich die EU nach wie vor nicht durchringen (vgl. Heinz/Mirowalew 2008).

6.4   Ausklang – Reset, Weltbühne, Militärprotektorat

Die Geschwindigkeit, mit der die Sanktionspläne gegenüber Russland aufgegeben wurden (vgl. Joenniemi 2012: 24), mutet Angesichts der harschen Rhetorik während der Nachkriegsphase verwunderlich an.[194] Diese Entwicklung ist maßgeblich dem Umstand geschuldet, dass die USA ihren ideologischen Politikansatz aufgaben und einen Neuanfang in den Beziehungen zwischen Moskau und Washington propagierten, der im März mit dem gemeinsamen Druck von US-Außenministerin Clinton und dem russischen Außenminister Lawrow auf einen *Reset*-Knopf symbolisch vollstreckt wurde. Die Folgen dieses Neustarts lassen sich überzeugend in ein rollentheoretisches Narrativ betten und entsprechen auch dem grundlegenden rollenkonzeptionellen Bewertungsmuster der Rolle Russlands gegenüber den Vereinigten Staaten.

Demnach zeigte sich das Weiße Haus zu weitreichenden *Konzessionen* bereit, legte die Pläne seines Raketenabwehrsystems in Mittel- und Osteuropa vorläufig auf Eis, initiierte neue Gespräche über eine Neuauflage des ABM-Vertrags und dämpfte die mittelfristige Aussicht auf einen NATO-Beitritt Georgiens (vgl. ebd.: 25). Aus russischer Warte symbolisierte diese demonstrative Rücksicht auf russische Befindlichkeiten die langersehnte Anerkennung als *gleichberechtigten Partner der USA*. Dies ermöglichte Russland die Rückkehr in die Rolle einer konstruktiven Gestaltungsmacht und bedingte eine Abkehr vom konfliktiven Weltbild (vgl. ebd.: 24-26). Es überrascht daher nicht, dass die sicherheitspolitischen Schlussfolgerungen Russlands aus dem Georgienkrieg auf die Inklusion Russlands, der EU und der USA in ein neues „global security regime" (Medwedew 2008a: 13) abzielten und Moskau die Weltgemeinschaft als „proper audience to discuss Russia's proposals" (Ma-

---

194   Die EU etwa nahm Anfang Dezember wieder die Verhandlungen über das PKA mit Russland auf (vgl. Brzoska et. al. 2008: 12). Bereits gegen Ende der Nachkriegsphase stellte der deutsche Verteidigungsminister Franz-Joseph Jung die Wiederaufnahme des NATO-Dialogs mit Russland in Aussicht, sobald das Land alle Verpflichtungen aus dem Sechs-Punkte-Plan erfüllt (vgl. Gorondi 2008). Im Dezember fand der Vorschlag breite Zustimmung unter den NATO-Außenministern, und so wurden die Gespräche im März 2009 wieder aufgenommen (vgl. Spiegel 2009).

karitschew 2009: 8) im Blick hatte – ein deutlicher Ausdruck des Rollensegments *globaler Gestaltungswille.*

Demgegenüber stand der Gestaltungswille bei der Außenpolitik gegenüber Südossetien und Abchasien weiterhin unter konfliktiven Vorzeichen, und
so ging Russland von der „kostengünstigen Nutzung des ungeklärten Status
[...] als Einflusshebel im Südkaukasus zu einer kostenintensiveren Protekto-
ratsherrschaft" (Halbach 2009: 8) über. Während das winzige Südossetien
(mit einer Bevölkerung von ca. 60.000 Einwohnern) zu keiner autonomen Politik fähig war und über die von ethnischen Russen sowie russlandfreundli-
chen Politikern durchsetzte politische Elite faktisch von Russland kontrolliert
wurde (vgl. Cooley/Mitchell 2010: 61), setzte Moskau beim politisch eigen-
ständigeren Abchasien (mit rund 220.000 Einwohnern) auf die größtmögliche
Einflussnahme mithilfe bilateraler (insbesondere sicherheitspolitischer) Abkommen (vgl. ebd.: 64).[195] Dies kam zwar dem starken Sicherheitsbedürfnis
der Abchasen entgegen, stellte für die Regierung jedoch gleichzeitig einen
„daily reminder that Sukhumi has delegated some very basic state functions
to Moscow" (ebd.: 66) dar. Russland handelte also als *Produzent von Sicherheit* – zu seinen Bedingungen und Konditionen.[196]

Parallel dazu wurden die internationalen Konfliktlösungsmechanismen
von Russland hintertrieben. So wurde im Oktober mit dem Genfer Dialog

---

195 So einigten sich Russland und Abchasien im Mai 2009 auf ein Abkommen zum
Grenzschutz. Dabei sollten ausschließlich russische Streitkräfte für die Überwachung der Grenze eingesetzt werden. Das Abkommen wurde dem abchasischen
Parlament weder zur Beratung noch zur Ratifizierung vorgelegt. Im September 2009
unterzeichneten die abchasischen Entscheidungsträger einen Vertrag über die militärische Zusammenarbeit, welcher russischen Soldaten Zugang zu abchasischen
Militäreinrichtungen und ungehinderte Mobilität auf dem gesamten Territorium für die
nächsten 49 Jahre gewährte. Auch befand sich etwa die Hälfte der insgesamt rund
7.600 für die beiden separatistischen Regionen veranschlagten Soldaten des im
September 2008 angekündigten Kontingents bereits in Abchasien (vgl.
Cooley/Mitchell 2010: 64). Insgesamt soll Russland seit April 2009 rund 5.000 Soldaten mit schwerer Bewaffnung (darunter Offensivwaffen) nach Südossetien und Abchasien entsandt haben (vgl. ICG 2009: 4).

196 Dies äußerte sich auch in gewissen Anpassungen des Rollenkonzepts: Ein Jahr
nach dem Fünftagekrieg schlug Präsident Medwedew einige Änderungen der föde-
ralen Verteidigungsgesetzgebung vor, die das Vorgehen während des Krieges (also
den Einmarsch russischer Streitkräfte zum Schutz von im Ausland stationierten
Truppen sowie zu präventiven Maßnahmen zur Verhinderung von Aggressionen gegenüber einem Drittland) gesetzlich absicherten (vgl. Allison 2009: 191).

zwar ein Forum etabliert, in dem die Konfliktparteien unter der Mitwirkung von EU, OSZE und UN erstmals wieder auf höchster Ebene miteinander in einen Dialog traten (vgl. ICG 2009: 12f.), doch das heikle Thema des zukünftigen Status der beiden umstrittenen Regionen blieb in den nahezu monatlich stattfindenden Sitzungen bis Ende 2008 ausgeklammert (vgl. Halbach 2009: 9) und sorgte ab Frühling 2009 für eine zunehmend unproduktive Gesprächsatmosphäre. Daher weist das Forum bislang keine substanziellen Erfolge auf (vgl. ICG 2009: 12f.). Direkte Gespräche zwischen Georgien und Russland wurden nicht geführt (vgl. ebd.: 5).

Ähnlich gelagert war das Verhalten gegenüber der UNOMIG und der Beobachtermission der OSZE. Das Mandat der UNOMIG wurde zwar noch im Oktober 2008 technisch verlängert (vgl. Zagorski 2009: 26), doch während einer Sitzung des UN-Sicherheitsrates Mitte Juni 2009 legte Russland ein Veto gegen die Verlängerung ein (vgl. ICG 2009: 1). Im Dezember 2008 stellte sich Moskau als einziges Mitglied der OSZE gegen eine Verlängerung der Beobachtermission und zeichnete somit für den kompletten Rückzug der Mission aus Georgien verantwortlich (vgl. Zagorski 2009: 26).

Bei den normativen Aspekten russischen Rollenhandelns wäre spätestens im Ausklang des Georgienkrieges eine Besinnung auf die Pflichtenseite einer Großmacht und damit eine verstärkte Bezugnahme auf das Rollensegment *Altruismus* zu erwarten gewesen. Neben der Sicherheitsgarantie wären hier humanitäre Aspekte zu nennen, insbesondere der Umgang mit den rund 25.000 vertriebenen Georgiern hätte in den Vordergrund rücken müssen (vgl. ICG 2009: 4).[197] In dieser Hinsicht stellte bereits die unilaterale Anerkennung der beiden Territorien ohne Rücksicht auf das ungelöste Rückkehrrecht eine Art Belohnung ethnischer Säuberungen dar (vgl. Cooley/Mitchell 2010: 62). Auch in den Folgemonaten stellte sich Russland nicht seiner Verantwortung, da es nur mit äußerster Zurückhaltung auf provokante Äußerungen des faktischen Staatsoberhauptes Südossetiens reagierte, die auf eine langfristige Verweigerung des Rückkehrrechts hinausliefen (vgl. ICG 2009: 4). Die Regierung in Zchinwali verweigerte humanitären Organisationen mit Verweis auf

---

197 Die Zahl bezieht sich nur auf die Vertriebenen infolge des Krieges von 2008. Bislang unerwähnt blieben die rund 250.000 ethnischen Georgier, die nach dem abchasisch-georgischen Sezessionskrieg Anfang der 90er aus Abchasien vertrieben wurden (vgl. Cooley/Mitchell 2010: 62).

den Vorrang der Anerkennung ihrer Unabhängigkeit den Zugang auf ihr Territorium (vgl. ebd.: 13), ebenso wie Sochumi, wodurch „die Umsetzung des Rückkehrrechts in eine unabsehbare Zukunft" (Zagorski 2009: 27) verschoben wurde.

Darüber hinaus sah sich Russland mit dem Problem konkurrierender Normen (*Selbstbestimmung* oder *territoriale Integrität*) konfrontiert (vgl. Makaritschew 2009: 10). Dies barg weitreichende Implikationen für die bestehenden gefrorenen Konflikte im GUS-Raum. Russland löste dieses Dilemma, indem es weiterhin der Singularitätsthese verhaftet blieb, die es trotz der Ablehnung der Anerkennung der Unabhängigkeit des Kosovo für die Anerkennung Südossetiens und Abchasiens kultiviert hatte (vgl. Allison 2008: 1160). So betonte Außenminister Lawrow etwa die Besonderheiten der Konflikte um Transnistrien und Berg-Karabach und verkündete, dass die Ereignisse in Georgien keinen Präzedenzfall darstellten (vgl. Allison 2009: 190). Dementsprechend zeichnete sich das russische Rollenhandeln durch eine Wiederbelebung der Rolle des *unparteiischen Vermittlers* aus. Beim Karabach-Konflikt leitete Russland eine diplomatische Offensive ein und konnte Armenien und Aserbaidschan zu einer Bekräftigung des gegenseitigen Gewaltverzichts bewegen – angesichts der bellizistischen Rhetorik insbesondere Bakus in den Vorjahren stellte dies durchaus einen Erfolg dar (vgl. Halbach 2009: 10f.).

7. Schlussbetrachtung

„All policy reflects theory, whether or not that theory is articulated or recognized by those who make policy" (Light 1988: 1).

7.1 Ergebnissicherung

Der empirische Teil der vorliegenden Arbeit wurde von der Frage geleitet, inwieweit sich die außenpolitischen Entscheidungsträger in ihrem außenpolitischen Verhalten am Rollenkonzept der RF orientieren. Dabei konnte festgestellt werden, dass das Rollenkonzept als grober Orientierungsrahmen dient und sich das außenpolitische Rollenverhalten Russlands zu keinem Zeitpunkt gänzlich außerhalb dieses Rahmens befindet. Gleichwohl gehen mit dieser Beobachtung einige einschränkende Anmerkungen einher:

In der Zusammenarbeit mit den USA bei der Terrorismusbekämpfung lässt sich eine situationsangepasste Hierarchisierung bzw. Gewichtung der jeweiligen Rollensegmente beobachten. Dies wirkt sich übergreifend auf das Rollenkonzept als Handlungsrahmen aus. Die überragende Bedeutung der Selbstwahrnehmung Russlands als *Partner der USA* während der Vorkriegsphase etwa führte dazu, dass Russland große Anstrengungen beim Ausbau der Koalition gegen den Terror unternahm und sogar die Nutzung seiner ehemaligen Stützpunkte in Zentralasien zuließ. Hier wäre infolge der Wahrnehmung des GUS-Raumes als originärer Einflussspäre ein Rollenkonflikt zu erwarten gewesen. Widerstand gegen die Entscheidung wurde jedoch einzig in denjenigen Teilen des sicherheitspolitischen Establishments geäußert, die dem antagonistischen Weltbild des Kalten Krieges verhaftet blieben.

An dieser Partnerschaft hatte insbesondere das abrupte Aufkommen eines gemeinsamen Erfahrungshorizontes im Bereich der Antiterrorbekämpfung seinen Anteil. Dies führte zum einen dazu, dass Russland nun in den USA einen mächtigen *Garanten regionaler Sicherheit* an seiner Seite wusste – und folgerichtig den Kampf gegen den separatistischen Extremismus in Tschetschenien in den Diskurs um den globalen Kampf gegen den Terror bettete. Zum anderen zeigte Moskau großes Verständnis (und sogar Bewunderung) für das entschiedene Vorgehen Washingtons. Dieser Maßstab verlor in dem Maße an Wirkmacht, in dem die Handlungsimperative zwischen Russland und den USA auseinandergingen, im Zuge des Irak-Krieges völlig gegensätzliche Konzeptionen sichtbar wurden und schließlich nach der Anerkennung des Kosovo in den Augen Russlands zu einem *Anything Goes* geronnen.

Umgekehrt überschätzte Russland seine eigene Rolle als *Partner der USA*. Daran trägt auch Washington eine Teilverantwortung, da einige Äußerungen US-amerikanischer Entscheidungsträger den Verdacht nahelegen, dass Washington um die Bedeutung einer *gleichberechtigten Partnerschaft* für Russland wusste und Moskau in seiner Selbstwahrnehmung bestärkte. Damit wiederum konnten die USA selbst Konzessionen gegenüber Russland erwirken, etwa in der Frage der NATO-Erweiterung. Die Einbindung Russlands in die Entscheidungsstrukturen der NATO zeigt eine hohe Sensibilität für russische Befindlichkeiten.

Während der Kriegsphase war das Rollenhandeln Russlands vorrangig von *Statusinteressen* geleitet, die Russland dahingehend konkretisierte, dass es sich um eine Erhöhung seiner Sichtbarkeit während des Konfliktes bemühte. So erfolgte die Einnahme Kabuls allein in Absprache mit der NA und gegen den Willen der USA. Auch der anschließende Einsatz von russischem Personal in Kabul diente dazu, den russischen Beitrag zur Kampagne größer erscheinen zu lassen, als er tatsächlich war. Dieser Aktivismus war maßgeblich dem Umstand geschuldet, dass die eigenständige Rolle der USA während des „Krieges gegen den Terror" und die *militärische Zurückhaltung* Russlands aufgrund des Afghanistan-Traumas einen substanziellen Beitrag Russlands verhinderten, die erzwungene *Passivität* und Nebenrolle Russlands jedoch dem eigenen Selbstverständnis entgegenlief.

Damit geht die übergeordnete Bedeutung des Segments *Gestaltungswille* während der Kriegs-, insbesondere jedoch während der Nachkriegsphase einher. Russland versuchte, der NA als seinem maßgeblichen Verbündeten im Rahmen der Verhandlungen um die zukünftige Nachkriegsarchitektur Afghanistans ein möglichst großes Mitspracherecht zu erwirken. Auch die Zustimmung zum NATO-gestützten ISAF-Mandat entspricht dieser Lesart, da

Russland als Mitglied des UN-Sicherheitsrates durch die jä liche Verlängerung des Mandats ein Mitspracherecht einräum konnte.

Der Fünftagekrieg mit Georgien hat insbesondere die hohe Bedeutung der *alterorientierten Rollen* für das Verhalten Russlands aufgezeigt. So wurde die Anerkennung der Unabhängigkeit des Kosovo durch einen Großteil der westlichen Staatengemeinschaft aus Sicht des Kremls als Aufkündigung der vermeintlichen Übereinstimmung über essenzielle Normen wahrgenommen. Gleichzeitig etablierte dieser Prozess eine Art „normativen Leerraum", den Russland nach Maßgabe seiner Rolle als *imperialistische Macht* mit neuem Gehalt füllen und somit als selbständiger Norminterpreteur handeln konnte. Am Ende dieser Neubewertung steht die Anerkennung der Unabhängigkeit Südossetiens und Abchasiens durch Russland.

Ein zweiter Aspekt der Alterorientierung Russlands zielt auf die Nachahmung des Westens auf der konkreten politischen Handlungsebene. Demnach nutzte Russland das Vorgehen des Westens während der Kosovo-Krise als kollektiven Erfahrungswert und adaptierte diesen an die Situation in Georgien. Diese situationsgebundene Logik der Angemessenheit lässt sich in allen drei Phasen des Fünftagekrieges und sowie in der Rhetorik russischer Entscheidungsträger nachweisen.

Darüber hinaus hat die Untersuchung gezeigt, dass Russland – wenn auch auf sehr unterschiedliche und eigenwillige Art und Weise – während des gesamten Untersuchungszeitraumes auf das *Primat der UN* als Bezugspunkt rekurrierte und das Rollensegment damit zumindest auf deklaratorischer Ebene den angemessenen Handlungsrahmen konstituierte.

In der Substanz konnte Russland damit jedoch nicht überzeugen, die Argumentationsmuster dienten bisweilen offensichtlich dazu, das militärische Vorgehen zu legitimieren. So wurde etwa die Behauptung, dass Georgien einen Genozid am südossetischen Volk verübe, durch die Revision der Opferzahlen und zahlreiche Menschenrechtsverletzungen durch eigene Truppen *ad absurdum* geführt. Auch der Rekurs auf das Selbstverteidigungsrecht nach Art 51. UN-*Charta* oder auf die R2P vermag nicht zu überzeugen. Am gewichtigsten ist jedoch der Umstand zu bewerten, dass sich Russland weder bei der militärischen Intervention noch bei der Anerkennung der Unabhängigkeit Südossetiens und Abchasiens um eine formelle Zustimmung der UN bemühte – und damit den zentralen Aspekt dieses Segments missachtete.

Eine weitere Erkenntnis lässt sich aus dem Gebrauch militärischer Gewalt während der Kriegsphase extrahieren. So weicht das russische Verhaltensmuster bei Friedenseinsätzen erheblich von der Lesart westlicher Staaten ab, da Russland hier auf einen reichen Fundus eigener Erfahrungswerte aus der Rolle der *Schutzmacht der GUS* in den 90ern zurückgreifen kann. In dieser Hinsicht hat sich der Mehrwert des rollentheoretisch angelegten Längsschnitts bestätigt, der die Entwicklung dieser Rolle nachzuzeichnen vermochte. Bereits in der Vergangenheit dienten etwa die russischen Friedenstruppen in Südossetien und Abchasien als Instrument der Einflussnahme. Diese Entwicklung lässt sich jedoch weniger auf eine genuine Intention Moskaus zur Adaption der Rolle zurückführen. Vielmehr war Moskau zu diesem Zeitpunkt der einzige Akteur, der sich überhaupt zur Aufnahme dieser Rolle bereit zeigte und diese dann nach eigener Maßgabe ausfüllte. Vor diesem Hintergrund lässt sich festhalten, dass das militärische Vorgehen gegen Georgien nach einhelliger westlicher Interpretation zwar nicht dem Gebot der Verhältnismäßigkeit genügte, dabei jedoch in Einklang stand mit der russischen Logik der Angemessenheit.

Last but not least haben sowohl der Längs- als auch die Querschnitte die hohe *Statusorientierung* Russlands in unterschiedlichen Kontexten aufgezeigt. Die Bedeutung von Status und Prestige äußert sich in den 90ern als demonstrative Symbolpolitik, um die faktische Schwäche gegenüber Washington zu überdecken und damit auf der Weltbühne von der Inkompatibilität mit der Rolle einer *Großmacht* abzulenken, zeigt sich in der erbarmungslosen Kriegsführung in Tschetschenien, um nicht als *Failed State* wahrgenommen zu werden, spielt in den *Aktivismus* während des Krieges in Afghanistan hinein und akkumuliert während des Fünftagekrieges, der als Reaktion auf einen durch den Westen missachteten *Konsultationsreflex* im Bereich der NATO-Erweiterung gedeutet werden kann. Sorge bereitet in dem Zusammenhang vor allem der Zusammenhang zwischen einem bellizistischen Statusverständnis und der zunehmenden Verfestigung der *Großmachtrolle*.

7.2 Kritische Reflexion

Der vermutete Mehrwert der Einführung der Kategorien *Ideologie und Weltbild* sowie der *Alterorientierten Rollen* konnte im Verlauf der empirischen Untersuchung bestätigt werden.

Mithilfe der Kategorie *Ideologie und Weltbild* lässt sich die jeweilige Wahrnehmung der Rahmenbedingungen, in denen außenpolitisches Handeln erfolgt, erfassen. Damit bestätigt sich der erwartete integrative Nutzen des rollentheoretischen Ansatzes, da er gleichermaßen Konflikt- wie Kooperationsmuster plausibilisieren kann und damit gegenüber gängigen Großtheorien eine größere Flexibilität erlaubt. Dies zeigt sich etwa am Wandel des kooperativen Weltbildes hin zu einem konfliktiven Weltbild bei der Kooperation mit den USA im Rahmen der Terrorismusbekämpfung, da Russland die Motive der USA im zentralasiatischen Raum zunehmend anzweifelte und entsprechend nach einem realistischen Handlungsmuster reagierte. Allerdings erschwerte diese Offenheit auch die konsequente Einhaltung des konstruktivistischen Forschungsdesigns, sodass einige Interpretationsansätze bisweilen wie eine realistische Lesart unter konstruktivistischem Gewand erscheinen.

Auch die Einführung der Kategorie *Alterorientierte Rollen* besitzt einen hohen theoretischen wie empirischen Mehrwert. Aus theoretischer Sicht ermöglicht die Kategorie die Integration und Nutzbarmachung identitätstheoretischer Ansätze. So müsste etwa die Gleichgültigkeit, mit der Russland im Nachklang des Georgienkrieges auf seine weltweite Isolation reagierte, außerhalb des Rollenkonzeptes verortet werden, da dies unter keinen Umständen mit seinem Selbstbild in Einklang zu bringen ist. Hier bietet die Alterorientierung einen hilfreichen Interpretationsansatz, indem die Isolation als Konkretisierung der Rolle Russlands als *Partner der USA* angesehen wird, und zwar dergestalt, dass sie eine Folge der von Russland wahrgenommenen maximalen Umkehr der Machtasymmetrie darstellt und nun die USA als *Demandeur* gegenüber einem gestärkten Russland auftreten. In diesem Sinne konstituiert die Rolle einen weitgespannten Beziehungsrahmen zwischen Überheblichkeit und Unterwürfigkeit – nicht jedoch Gleichgültigkeit.

Auch die Rolle Russlands als *imperialistischer Macht* bietet vielfältige Interpretationsmöglichkeiten und wirkte etwa auf den Normenkonflikt zwischen *territorialer Integrität* und dem *Selbstbestimmungsrecht* ein und ermöglichte Moskau die Neugewichtung zugunsten letzterem. Gleichzeitig zeigt die Umformung Südossetiens und Abchasiens zu Militärprotektoraten, wie weitgehend die *machtpolitische Dimension* der Rolle zu reichen vermag.

Neben diesen weitgehend positiven Aspekten sah sich der Autor im Verlauf des Forschungsprozesses mit folgenden Problemen konfrontiert:

So ließ sich aufgrund der ko-konstitutiven Beziehung zwischen Identität/Rolle einerseits und Umwelteinfluss andererseits eine Trennung zwischen dem Rollenkonzept als stabile und unabhängige Variable und dem Einfluss politischer Ereignisse darauf bisweilen schwer aufrechterhalten. So hat sich etwa während der Ausarbeitung des empirischen Teils gezeigt, dass das Segment *Nichteinmischung* erst im Zuge der Farbrevolutionen konstruiert wurde. Auch die Angst vor einem die Sicherheit gefährdenden Dominoeffekt entstand erst infolge der sicherheitspolitischen Rezeption der Tschetschenienkriege. Dabei haben sich der Rückgriff auf Sekundärquellen mit einem historischen Bezug und die hohe Quantität an Primärliteratur als hilfreich erwiesen, um die rhetorische Bezugnahme auf die jeweiligen Segmente zu gewichten und zu kontextualisieren. Auch der Längsschnitt trug zu einem besseren Verständnis der Segmente bei.

Im Gegensatz zum konzeptionellen Teil erwies sich die feine Ausdifferenzierung des Kategoriensystems im empirischen Teil nicht immer als hilfreich, da sie Überschneidungen provozierte und eine Festlegung der Segmente auf bestimmte Kategorien erzwang, die nicht immer dem empirischen Befund entsprachen. Dies trifft etwa auf die Rolle Russlands als *imperialistischer Macht* zu, die in ihren drei Dimensionen eher eine Querschnittfunktion zwischen den Kategorien innehatte. Darüber hinaus beförderte das Kategoriensystem eine fragmentierte Vorgehensweise, die bisweilen die Lesbarkeit erschwerte und Ereigniszusammenhänge der Analyse willen auseinanderriss.

7.3 Ausblick – Russland und die Ukraine

Am Tag der Abgabe der vorliegenden Arbeit (13.01.2014) war noch nicht abzusehen, dass die Auseinandersetzungen auf dem Platz der Unabhängigkeit in Kiew nur den Auftakt zu einem ausgewachsenen militärischen Konflikt darstellen, der bislang mehr als als 6.000 Tote gefordert hat und nach wie vor nicht als *Frozen Conflict* bezeichnet werden kann – nahezu jeden Tag kommen neue Todesopfer dazu. Welche Rückschlüsse lassen sich aus dem unerklärten Krieg Russlands gegen die Ukraine und seinen Gefolgserscheinungen für die vorliegende Untersuchung tätigen?

Erstens muss ein methodischer Grundpfeiler der meisten konstruktivistischen Theoriegebäude, nämlich der Zusammenhang zwischen Sprache und Handlung, kritisch auf Spuren „ontologischer Unbedarftheit" geprüft werden. Die Intention des kommunizierenden Akteurs, die zwischen diesen beiden Kategorien verlorenzugehen droht, muss deutlicher herausgearbeitet werden. Speziell im Falle Russlands fällt es spätestens seit dem Krieg in der Ukraine schwer, die eigentliche Intention eines Sprechaktes herauszufiltern – zu häufig wird Sprache instrumentalisiert, zu zynisch zielen die offiziellen Reden und Texte an der Wirklichkeit vorbei, zu beliebig greift der Propagandaapparat nach Bedarf Mythen und identitäre Versatzstücke auf. In letzter Konsequenz würde dies dem solcherart erhobenen Rollenkonzept einen Großteil seiner Bedeutung absprechen. Auffallend ist auch die Geschwindigkeit, mit der Russland, das sich seit den Demonstrationen im Winter 2011/2012 im Zuge der russischen Parlamentswahlen nun vollends als autoritärer Staat ausnimmt, eine neue Rollenkonfiguration vornehmen kann. Dieser Befund entspricht weitgehend den Erwartungen, die sich aus der Konfrontation der Rollentheorie mit nicht-demokratischen Staaten ergeben.

Zweitens scheint sich in der Ukraine-Krise auf den ersten (kursorischen) Blick die Bedeutung der *Alterorientierten Rollen* für das russische Außenverhalten zu bestätigen. Ähnlich wie während des Fünftagekrieges wird der Westen als Referenzpunkt angesehen – deutlicher als zuvor wird jedoch insbesondere Europa in Gestalt der EU abgelehnt und als eine Art „entarteter Westen" portraitiert, wie die Parole von „Gayropa" unter Beweis stellt. Gleichzeitig wird Russland als wahrer Hüter der europäischen Werte dargestellt.

Ebenfalls bestätigt wird der Bewertungszusammenhang gegenüber den USA: Während Russland aus dem Krieg mit Georgien eine Reihe von Schlussfolgerungen gezogen hat und seitdem seine Streitkräfte modernisiert, wird die Überlegenheit der USA zunehmend infrage gestellt, bedingt durch den Rückzug aus Afghanistan, die teilweise mitverschuldete Erosion der regionalen Ordnung im arabischen Raum (Irak, Lybien, Syrien) und einen manifesten Anti-Amerikanismus infolge der Snowden-Affäre. Am deutlichsten jedoch tritt die Rolle Russlands als *imperialistischer Macht* hervor. Der blutig geführte Kampf um die Ukraine demonstriert, dass es um mehr geht als um den Verbleib des Landes in der russischen Einflusssphäre. Stattdessen wird die Ukraine als maßgeblicher Bestandteil der eigenen Identität angesehen, als slawisches Brudervolk, dessen Massenproteste nicht nur als Hinwendung zur EU begriffen werden, sondern als viel substanziellere Devianz von der proklamierten Gleichheit der slawischen Völker, und die daher in Russland innenpolitische Sprengkraft entfalten könnten. Dies erklärt teilweise, weshalb der Kreml – im Gegensatz zu seinem Verhalten in Georgien – vom offenen Einsatz militärischer Gewalt zurückschreckt und das Brudervolk als „faschistische Junta" dämonisiert.

Drittens lässt sich ebenso wie im Fünftagekrieg beobachten, dass die politische Führung Russlands sichtlich darum bemüht ist, die zur Legitimation der militärischen Handlungen verwendeten Motive in Einklang mit seinem Rollenkonzept zu bringen. So wurde etwa die Annexion der Krim (neben historischen Motiven von Besitz und Herrschaft, die geltendes Völkerrecht schlicht missachten) mit dem Schutz der angeblich bedrohten ethnischen Russen auf der Halbinsel gerechtfertigt. Auch die Rolle des vorgeblich unabhängigen *Mediators* findet sich hier in Form diverser Verhandlungsformate wieder, ebenso wie die normative Patina der humanitären Hilfskonvois, die durch keine offizielle Hilfsorganisation (wie etwa das Rote Kreuz) legitimiert oder geprüft werden und ohne Genehmigung des ukrainischen Staates die Grenze passieren.

Damit stellt sich Schlussendlich die Frage, was der Krieg in der Ukraine für die Beschreibung Russlands als *pragmatische Großmacht* bedeutet. Am deutlichsten zeigt sich die Auflösung des Interdependenz-Konsensus in der ostentativen Gleichgültigkeit gegenüber der wirtschaftlichen Verflechtung mit der EU und den USA im Rahmen der Sanktionspolitik. Ebenfalls auf den ersten Blick erkennbar ist die Umkehr der *Domestizierung russischer Außenpolitik*: Der Krieg im Osten der Ukraine wird mehr oder weniger offen zum Zweck der Regimestabilität und des innenpolitischen Machterhalts instrumentalisiert. Weiterhin einer *Großmachtpolitik* entspricht hingegen die Politik der Stärke, die einen (militärischen wie verhandlungstaktischen) Rückzug erheblich erschwert oder gar unmöglich macht, wie der monatelange Kampf um den Flughafen von Donezk zeigt.

Allerdings kann Russland ein gewisser Pragmatismus im engeren Sinne (als bewusst offen, unbelastet und ideologiefrei gestellte Frage nach dem politisch bzw. militärisch Möglichen) insbesondere zu Beginn des Konfliktverlaufs nicht abgesprochen werden. Dies gilt vor allem für die militärische Annexion der Halbinsel Krim, die mit chirurgischer Präzision und ohne akute Gewaltanwendung der „kleinen grünen Männchen" ohne Hoheitszeichen durchgeführt wurde. Auch im späteren Konfliktverlauf verhält sich Moskau pragmatisch, mobilisiert radikale Rechte und Neonazis für den Aufbau eines imaginierten Staates *Noworossija*, wendet vergessen geglaubte Narrative aus dem Großen Vaterländischen Krieg an und lässt an der Front nur soweit zündeln, wie es das mediale Radar westlicher Berichterstattung erlaubt. Inwieweit diese Spielart des Pragmatismus auch eine kluge Außenpolitik darstellt, steht jedoch auf einem anderen Blatt – man kann sich des Eindrucks nicht erwehren, dass dieser taktische Pragmatismus mit hohen strategischen Einbußen einhergeht und sich Russland zunehmend in Handlungslogiken verstrickt, die nicht intendiert waren und dem Land zum Nachteil gereichen.

Abschließend muss also konstatiert werden, dass sich der Pragmatismus gänzlich anders ausnimmt als im vorliegenden Buch beschrieben: weniger als ideologiefreier Gegensatz zu einer Großmachtorthodoxie, sondern als Leitdevise bei der Wahl der Mittel – und das im schlechtesen Sinne eines zynischen *Anything goes*, wie Peter Pomerantsev in seinem Bestseller *Nothing is True and Everything is Possible* eindrucksvoll beschreibt. Dies stellt nicht zuletzt die Politikwissenschaft vor große Herausforderungen, da deren Erkenntnissinteresse tendenziell eher auf die Offenlegung von Gesetzmäßigkeiten gerichtet ist.[198] Diese abrupten außenpolitischen Veränderungen mithilfe der Rollentheorie über lange Zeitläufe hinweg zu durchleuchten und dadurch Kontinuitäten in der rollenkonzeptionellen Konfiguration aufzudecken, könnte den nächsten Forschungsschritt darstellen.

---

198 Stellvertretend dafür die Versuche, die Außenpolitik Russlands durch die Flucht in das Metaphorische greifbar zu machen und etwa als Pendelbewegung oder als Zickzacklinie zu beschreiben (vgl. Pynnöniemi 2014: 3ff.).

Quellen- und Literaturverzeichnis

a) Primärquellen – Rollenkonzept

Außenministerium (2004): The Foreign Policy Results of 2004, *Press Release*, S. 1-2. Online verfügbar unter http://www.mid.ru/bdomp/brp_4.nsf/f68cd37b84711611c3256f6d005410 94/baddb1575df62000c3256f79002368db!OpenDocument [letzter Zugriff am 6.1.2014].

Außenministerium (2005): The Foreign Policy Outcomes of 2005: Reflections and Conclusions, S. 1-13. Online verfügbar unter http://www.mid.ru/bdomp/brp_4.nsf/e78a48070f128a7b43256999005bcb b3/4e2913a74a69adf7c32570e6004d151a!OpenDocument [letzter Zugriff am 6.1.2014].

Iwanow, Igor (2001a): *Statement* by Igor S. Ivanov, Minister of Foreign Affairs of the Russian Federation, at the 56th Session of the UN General Assembly, 24. September, New York, S. 1-4. Online verfügbar unter http://www.mid.ru/bdomp/brp_4.nsf/e78a48070f128a7b43256999005bcb b3/6aa81279899fbb7443256ad200437230!OpenDocument [letzter Zugriff am 6.1.2014].

Iwanow, Igor (2002b): Traditions of the Russian Diplomatic School. *Speech* by Minister of Foreign Affairs of the Russian Federation Igor Ivanov at the Gorchakov Readings Dedicated to the 200th Anniversary of the Russian MFA, 25. April, Moskau, S. 1-4. Online verfügbar unter http://www.mid.ru/bdomp/brp_4.nsf/e78a48070f128a7b43256999005bcb b3/0de010da2cc4bb6443256ba6005ec8c0!OpenDocument [letzter Zugriff am 6.1.2014].

Iwanow, Igor (2002c): The Most Important Thing is that Foreign Policy Should not Lead to a Split within the Country. *Interview* of Russian Minister of Foreign Affairs Igor Ivanov, Published in the Newspaper *Izvestia*, 10. Juni, S. 1-6. Online verfügbar unter http://www.mid.ru/brp_4.nsf/e78a48070f128a7b43256999005bcbb3/dd8 9a45b2e9ac1f743256bf300280f05?OpenDocument [letzter Zugriff am 6.1.2014].

Iwanow, Igor (2002d): What Kind of World Do We Need? *Newspaper Article* by Russian Foreign Minister Igor Ivanov, Published in *Kommersant-Daily*, 20. November, S. 1-3. Online verfügbar unter http://www.mid.ru/bdomp/brp_4.nsf/e78a48070f128a7b43256999005bcb b3/165f914fde7c99de43256c770042250b!OpenDocument [letzter Zugriff am 6.1.2014].

Iwanow, Sergej (2001): Global and Regional Security at the Beginning of the XXI Century. *Rede* des Sekretärs des Sicherheitsrates Russlands, Sergej B. Iwanow, auf der 37. Münchener Konferenz für Sicherheitspolitik, 3. Februar, S. 1-7. Online verfügbar unter http://www.glasnost.de/docs01/0102iwan.html [letzter Zugriff am 6.1.2014].

Iwanow, Sergej (2004a): International Security Issues in the Context of Russia-NATO Relations. *Speech* by Russian Minister of Defense Sergey Ivanov at the 40th Munich Security Conference, 6. Februar, S. 1-5. Online verfügbar unter http://www.mid.ru/Bl.nsf/arh/A484675B65509C69C3256E370034DDF1? OpenDocument [letzter Zugriff am 6.1.2014].

Iwanow, Sergej (2004b): The Armed Forces of Russia and its Geopolitical Priorities. *Article* of Russian Defense Minister Sergey Ivanov in the Journal *Russia in Global Politics*, S. 1-8. Online verfügbar unter http://www.mid.ru/Bl.nsf/arh/AD300DA29D3E73FDC3256E3E00343564 ?OpenDocument [letzter Zugriff am 6.1.2014].

Iwanow, Sergej (2005): Security in the Middle East. *Speech* by Russian Minister of Defense Sergey Ivanov at the 41st Munich Security Conference, S. 1-4. Online verfügbar unter http://www.worldsecuritynetwork.com/NATO-UN/Ivanov-Sergey/Security-in-the-Middle-EastRussian-Minister-of-Defense-Sergey-Ivanov [letzter Zugriff am 6.1.2014].

Iwanow, Sergej (2006): *Speech* at the 42nd Munich Conference on Security Policy, 5. Februar, S. 1-5. Online verfügbar unter http://www.ag-friedensforschung.de/themen/Sicherheitskonferenz/2006-iwanow.html [letzter Zugriff am 6.1.2014].

Lawrow, Sergej / Wang, Xuexian (1997): Russian-Chinese Joint Declaration on a Multipolar World and the Establishment of a New International Order, 23. April, Moskau. Online verfügbar unter http://www.fas.org/news/russia/1997/a52--153en.htm [letzter Zugriff am 6.1.2014].

Lawrow, Sergej (2005): Transcript of *Remarks* by Minister of Foreign Affairs Sergey Lavrov at MGIMO(U) on the Occasion of the New Academic Year, 1. September, Moskau, S. 1-4. Online verfügbar unter http://www.mid.ru/bdomp/brp_4.nsf/e78a48070f128a7b43256999005bcbb3/766dfa02ce753345c3257070003ffd47!OpenDocument [letzter Zugriff am 6.1.2014].

Lawrow, Sergej (2006a): *Address* by Sergei V. Lavrov the Minister of Foreign Affairs of the Russian Federation at the 61st session of the UN General Assembly, 21. September, New York, S. 1-6. Online verfügbar unter http://www.un.org/webcast/ga/61/pdfs/russian_federation-e.pdf [letzter Zugriff am 6.1.2014].

Lawrow, Sergej (2006b): 60 Years of Fulton: Lessons of the Cold War and our Time. *Article* by Russia's Minister of Foreign Affairs Sergei Lavrov, published by *Rossiiskaya Gazeta*, 6. März, S. 1-3. Online verfügbar unter

http://www.mid.ru/brp_4.nsf/sps/51338FC17DE32A5FC3257129004789
B1 [letzter Zugriff am 6.1.2014].

Lawrow, Sergej (2006c): The Rise of Asia and the Eastern Vector in Russian Foreign Policy. The Main Points of Russian Minister of Foreign Affairs Sergey Lavrov's *Article* Published in the Journal *Russia in Global Politics* No. 2, März-April, S. 1-6. Online verfügbar unter http://www.indonesia.mid.ru/ros_asia_e_3.html [letzter Zugriff am 6.1.2014].

Lawrow, Sergej (2006d): Transcript of *Address* by Minister of Foreign Affairs Sergey Lavrov at MGIMO University on Occasion of Start of New Academic Year, 1. September, Moskau, S. 1-4. Online verfügbar unter http://www.mid.ru/brp_4.nsf/e78a48070f128a7b43256999005bcbb3/2cb7c921a23c65c8c32571e0003bc530?OpenDocument [letzter Zugriff am 6.1.2014].

Lawrow, Sergej (2006e): Highlights of *Speech* by Russian Minister of Foreign Affairs Sergey Lavrov at a Meeting with Faculty of World Politics Students of Lomonosov Moscow State University, 11. Dezember, Moskau, S. 1-5. Online verfügbar unter http://www.mid.ru/bdomp/brp_4.nsf/e78a48070f128a7b43256999005bcbb3/0a36c5511edbc45bc32572420053e1c0!OpenDocument [letzter Zugriff am 6.1.2014].

Lawrow, Sergej (2006f): Transcript of *Remarks* and Replies to Media Questions by Russian Foreign Minister Sergey Lavrov at the Press Conference on the Results of the Activities of Russian Diplomacy, 20. Dezember, Moskau, S.1-11. Online verfügbar unter http://www.mid.ru/brp_4.nsf/itogi06/B8EE0EABC0E37AB4C325724B00579BDD [letzter Zugriff am 6.1.2014].

Lawrow, Sergej (2007a): Transcript of *Remarks* and Replies to Media Questions by Minister of Foreign Affairs Sergey Lavrov at the Seminar on the Occasion of the 200th Anniversary of the Establishment of Diplomatic Relations between Russia and the US, 21. Juni, Moskau, S. 1-6. Online

verfügbar unter
http://www.mid.ru/brp_4.nsf/0/6000D5F686519D95C3257 06002633D6
[letzter Zugriff am 6.1.2014].

Lawrow, Sergej (2007b): *Address* by Sergey V. Lavrov, Minister of Foreign Affairs of the Russian Federation at the 62nd Session of the UN General Assembly, 28. September, New York, S. 15-18. Online verfügbar unter http://daccess-dds-ny.un.org/doc/UNDOC/GEN/N07/521/21/PDF/N0752121.pdf?OpenElem ent [letzter Zugriff am 6.1.2014].

Lawrow, Sergej (2007c): The Foreign Policy Sovereignty of Russia – an Absolute Imperative. *Article* by Russian Minister of Foreign Affairs Sergey Lavrov, published in the Newspaper *Moskovskiye Novosti*, 18. Januar, S. 1-4. Online verfügbar unter http://www.indonesia.mid.ru/rus_fp_e_3.html [letzter Zugriff am 6.1.2014].

Lawrow, Sergej (2007d): The Role of Diplomacy in the Reinforcement and Development of Russian Statehood. Summary of a *Speech* by Russian Minister of Foreign Affairs, Sergey Lavrov at the Sources and Traditions of Russian Diplomacy Conference, 24. März, Moskau, S. 1-3. Online verfügbar unter http://www.chile.mid.ru/mre09/e07_083.html [letzter Zugriff am 6.1.2014].

Lawrow, Sergej (2007e): *Speech* by Russian Minister of Foreign Affairs Sergey Lavrov at MGIMO University on the Occasion of the Start of a New Academic Year, 3. September, Moskau, S. 1-5. Online verfügbar unter http://www.sras.org/sergey_lavrov_speaks_at_mgimo [letzter Zugriff am 6.1.2014].

Medwedew, Dimitri (2008a): *Annual Address* to the Federal Assembly of the Russian Federation, 5. November, Moskau, S. 1-15. Online verfügbar unter http://archive.kremlin.ru/eng/speeches/2008/11/05/2144_type70029type 82917type127286_208836.shtml [letzter Zugriff am 6.1.2014].

Meschkow, Alexej (2002): Topical Aspects of Russian Foreign Policy. *Article* of Russian Deputy Foreign Minister Alexei Meshkov, Published in *Mezhdunarodnaya Zhizn* Magazine, S. 1-4. Online verfügbar unter http://www.mid.ru/brp_4.nsf/e78a48070f128a7b43256999005bcbb3/b3b 2fd7507bb83d443256ba000377471?OpenDocument [letzter Zugriff am 6.1.2014].

Meschkow, Alexej (2003): Craftiness and Secrecy Are Now Outside Diplomacy. *Interview* Granted by Russia's Deputy Foreign Minister Alexei Meshkov to *Nezavisimaya Gazeta*, 10. Februar, S. 1-3. Online verfügbar unter www.mid.ru/brp_4.nsf/e78a48070f128a7b43256999005bcbb3/c541f5d7 5fe5c10443256cc90049813e?OpenDocument [letzter Zugriff am 6.1.2014].

Mitrowanowa, Eleonora (2003): Russia Takes Care of 'the Russian World' and Promotes Russian. *Interview* by Russian First Deputy Foreign Minister Eleonora Mitrofanova in the Magazine *Diplomat*, 12. Dezember, S. 1-2. Online verfügbar unter http://www.mid.ru/bdomp/brp_4.nsf/f68cd37b84711611c3256f6d005410 94/11e890a397ca54f4c3256e05004d4460!OpenDocument [letzter Zugriff am 6.1.2014].

Putin, Wladimir (2000a): *Annual Address* to the Federal Assembly of the Russian Federation, 8. Juli, Moskau, S. 1-10. Online verfügbar unter http://archive.kremlin.ru/eng/speeches/2000/07/08/0000_type70029type 82912_70658.shtml [letzter Zugriff am 6.1.2014].

Putin, Wladimir (2000b): The *Foreign Policy Concept* of the Russian Federation, S. 1-10. Online verfügbar unter http://www.fas.org/nuke/guide/russia/doctrine/econcept.htm [letzter Zugriff am 6.1.2014].

Putin, Wladimir (2000c): National *Security Concept* of the Russian Federation, S. 1-12. Online verfügbar unter http://www.mid.ru/bdomp/ns-osn-

doc.nsf/1e5f0de28fe77fdcc32575d900298676/36aba64ac09f737fc3257
5d9002bbf31!OpenDocument [letzter Zugriff am 6.1.2014].

Putin, Wladimir (2000d): Die *Militärdoktrin* der Russischen Föderation [Origi-
naltext der verwendeten Übersetzung des US-amerikanischen Informa-
tionsservice ausländischer Nachrichten: Russia's Military Doctrine 2000],
S. 1-24. Online verfügbar unter
http://igcc.ucsd.edu/assets/001/502378.pdf [letzter Zugriff am 6.1.2014].

Putin, Wladimir (2001a): *Annual Address* to the Federal Assembly of the
Russian Federation, 3. April, Moskau, S. 1-11. Online verfügbar unter
http://archive.kremlin.ru/eng/speeches/2001/04/03/0000_type70029type
82912_70660.shtml [letzter Zugriff am 6.1.2014].

Putin, Wladimir (2001b): Russian President Vladimir Putin *Interview* to German *ARD* Television Company, 19. September, Sotschi, S. 1-8. Online
verfügbar unter
http://www.mid.ru/bdomp/brp_4.nsf/f68cd37b84711611c3256f6d005410
94/0c81589342f914bf43256ad20041b18e!OpenDocument [letzter Zugriff am 6.1.2014].

Putin, Wladimir (2002): *Annual Address* to the Federal Assembly of the Russian Federation, 18. April, Moskau, S. 1-12. Online verfügbar unter
http://archive.kremlin.ru/eng/speeches/2002/04/18/0000_type70029type
82912_70662.shtml [letzter Zugriff am 6.1.2014].

Putin, Wladimir (2003a): *Annual Address* to the Federal Assembly of the
Russian Federation, 16. Mai, Moskau, S. 1-12. Online verfügbar unter
http://archive.kremlin.ru/eng/speeches/2003/05/16/0000_type70029type
82912_44692.shtml [letzter Zugriff am 6.1.2014].

Putin, Wladimir (2003b): *Address* by His Excellency, Mr. Vladimir V. Putin,
President of the Russian Federation, at the 58th Session of the UN General Assembly, 25. September, New York, S. 4-6. Online verfügbar unter
http://www.un.int/russia/statemnt/ga/58th/plenary/03_09_25.htm#english
[letzter Zugriff am 6.1.2014].

Putin, Wladimir (2003c): *Interview* to the American Newspaper *New York Times*, 4. Oktober, Nowo-Ogarjowo [Offizieller Amtssitz von Wladimir Putin], S. 1-12. Online verfügbar unter http://www.mid.ru/Bl.nsf/arh/5101C9EDDCDA246243256DB90040776A ?OpenDocument [letzter Zugriff am 6.1.2014].

Putin, Wladimir (2004a): *Annual Address* to the Federal Assembly of the Russian Federation, 26. Mai, Moskau, S. 1-12. Online verfügbar unter http://archive.kremlin.ru/eng/speeches/2004/05/26/1309_type70029type 82912_71650.shtml [letzter Zugriff am 6.1.2014].

Putin, Wladimir (2004b): *Press Conference* by President Vladimir Putin, 23. Dezember, Moskau, S. 1-27. Online verfügbar unter http://www.mid.ru/bdomp/brp_4.nsf/f68cd37b84711611c3256f6d005410 94/4fb0f1f9c0d53683c3256f740024dec4!OpenDocument [letzter Zugriff am 6.1.2014].

Putin, Wladimir (2004c): *Address* at the Plenary Session of the Russian Federation Ambassadors and Permanent Representatives Meeting, 12. Juli, Moskau, S. 1-3. Online verfügbar unter http://www.geneva.mid.ru/press/2004-04.html [letzter Zugriff am 6.1.2014].

Putin, Wladimir (2005a): *Annual Address* to the Federal Assembly of the Russian Federation, 25. April, Moskau, S. 1-10. Online verfügbar unter http://archive.kremlin.ru/eng/speeches/2005/04/25/2031_type70029type 82912_87086.shtml [letzter Zugriff am 6.1.2014].

Putin, Wladimir (2005b): *Interview* with German television channels *ARD* and *ZDF*, 5. Mai, S. 1-8. Online verfügbar unter http://archive.kremlin.ru/eng/text/speeches/2005/05/05/2355_type82912t ype82916_87597.shtml [letzter Zugriff am 6.1.2014].

Putin, Wladimir (2006a): *Annual Address* to the Federal Assembly, 10. Mai, Moskau, S. 1-12. Online verfügbar unter http://archive.kremlin.ru/eng/speeches/2006/05/10/1823_type70029type 82912_105566.shtml [letzter Zugriff am 6.1.2014].

Putin, Wladimir (2006b): A Major *Press Conference* Given by President Vladimir Putin for the Russian and Foreign Media, 31. Januar, Moskau, S. 1-33. Online verfügbar unter http://www.mid.ru/bdomp/brp_4.nsf/e78a48070f128a7b43256999005bcb b3/784a0038f85fda38c325710a002b086f!OpenDocument [letzter Zugriff am 6.1.2014].

Putin, Wladimir (2006c): Written *Interview* Given by President Vladimir Putin to Chinese News Agency *Xinhua*, 20. März, Peking, S. 1-4. Online verfügbar unter http://www.mid.ru/brp_4.nsf/0/A44281CF8CC69621C3257139004AEDD A [letzter Zugriff am 6.1.2014].

Putin, Wladimir (2007a): *Annual Address* to the Federal Assembly, 16. Mai, Moskau, S. 1-17. Online verfügbar unter http://archive.kremlin.ru/eng/speeches/2007/04/26/1209_type70029type 82912_125670.shtml [letzter Zugriff am 6.1.2014].

Putin, Wladimir (2007b): *Speech* and the Following Discussion of the President of the Russian Federation Vladimir V. Putin at the Munich Conference on Security Policy, 10. Februar, S. 1-12. Online verfügbar unter http://archive.kremlin.ru/eng/speeches/2007/02/10/0138_type82912type 82914type82917type84779_118123.shtml [letzter Zugriff am 6.1.2014].

b) Primärquellen – Fallbeispiele

Annan, Kofi (2000): Secretary-General Says ‚Six plus Two' Group Remains Essential Forum for Solution of Afghan Question, *Press Release*, United Nations Information Service, SG/2666, 18. September. Online verfügbar unter http://www.unis.unvienna.org/unis/pressrels/2000/sg2666.html [letzter Zugriff am 6.1.2014].

Außenministerium (2001): Russian MFA Official Spokesman Answers a *Question* from an ITAR-TASS Correspondent in Connection with G8 Leaders' Statement on Terrorism, 21. September. Online verfügbar unter http://www.mid.ru/bdomp/brp_4.nsf/e78a48070f128a7b43256999005bcb b3/3a551ab212e73d1543256ace0062479e!OpenDocument [letzter Zugriff am 6.1.2014].

Außenministerium (2008a): Russian MFA *Commentary* on Some Recent Remarks by the Georgian Side Concerning the Unsettled Conflicts, 27. Februar. Online verfügbar unter http://www.mid.ru/bdomp/brp_4.nsf/e78a48070f128a7b43256999005bcb b3/56b32f0ccd23a95cc32573fd00387acf!OpenDocument [letzter Zugriff am 6.1.2014].

Außenministerium (2008b): Russian Federation withdraws from Regime of Restrictions Established in 1996 for Abkhazia, *Press Release*, 6. März. Online verfügbar unter http://www.mid.ru/brp_4.nsf/sps/79C58F476CAEC4E8C3257404005893 4C [letzter Zugriff am 6.1.2014].

Außenministerium (2008c): Russian MFA Information and Press Department *Commentary* Regarding Implementation of the Medvedev-Sarkozy Plan, 1. September. Online verfügbar unter http://www.mid.ru/BDOMP/Brp_4.nsf/arh/170AA7CEA77E7EFBC32574 B70059F7D4?OpenDocument [letzter Zugriff am 6.1.2014].

Außenministerium (2008d): The Russian President's Instructions to the Russian Federation Government with Regard to Abkhazia and South Ossetia, *Press Release*, 16. April. Online verfügbar unter http://www.mid.ru/brp_4.nsf/0/B75734BAC2796EFBC325742D005A6F7 C [letzter Zugriff am 6.1.2014].

Außenministerium (2008e): On the Reply of President of the [sic!] Russia Vladimir Putin to the Messages of President of Abkhazia Sergey Bagapsh and President of South Ossetia Eduard Kokoity, *Press Release*, 3. April. Online verfügbar unter http://www.mid.ru/brp_4.nsf/sps/AF03C091EE962106C3257424002C14 27 [letzter Zugriff am 6.1.2014].

Außenministerium (2008f): *Statement* by Russian MFA Spokesman Andrei Nesterenko in Connection with Tbilisi Proposals to Change Format of Peacekeeping Operation in Georgian-Abkhaz Zone of Conflict, 17. Juni. Online verfügbar unter http://www.mid.ru/brp_4.nsf/e78a48070f128a7b43256999005bcbb3/d94 2869fb8cae306c325746c002a9a56?OpenDocument [letzter Zugriff am 6.1.2014].

Außenministerium (2008g): Discussion of Problems Relating to Georgian-Abkhaz Conflict in OSCE, *Press Release*, 17. Juni. Online verfügbar unter http://www.mid.ru/brp_4.nsf/0/323AABF202574AB8C325746C002A40C 1 [letzter Zugriff am 6.1.2014].

Außenministerium (2008h): *Statement* by Russia's Ministry of Foreign Affairs on Kosovo, 17. Februar. Online verfügbar unter http://www.mid.ru/brp_4.nsf/sps/041C5AF46913D38AC32573F30027B3 80 [letzter Zugriff am 6.1.2014].

Außenministerium (2008j): Russian MFA Information and Press Department Commentary Regarding the Shooting Down of a Georgian Spy Plane in the Georgian-Abkhaz Zone of Conflict, *Press Release*, 29. April. Online verfügbar unter

242 JOHANN ZAJACZKOWSKI

http://www.mid.ru/bdomp/brp_4.nsf/e78a48070f128a7b43256999005bcb
b3/ea78fd5cbe093fdcc325743b0030e5b2!OpenDocument [letzter Zugriff
am 6.1.2014].

Außenministerium (2008k): *Statement* of the Russian Ministry of Foreign Affairs, 18. August. Online verfügbar unter
http://www.mid.ru/brp_4.nsf/0/DD0D2B5DBDE68C8AC32574AA002F51
C5 [letzter Zugriff am 6.1.2014].

Außenministerium (2008m): *Statement* of the Russian Ministry of Foreign Affairs Concerning the Exacerbation of the Situation in the Georgian-
Abkhaz and Georgian-Ossetian Zones of Conflict, 9. Juli. Online verfügbar unter
http://www.mid.ru/brp_4.nsf/e78a48070f128a7b43256999005bcbb3/a10
531422081eb8fc32571ea0021c9ec?OpenDocument [letzter Zugriff am
6.1.2014].

Außenministerium (2008n): Russian MFA Information and Press Department
Commentary Regarding Statements of the Georgian Side, 18. August.
Online verfügbar unter
http://www.mid.ru/brp_4.nsf/0/0CDA8915A582B8E5C32574AA0038527
7 [letzter Zugriff am 6.1.2014].

Außenministerium (2008p): *Statement* by Russian Minister of Foreign Affairs
Sergey Lavrov at Press Conference for Russian and Foreign Media in
Connection with the Situation in South Ossetia, 8. August. Online verfügbar unter
http://www.mid.ru/brp_4.nsf/0/51C36F4C57FE3900C32574A200465B75
[letzter Zugriff am 6.1.2014].

Außenministerium (2008s): Russian MFA Information and Press Department
Commentary Certain Facts about Tbilisi's Policy, 29. April. Online verfügbar unter
http://www.mid.ru/bdomp/brp_4.nsf/e78a48070f128a7b43256999005bcb
b3/ea78fd5cbe093fdcc325743b0030e5b2!OpenDocument [letzter Zugriff
am 6.1.2014].

Außenministerium (2008t): Russian MFA Information and Press Department *Commentary* Concerning the Situation in South Ossetia, 10. Juli. Online verfügbar unter http://www.un.int/russia/new/MainRoot/docs/off_news/100708/newen3.ht m [letzter Zugriff am 6.1.2014].

Außenministerium (2008u): *Statement* on the Situation in South Ossetia, 8. August. Online verfügbar unter http://archive.kremlin.ru/eng/speeches/2008/08/08/1553_type82912type 82913_205032.shtml [letzter Zugriff am 6.1.2014].

Auswärtiges Amt (2011): Staatsminister Hoyer begrüßt Einigung zwischen EU und Russland über WTO-Beitritt, *Pressemitteilung*, 25. Oktober. Online verfügbar unter http://www.auswaertiges-amt.de/DE/Infoservice/Presse/Meldungen/2011/111025-WTO_RUS.html [letzter Zugriff am 6.1.2014].

Auswärtiges Amt (2013): *Vertrag* über die Nichtverbreitung von Atomwaffen (NVV). Online verfügbar unter http://www.auswaertiges-amt.de/DE/Aussenpolitik/Friedenspolitik/Abruestung/Nukleares/NVV_no de.html [letzter Zugriff am 6.1.2014].

Bush, George W. (2001): *Address to the Nation*, 20. September, Washington, DC. Online verfügbar unter http://www.presidentialrhetoric.com/speeches/09.20.01.html [letzter Zugriff am 6.1.2014].

Bush, George W. (2001b): Jetzt werden die Taliban den Preis zahlen. *Rede* des Präsidenten der Vereinigten Staaten George W. Bush, 7. Oktober. Online verfügbar unter http://www.faz.net/aktuell/politik/dokumentation-bush-jetzt-werden-die-taliban-den-preis-zahlen-139068.html [letzter Zugriff am 9.1.2014].

Department of Defense (2002): *Fact Sheet*. International Contributions to the War Against Terrorism, 7. Juni [zuletzt überarbeitet am 14. Juni]. Online verfügbar unter http://www.defense.gov/news/jun2002/d20020607contributions.pdf [letzter Zugriff am 6.1.2014].

Department of Peacekeeping Operations Cartographic Section (ohne Datum): Politische *Karte* Georgiens. Online verfügbar unter http://www.un.org/Depts/Cartographic/map/profile/georgia.pdf [letzter Zugriff am 7.1.2014].

Europarat (2008): The Consequences of the War between Georgia and Russia, *Resolution 1633* (2008). Online verfügbar unter http://assembly.coe.int/Mainf.asp?link=/Documents/AdoptedText/ta08/E RES1633.htm [letzter Zugriff am 6.1.2014].

Gemeinsame Erklärung (2003): Irak-Krise. *Gemeinsame Erklärung* von Russland, Deutschland und Frankreich, Presse- und Informationsamt der Bundesregierung, 5. März. Online verfügbar unter http://archive.is/aygjV [letzter Zugriff am 6.1.2014].

Gruschko, Alexander (2008): *Interview* of Russian Deputy Minister of Foreign Alexander Grushko on the Situation Surrounding the Georgian-South Ossetian Conflict, Published in the Newspaper *Vremya Novostei*, 15. August. Online verfügbar unter http://www.mid.ru/brp_4.nsf/e78a48070f128a7b43256999005bcbb3/d8b 231594625d3d0c32574a9003d9086?OpenDocument [letzter Zugriff am 6.1.2014].

Iwanow, Igor (2001b): Transcript of *Statement* by Russian Foreign Minister Igor Ivanov on the Results with His Meeting with US President George Bush, 19. September. Online verfügbar unter http://www.mid.ru/bdomp/brp_4.nsf/e78a48070f128a7b43256999005bcb b3/78985760deef75c643256acd00616db0!OpenDocument [letzter Zugriff am 6.1.2014].

Iwanow, Igor (2002a): Russia and Afghan Settlement. *Article* of Russian Minister of Foreign Affairs Igor Ivanov in the Newspaper *Moskovskiye Novosti*, 30. April. Online verfügbar unter http://www.mid.ru/bdomp/brp_4.nsf/e78a48070f128a7b43256999005bcb

b3/45b7db3b0a6c468343256bab0058a136!OpenDocument [letzter Zugriff am 6.1.2014].

Iwanow, Igor (2003): New Threats and Challenges: The Priorities of Russia.
Article of Russian Minister of Foreign Affairs Igor Ivanov, Published in
the Newspaper *Rossiiskaya Gazeta*, 25. März. Online verfügbar unter
http://www.mid.ru/brp_4.nsf/e78a48070f128a7b43256999005bcbb3/e6a
2c53d0d94265743256cf5002f1f6f?OpenDocument [letzter Zugriff am
6.1.2014].

Iwanow, Sergej (2003): *Keynote Speech* by Mr. Sergey B.Iwanow, Minister of
Defense of the Russian Federation, at the 39th Munich Conference on
Security Policy, 8. Februar, S. 1-5. Online verfügbar unter
http://www.mid.ru/Bl.nsf/arh/A2264F1534FE57BB43256CCD0036A2EF?
OpenDocument [letzter Zugriff am 6.1.2014].

Jakowenko, Alexander (2002a): Alexander Yakovenko, the Official Spokesman of Russia's Ministry of Foreign Affairs, Answers a Question from
Russian Media Concerning Reports on American Media about US Military Cargo Transit to Afghanistan, 4. November. Online verfügbar unter
http://www.mid.ru/brp_4.nsf/e78a48070f128a7b43256999005bcbb3/699
64677c98f358243256c6800421059?OpenDocument [letzter Zugriff am
6.1.2014].

Jakowenko, Alexander (2002b): *RIA Novosti Interview* by Alexander Yakovenko, the Official Spokesman for the Russian Foreign Ministry, in Connection with the Forthcoming Session of the Russo-American Anti-
Terrorist Group, 22. Juli. Online verfügbar unter
http://www.mid.ru/brp_4.nsf/e78a48070f128a7b43256999005bcbb3/1bd
a741f6c1f18e943256bfe005469d7?OpenDocument [letzter Zugriff am
6.1.2014].

Jelzin, Boris (1998): On the Fight against Terrorism. Russian Federation
Federal Law No. 130-FZ, 25. Juli. Online verfügbar unter
https://www.fas.org/irp/world/russia/docs/law_980725.htm [letzter Zugriff
am 6.1.2014].

Jelzin, Boris (1999): Über die Regierungspolitik der Russischen Föderation gegenüber den Landsmännern im Ausland, *Bundesgesetz der Russischen Föderation* Nr 99-F3, 224. [о государственной политике российской федерации в отношении соотечественников за рубежом, Федеральный закон Российской Федерации]. Online verfügbar unter http://rs.gov.ru/node/658 [letzter Zugriff am 6.1.2014].

Lawrow, Sergej (2001): *Statement* by Ambassador Sergei Lavrov, the Permanent Representative of the Russian Federation to the United Nations, at the Security Council Meeting, 12. September, Moskau. Online verfügbar unter http://www.mid.ru/bdomp/brp_4.nsf/e78a48070f128a7b43256999005bcb b3/ec30935cbf2ee7ff43256ac70040375a!OpenDocument [letzter Zugriff am 6.1.2014].

Lawrow, Sergej (2003): *Statement* by Sergei Lavrov, Russia's Permanent Representative to the United Nations, at the Security Council Meeting on Afghanistan, 17. Juni, New York. Online verfügbar unter http://www.mid.ru/brp_4.nsf/e78a48070f128a7b43256999005bcbb3/9feb d1445f67075843256d4a005a85c7?OpenDocument [letzter Zugriff am 6.1.2014].

Lawrow, Sergej (2008a): *Address* by Sergey V. Lavrov, Foreign Minister of the Russian Federation, at the 63rd Session of the UN General Assembly, 27. September, New York. Online verfügbar unter http://www.mid.ru/brp_4.nsf/e78a48070f128a7b43256999005bcbb3/4fffd 1ed4cbfe51bc32574d30022ea5c?OpenDocument [letzter Zugriff am 6.1.2014].

Lawrow, Sergej (2008b): Transcript of *Speech* by Russian Minister of Foreign Affairs Sergey Lavrov at the Foreign Ministry's MGIMO University on the Occasion of the New Academic Year, 1. September, Moskau. Online verfügbar unter http://www.indonesia.mid.ru/rus_fp_e_15.html [letzter Zugriff am 6.1.2014].

Lawrow, Sergej (2008c): Transcript of Remarks and Response to Media Questions by Minister of Foreign Affairs of the Russian Federation Sergey Lavrov at Joint *Press Conference* with President of the Republic of South Ossetia Eduard Kokoity, 15. September, Zchinwali. Online verfügbar unter http://www.mid.ru/brp_4.nsf/e78a48070f128a7b43256999005bcbb3/142 9cfe0ae4abef1c3257523003f9e28?OpenDocument [letzter Zugriff am 6.1.2014].

Lawrow, Sergej (2008d): *Interview* by Minister of Foreign Affaires [sic!] of the Russian Federation Sergey Lavrov on *BBC*, 9. August, Moskau. Online verfügbar unter http://www.mid.ru/brp_4.nsf/0/F87A3FB7A7F669EBC32574A100262597 [letzter Zugriff am 6.1.2014].

Lawrow, Sergej (2008e): Transcript of Response to Questions from Russian and Abkhaz Media by Russian Minister of Foreign Affairs Sergey Lavrov, 14. September, Sochumi. Online verfügbar unter http://www.mid.ru/brp_4.nsf/sps/3A07AC036ECA0D20C32574C60033A 90A [letzter Zugriff am 6.1.2014].

Lobatsch, Dimitri (2002): *Statement* by Dmitry Lobach, Russia's Representative, on Item 160 on the Agenda of the 57th UN General Assembly Session, Measures to Liquidate International Terrorism, 2. Oktober, New York. Online verfügbar unter http://www.ghana.mid.ru/nfr10.html [letzter Zugriff am 6.1.2014].

Medwedew, Dimitri (2008b): Transcript of the *Meeting* with the Participants in the International Club Valdai, 12. September, Moskau. Online verfügbar unter http://archive.kremlin.ru/eng/speeches/2008/09/12/1644_type82912type 82917type84779_206409.shtml [letzter Zugriff am 6.1.2014].

Medwedew, Dimitri (2008c): Dmitry Medvedev Met with Defence Minister Anatoly Serdyukov and the Chief of General Staff of the Armed Forces of Russia Nikolai Makarov, 9. August, Moskau. Online verfügbar unter http://www.mid.ru/brp_4.nsf/.../107843F30F4950FBC32574A20040EA60 [letzter Zugriff am 6.1.2014].

Medwedew, Dimitri (2008d): Beginning of Working Meeting with Chairman of the Russian Federation Prosecutor General's Office Committee of Inquiry Alexander Bastrykin, 10. August, Gorki. Online verfügbar unter http://archive.kremlin.ru/eng/speeches/2008/08/10/2007_type82912type 82913_205092.shtml [letzter Zugriff am 6.1.2014].

Medwedew, Dimitri (2008e): Dmitry Medvedev met with Defence Minister Anatoly Serdyukov and Chief of Armed Forces General Staff Nikolai Makarov, 12. August, Moskau. Online verfügbar unter http://www.mid.ru/brp_4.nsf/0/14591C1D3B36641BC32574A30040B759 [letzter Zugriff am 6.1.2014].

Medwedew, Dimitri (2008f): *Interview* with *BBC* Television, 26. August, Sotschi. Online verfügbar unter http://www.mid.ru/brp_4.nsf/e78a48070f128a7b43256999005bcbb3/370 5d761711f0f26c32574b20022cf83?OpenDocument [letzter Zugriff am 6.1.2014].

Medwedew, Dimitri (2008g): *Interview* Given by Dmitry Medvedev to Television Channels *Channel One, Rossia* [sic!], *NTV*. Online verfügbar unter http://archive.kremlin.ru/eng/text/speeches/2008/08/31/1850_type82912t ype82916_206003.shtml [letzter Zugriff am 6.1.2014].

Ministry of Finance (2009): Islamic Republic of Afghanistan – Ministry of Finance: Donor Financial Review, *Report* 1388, November. Online verfügbar unter http://www.undp.org.af/Publications/KeyDocuments/Donor%27sFinancia lReview%20ReportNov2009.pdf [letzter Zugriff am 6.1.2014].

NATO (1949): North Atlantic Treaty Organisation. *Nordatlantikvertrag*. Erlassen am 4. April 1949 in Washington DC. Online verfügbar unter http://www.rk19-bielefeld-mitte.de/info/Recht/NATO/NATO-Vertrag/Nordatlantikvertrag.htm [letzter Zugriff am 6.1.2014].

NATO/RF (1997): *Founding Act* on Mutual Relations, Cooperation and Security between NATO and the Russian Federation, 27. Mai, Paris. Online verfügbar unter http://www.nato.int/cps/en/natolive/official_texts_25468.htm [letzter Zugriff am 6.1.2014].

NATO (2006): NATO Transformation in Focus at Portorož Meeting. NATO *Update*, 29. September. Online verfügbar unter http://www.nato.int/docu/update/2006/09-september/e0927a.htm [letzter Zugriff am 6.1.2014].

NATO (2008): Bucharest Summit *Declaration*. Issued by the Heads of State and Government participating in the Meeting of the North Atlantic Council in Bucharest, 3. April. Online verfügbar unter http://www.nato.int/cps/en/natolive/official_texts_8443.htm [letzter Zugriff am 6.1.2014].

Putin, Wladimir (2001c): *Statement* by President Vladimir Putin of Russia, 24. September, Moskau. Online verfügbar unter http://reliefweb.int/report/afghanistan/afghanistan-statement-president-vladimir-putin-russia-moscow-sep-24-2001 [letzter Zugriff am 6.1.2014].

Putin, Wladimir (2001d): *Statement* by President Putin of Russia on the Terrorist Acts in the US, 12. September, Moskau. Online verfügbar unter http://www.invest2russia.com/usrus.html [letzter Zugriff am 6.1.2014].

Putin, Wladimir (2001e): On Russian President Vladimir Putin's *Telegram of Condolence* to US President George Bush, 12. September, Moskau. Online verfügbar unter http://www.invest2russia.com/usrus.html [letzter Zugriff am 6.1.2014].

Putin, Wladimir (2005c): Beginning of the Meeting with the President of Serbia, Boris Tadic, 15. November, Moskau. Online verfügbar unter http://archive.kremlin.ru/eng/speeches/2005/11/15/2212_type82914_97205.shtml [letzter Zugriff am 6.1.2014].

Putin, Wladimir (2008): *CNN Interview* with Vladimir Putin, 29. August. Online verfügbar unter http://edition.cnn.com/2008/WORLD/europe/08/29/putin.transcript/ [letzter Zugriff am 6.1.2014].

Russische Verfassung (1993): Конституция российской федерации [*Verfassung* der Russischen Föderation]. Online verfügbar unter http://www.constitution.ru/10003000/10003000-6.htm [letzter Zugriff am 6.1.2014].

SOZ (2008): Joint *Communique* of Meeting of SCO Heads of State Council, 28. August. Online verfügbar unter http://www.ag-friedensforschung.de/themen/SOZ/2008.html [letzter Zugriff am 6.1.2014].

Security Council Report (2008): *Update Report* No.2: Georgia, 12. August. Online verfügbar unter http://www.securitycouncilreport.org/update-report/lookup-c-glKWLeMTIsG-b-4423477.php [letzter Zugriff am 6.1.2014].

Solana, Javier (2003): Ein sicheres Europa in einer besseren Welt. Europäische *Sicherheitsstrategie*, Brüssel, 12. Dezember. Online verfügbar unter http://www.consilium.europa.eu/uedocs/cmsUpload/031208ESSIIDE.pdf [letzter Zugriff am 6.1.2014].

Tschischkow, Wladimir (2012): Integration is No Reason for Confrontation: The Eurasian Integration Effort Runs Counter to neither WTO Standards nor the Integration Parameters Accepted in Western Europe, 26. Januar. Online verfügbar unter http://rbth.co.uk/articles/2012/06/26/integration_is_no_reason_for_confrontation_15985.html [letzter Zugriff am 6.1.2014].

Tschurkin, Vitali (2008): Security Council Holds Third Emergency Meeting as South Ossetia Conflict Intensifies, Expands to other Parts of Georgia, 10. August. Online verfügbar unter http://www.un.org/News/Press/docs/2008/sc9419.doc.htm [letzter Zugriff am 6.1.2014].

United Nations (1970): *Declaration* on Principles of International Law concerning Friendly Relations and Co-operation among States in Accordance with the Charter of the United Nations, Resolution Adopted by the General Assembly at its Twenty-fifth Session, 24. Oktober. Online verfügbar unter http://www.un-documents.net/a25r2625.htm [letzter Zugriff am 6.1.2014].

United Nations (1999): United Nations Security Council *Resolution 1269*, Adopted by the Security Council at its 3053rd Meeting, 19. Oktober, New York. Online verfügbar unter http://www.un.org/docs/scres/1999/sc99.htm [letzter Zugriff am 6.1.2014].

United Nations (2000): United Nations Mission on Tajikistan (UNMOT) – *Background*. Online verfügbar unter http://www.un.org/Depts/DPKO/Missions/unmot/UnmotB.htm [letzter Zugriff am 6.1.2014].

United Nations (2001a): United Nations Security Council *Resolution 1368*, Adopted by the Security Council at its 4370th Meeting, 12. September. Online verfügbar unter http://daccess-dds-ny.un.org/doc/UNDOC/GEN/N01/533/82/PDF/N0153382.pdf?OpenElement [letzter Zugriff am 6.1.2014].

United Nations (2001b): United Nations Security Council *Resolution 1373*, Adopted by the Security Council at its 4385th Meeting, 28. September. Online verfügbar unter http://www.poa-iss.org/CASAUpload/Members/Documents/19@SC%20Resolutions.pdf [letzter Zugriff am 6.1.2014].

United Nations (2001c): Resolutionen und Beschlüsse des Sicherheitsrats vom 1. Januar 2001 bis 31. Juli 2002, *Resolution 1378*, 14. November. Online verfügbar unter http://www.bundeswehrmonitoring.de/fileadmin/user_upload/media/SR1378-1383-1386.pdf [letzter Zugriff am 6.1.2014].

United Nations (2005): United Nations General Assembly, *World Summit Outcome*, Adopted at the 60th Session of the United Nations General Assembly, 15. September. Online verfügbar unter http://www.who.int/hiv/universalaccess2010/worldsummit.pdf [letzter Zugriff am 6.1.2014].

United Nations (2008a): United Nations Security Council *Resolution 1808*, Adopted by the Security Council at its 5866th Meeting, 15. April. Online verfügbar unter http://unscr.com/en/resolutions/doc/1808 [letzter Zugriff am 6.1.2014].

United Nations (2008b): United Nations Peacekeeping: Troop and Police Contributors *Archive* (1990 – 2012). Online verfügbar unter http://www.un.org/en/peacekeeping/resources/statistics/contributors_arc hive.shtml [letzter Zugriff am 6.1.2014].

UNOMIG (2008): *Report* of UNOMIG on the Incident of 20 April Involving the Downing of a Georgian Unmanned Aerial Vehicle Over the Zone of Conflict. Online verfügbar unter http://globe.blogs.nouvelobs.com/media/01/02/cf530afbef0fb6f30582442 8f6c83509.pdf [letzter Zugriff am 6.1.2014].

Working Group (2001): Attack on America, U.S.-Russian Working Group on Afghanistan Joint *Statement*, 19. September. Online verfügbar unter http://avalon.law.yale.edu/sept11/state_016.asp [letzter Zugriff am 6.1.2014].

Working Group (2002): Joint *Press Statement* of the Russian-American Working Group on Afghanistan, 26. April. Online verfügbar unter http://www.bits.de/NRANEU/Central%20Asia/Joint%20Statement%20US -Russia%20Working%20Group.html [letzter Zugriff am 6.1.2014].

c) Sekundärquellen

Adigbuo, Richard (2007): Beyond IR Theories: The Case for National Role Conceptions, in: Politikon: South African Journal of Political Studies, Jg. 34, H. 1, S. 83-97.

Adomeit, Hannes / Reisinger, Heidi (2003): Militärische Macht und politischer Einfluss, in: Alexandrova, Olga / Götz, Roland / Halbach, Uwe (Hg.): Rußland und der postsowjetische Raum. Internationale Politik und Sicherheit, Nr. 54, Baden-Baden: Nomos Verlagsgesellschaft, S. 149-174.

Adomeit, Hannes (2007a): Militärmacht und Waffenexporte: „Großmacht"-Attribute oder rostende Restbestände?, in: Stiftung Wissenschaft und Politik, Deutsche Gesellschaft für Osteuropakunde und Konrad-Adenauer-Stiftung (2007): Russland in der internationalen Politik – Rückkehr einer Großmacht?, Gemeinsame Konferenz, S. 11-17.

Adomeit, Hannes (2007b): Inside or Outside? Russia's Policies Towards NATO, Paper Delivered to the Annual Conference of the Centre for Russian Studies at the Norwegian Institute of International Affairs (NUPI) on ‚The Multilateral Dimension in Russian Foreign Policy', 12.-13. Oktober 2006, Oslo. Online verfügbar unter http://www.swp-berlin.org/fileadmin/contents/products/arbeitspapiere/NATO_Oslo_ks.pdf [letzter Zugriff am 29.12.2013].

Adomeit, Hannes (2012): Russlands Politik in Osteuropa: Konkurrenz und Konflikte mit der europäischen Union, Sozialwissenschaftliche Schriftenreihe, Internationales Institut für Liberale Politik, Wien. Online verfügbar unter http://www.iilp.at/publikationen/reihe_studien/russlands_politik_in_osteur opa__konkurrenz_und_konflikte_mit_der_europaeischen_union--389.html [letzter Zugriff am 29.12.2013].

Aggestam, Lisbeth (1999): Role Conceptions and the Politics of Identity in Foreign Policy, ARENA Working Papers, 99/8. Online verfügbar unter http://www.sv.uio.no/arena/english/research/publications/arenapublications/workingpapers/working-papers1999/wp99_8.htm   [letzter Zugriff am 29.12.2013].

Alexandrova, Olga (2003): Rußlands Außenpolitik gegenüber dem postsowjetischen Raum, in: Alexandrova, Olga / Götz, Roland / Halbach, Uwe (Hg.): Rußland und der postsowjetische Raum. Internationale Politik und Sicherheit, Nr. 54, Baden-Baden: Nomos Verlagsgesellschaft, S. 15-30.

Alexandrova, Olga / Götz, Roland / Halbach, Uwe (2003): Rußland und der postsowjetische Raum. Internationale Politik und Sicherheit, Nr. 54, Baden-Baden: Nomos Verlagsgesellschaft.

Alexejew, Michail (2002): Chechnya: 9/11, the Moscow Hostage Crisis, and Opportunity for Political Settlement, PONARS Policy Memo, Nr. 250. Online   verfügbar   unter http://www.ponarseurasia.org/sites/default/files/policy-memos-pdf/pm_0250.pdf [letzter Zugriff am 29.12.2013].

Allison, Roy (2008): Russia Resurgent? Moscow's Campaign to ‚Coerce Georgia to Peace', in: International Affairs, Jg. 84, H. 6, S. 1145-1171.

Allison, Roy (2009): The Russian Case for Military Intervention in Georgia: International Law, Norms and Political Calculation, in: European Security, Jg. 18, H. 2, S. 173-200.

Allison, Roy (2013): Russia, the West, and Military Intervention. Oxford: University Press.

Ambrosio, Thomas (2003): From Balancer to Ally? Russo-American Relations in the Wake of 11 September, in: Contemporary Security Policy, Jg. 28, H. 2, S. 1-28.

Antonenko, Oksana (2008): A War with No Winners, in: Survival, Jg. 50, H. 5, S. 23-36.

Averre, Derek (2009): From Pristina to Tskhinvali: the Legacy of Operation Allied Force in Russia's Relations with the West, in: International Affairs, Jg. 85, H. 3, S. 575-591.

Bajew, Pawel (2000): Will Russia Go for a Military Victory in Chechnya?, Conflict Studies Research Centre, Occasional Brief, Nr. 74. Online verfügbar unter http://www.ponarseurasia.org/sites/default/files/policy-memos-pdf/pm_0107.pdf [letzter Zugriff am 29.12.2013].

Ball, Gregory (ohne Jahr): U.S. Air Force Fact Sheet: Operation Enduring Freedom. Air Force Historical Studies Office, Joint Base Anacostia Bolling, Washington D.C. Online verfügbar unter http://www.afhso.af.mil/topics/factsheets/factsheet_print.asp?fsID=1863 4&page=1 [letzter Zugriff am 29.12.2013].

Baschanow, Jewgeni (1999): Russia's Changing Foreign Policy (1991-1997), in: Vyslonzil, Elisabeth / Leifer, Paul (Hg.): Russland – Sowjetunion – Russland: Hundert Jahre russische Außenpolitik, Frankfurt (Main): Peter Lang Europäischer Verlag der Wissenschaften, S. 153-170.

Bendiek, Annegret / Schwarzer, Daniela (2008): Die Südkaukasuspolitik der EU unter französischer Ratspräsidentschaft: Zwischen Konsultation, Kooperation und Konfrontation, in: Schröder, Hans-Henning (Hg.): Die Kaukasus-Krise. Internationale Perzeptionen und Konsequenzen für die deutsche und europäische Politik. SWP-Studie, Nr. 25, Stiftung Wissenschaft und Politik. Deutsches Institut für Internationale Politik und Sicherheit, Berlin, S. 37-42.

Beneš, Vit (2011): Role Theory: A Conceptual Framework for the Constructivist Foreign Policy Analysis?, Paper Prepared for the Third Global International Studies Conference ‚World Crisis. Revolution or Evolution in the International Community?', 17.-20. August 2011, University of Porto, Portugal. Online verfügbar unter http://www.wiscnetwork.org/porto2011/papers/WISC_2011-768.pdf [letzter Zugriff am 29.12.2013].

Blandy, Charles W. (2005): North Caucasus: On the Brink of Far-Reaching Destabilisation, Conflict Studies Research Centre, Caucasus Series, Nr. 36. Online verfügbar unter http://www.isn.ethz.ch/Digital-

Library/Publications/Detail/?ots591=0c54e3b3-1e9c-be1e-2c24-a6a8c7060233&lng=en&id=87532 [letzter Zugriff am 29.12.2013].

Bodenstein, Thilo (2001): Vetospieler in Krisenentscheidungen. Eine Analyse der Entscheidungsprozesse zum Afghanistan- und Tschetschenienkonflikt, in: Zeitschrift für Internationale Beziehungen, Jg. 8, H. 1, S. 41-72.

Bogomolov, Alexander / Litwinenko, Oleksandr (2012): A Ghost in the Mirror: Russian Soft Power in the Ukraine, Chatham House Briefing Paper. Online verfügbar unter http://www.chathamhouse.org/sites/default/files/public/Research/Russia%20and%20Eurasia/0112bp_bogomolov_lytvynenko.pdf [letzter Zugriff am 29.12.2013].

Borcke, Astrid von (1998): Rußland und der Krisenherd Afghanistan 1991-1997, Berichte des Bundesinstituts für ostwissenschaftliche und internationale Studien 1998, Nr. 2.

Breuning, Marijke (2011): Role Theory Research in International Relations: State of the Art and Blind Spots, in: Harnisch, Sebastian / Frank, Cornelia / Maull, Hanns W. (Hg.): Role Theory in International Relations: Approaches and Analyses, New York: Routledge (Routledge Advances in International Relations and Global Politics, Nr. 90), S. 16-35.

Brzoska, Michael / Heller, Regina / König, Marietta / Kreikemeyer, Anna / Kroptcheva, Elena / Mutz, Reinhard / Schlichting, Ursel / Zellner, Wolfgang (2008): Der Kaukasuskrieg 2008. Ein regionaler Konflikt mit internationalen Folgen. Eine Stellungnahme aus dem Institut für Friedensforschung und Sicherheitspolitik. Hamburger Informationen zur Friedensforschung und Sicherheitspolitik, Nr. 45. Online verfügbar unter http://www.ifsh.de/pdf/publikationen/hifs/HI45.pdf [letzter Zugriff am 29.12.2013].

Buzan, Barry / Waever, Ole / Wilde, Jaap de (1998): Security: A New Framework for Analysis, London: Boulder CO.

Central Intelligence Agency (2012): The World Factbook. Country Comparison: Investment (Gross Fixed). Online verfügbar unter https://www.cia.gov/library/publications/the-world-factbook/rankorder/2185rank.html [letzter Zugriff am 29.12.2013].

Central Intelligence Agency (2013): The World Factbook. Central Asia: Russia. Online verfügbar unter https://www.cia.gov/library/publications/the-world-factbook/geos/rs.html [letzter Zugriff am 29.12.2013].

Chafetz, Glenn (1996): The Struggle for a National Identity in Post-Soviet Russia, in: Political Science Quarterly, Jg. 111, H. 4, S. 661-688.

Chenoy, Anuradha M. (2001): 11 September and After: The Russian and Central Asian Response, in: India Quarterly: A Journal of International Affairs, Jg. 57, H. 3, S. 149-160.

Cohen, Ariel (2002): Russia, Islam, and the War on Terrorism: An Uneasy Future, in: Demokratizatsiya, Jg. 10, H. 4, S. 556-567.

Conetta, Carl (2002): Strange Victory: A Critical Appraisal of Operation Enduring Freedom and the Afghanistan War. Project on Defense Alternatives, Research Monograph, Nr. 6, Commonwealth Institute, Cambridge, MA. Online verfügbar unter http://www.comw.org/pda/0201strangevic.html [letzter Zugriff am 29.12.2013].

Cooley, Alexander / Mitchell, Lincoln A. (2010): Engagement without Recognition: A New Strategy towards Abkhazia and Eurasia's Unrecognized States, in: The Washington Quartely, Jg. 33, H. 4, S. 59-73.

Cornell, Svante E. / Popjanewski, Johanna / Nilsson, Niklas (2008): Russia's War in Georgia: Causes and Implications for Georgia and the World, Policy Paper 2008, Central Asia – Caucasus Institute & Silk Road Studies Program. Online verfügbar unter http://www.silkroadstudies.org/new/docs/silkroadpapers/0808Georgia-PP.pdf [letzter Zugriff am 29.12.2013].

Ditrych, Ondrej (2008): Identities, Interests and the Resolution of the Abkhaz Conflict, in: Caucasian Review of International Affairs, Jg. 2, H. 3, S. 112-123.

Dwan, Renata / Papworth, Thomas / Wiharta, Sharon (2002): Multilateral Peace Missions: The International Security Assistance Force in Afghanistan, in: Rotfeld, Adam Daniel (Hg.): Stockholm International Peace Research Institute (SIPRI) Yearbook 2002: Armaments, Disarmament and International Security, New York: Oxford University Press, S. 124-126.

Duden (2006): Die deutsche Rechtschreibung. Bd. 1, 24. Auflage, Mannheim: Dudenverlag.

Falkowski, Maciej (2006): Russia's Policy in the Southern Caucasus and Central Asia. CES-Studies, Nr. 23, Center for Eastern Studies, Warschau. Online verfügbar unter http://www.osw.waw.pl/sites/default/files/prace_23.pdf [letzter Zugriff am 29.12.2013].

Folz, Rachel (2004): Krise und Reform der GASP. Eine Analyse deutscher und britischer Außenpolitik während der Irak-Krise 2002/03. Magisterarbeit im Fachbereich Politikwissenschaft – Internationale Beziehungen/Außenpolitik, Juni 2004. Online verfügbar unter http://www.uni-trier.de/fileadmin/fb3/POL/pubs/folz.pdf [letzter Zugriff am 29.12.2013].

Folz, Rachel (2013): Deutschland, Schweden und der Wandel der Sicherheitspolitik in Europa von 1945 bis 2010. Eine vergleichende Rollentheoretische Untersuchung von Ego und (signifikantem) Alter, Baden-Baden: Nomos Verlagsgesellschaft.

Frank, Cornelia (2007): Polens Rolle in der Außen-, Sicherheits-, und Verteidigungspolitik der EU: Skeptiker, solidarischer Egoist oder konstruktiver Partizipant?, in: Reader Sicherheitspolitik, H. 1, S. 66-72.

Furman, Dmitrij (2011): Russlands Entwicklungspfad. Vom Imperium zum Nationalstaat, in: Osteuropa, Jg. 61, H. 5, S. 3-20.

Gaupp, Peter (1983): Staaten als Rollenträger. Die Rollentheorie als Analyseinstrument von Aussenpolitik und internationalen Beziehungen, Zürich: Verlag Huber Frauenfeld.

Gegeschidze, Archil (2008): The Isolation of Abkhazia: A Failed Policy or an Opportunity?, in Griffiths, Aaron / Barnes, Catherine (Hg.): Powers of Persuasion: Incentives, Sanctions and Conditionality in Peacemaking, Accord, Nr. 19. Online verfügbar unter http://www.c-r.org/sites/c-r.org/files/Accord%2019_16The%20isolation%20of%20Abkhazia_2008_ENG.pdf [letzter Zugriff am 29.12.2013].

Gelman, Vladimir (2011): Studying Russian Politics through Western Lenses: Changes and Challenges, in: Russian Analytical Digest, Nr. 94, S. 2-4. Online verfügbar unter http://www.laender-analysen.de/russland/rad/pdf/Russian_Analytical_Digest_94.pdf [letzter Zugriff am 29.12.2013].

Stiftung Wissenschaft und Politik / Deutsche Gesellschaft für Osteuropakunde / Konrad-Adenauer-Stiftung (2007): Russland in der internationalen Politik – Rückkehr einer Großmacht?, Gemeinsame Konferenz. Online verfügbar unter http://www.swp-ber-lin.org/fileadmin/contents/products/projekt_papiere/Russland_Konferenz_ks.pdf [letzter Zugriff am 29.12.2013].

Germany Trade & Invest (2013): Wirtschaftsdaten kompakt: Russland. Stand: Mai 2013. Online verfügbar unter http://www.gtai.de/GTAI/Navigation/DE/Trade/maerkte,did=341986.html [letzter Zugriff am 29.12.2013].

Giragosian, Richard (2011): US National Interests and Engagement Strategies in the South Caucasus, in: South Caucasus: 20 Years of Independence, Friedrich-Ebert-Stiftung, S. 241-258.

Goffman, Erving (1973): Interaktion: Spaß am Spiel/Rollendistanz, München: R. Piper & Co. Verlag.

Götz, Roland (2008): Russland – eine wirtschaftliche Großmacht?, in: Russland-Analysen, Nr. 166, S. 5-12. Online verfügbar unter http://www.laender-analysen.de/russland/pdf/Russlandanalysen166.pdf [letzter Zugriff am 29.12.2013].

Grossmann, Michael (2005): Role Theory and Foreign Policy Change: The Transformation of Russian Foreign Policy in the 1990s, in: International Politics, Jg. 42, H. 3, S. 334-351.

Haas, Marcel de (2009): Russia's Foreign and Security Policy: The Return of the Empire?, in: De Zwaan, Japp / Bakker, Edwin / van der Meer, Sico (Hg.): Challenges in a Changing World, The Hague: T.M.C Asser Press, S. 67-84.

Haas, Marcel de (2010): Russia's Foreign Security Policy in the 21st Century: Putin, Medvedev and Beyond, New York, NY: Routledge.

Halbach, Uwe (1999): Moskaus Südpolitik. Rußland und der Westen im Kaspischen Raum, Berichte des Bundesinstituts für ostwissenschaftliche und internationale Studien 1999, Nr. 30.

Halbach, Uwe (2003): Partner und Widerpart: Rußland in der Außen- und Sicherheitspolitik kaukasischer und zentralasiatischer Staaten, in: Alexandrova, Olga / Götz, Roland / Halbach, Uwe (Hg.): Rußland und der postsowjetische Raum. Internationale Politik und Sicherheit, Nr. 54, Baden-Baden: Nomos Verlagsgesellschaft, S. 276-300.

Halbach, Uwe (2008): Kaukasische Gräben, in: Blätter für deutsche und internationale Politik, H. 9, S. 25-28.

Halbach, Uwe (2009): Die Georgienkrise 2008. Internationale, nationale und regionale Dimension, in: Konflikt am Kaukasus. Nachlese zum „Fünf-Tage-Krieg" in Georgien im Sommer 2008, Sozialwissenschaftliche Schriftenreihe, Internationales Institut für Liberale Politik, Wien, S. 3-12. Online verfügbar unter https://aussenpolitik-net.dgap.org/de/article/19740/print [letzter Zugriff am 7.1.2014].

Hanson, Stephen E. (2005): On Double Standards: Toward Strategic Liberalism in U.S. Russia Policy, PONARS Policy Memo, Nr. 368. Online verfügbar unter http://www.ponarseurasia.org/sites/default/files/policy-memos-pdf/pm_0368.pdf [letzter Zugriff am 30.12.2013].

Harnisch, Sebastian (2003): Theorieorientierte Außenpolitikforschung in einer Ära des Wandels, in: Hellmann, Günther / Wolf, Klaus Dieter / Zürn, Michael (Hg.): Die neuen Internationalen Beziehungen. Forschungsstand und Perspektiven in Deutschland, Baden-Baden: Nomos Verlagsgesellschaft, S. 313-360.

Harnisch, Sebastian (2011): Role Theory: Operationalization of Key Concepts, in: Harnisch, Sebastian / Frank, Cornelia / Maull, Hanns W. (Hg.): Role Theory in International Relations: Approaches and Analyses, New York, NY: Routledge (Routledge Advances in International Relations and Global Politics, Nr. 90), S. 7-15.

Harzl, Benedikt C. (2008): Conflicting Perceptions: Russia, the West and Kosovo, in: Review of Central and East European Law, Jg. 33, H. 4, S. 491-518.

Hedlund, Stefan (2005): Russian Path Dependence: A People with a Troubled History, Routledge Studies in the European Economy, Nr. 15, New York, NY: Routledge.

Heikka, Henrikki (1999): Beyond Neorealism and Constructivism: Desire, Identity, and Russian Foreign Policy, in: Hopf, Ted (Hg.): Understandings of Russian Foreign Policy, University Park, PA: Pennsylvania State University Press, S. 57-107.

Heller, Regina (2013): Wenn Status zur fixen Idee wird. Russland – zur Großmacht verdammt?, in: Osteuropa, Jg. 63, H. 8, S. 45-58.

Heinemann-Grüder, Andreas (2001): Rußlands Babel. Zum Repertoire nationaler Mythen, in: Blätter für deutsche und internationale Politik, H. 3, S. 324-334.

Hernández, Javier Morales (2006): The Influence of Identities on National Interest: The Case of Russia's Security Policy, Paper for the 47th International Studies Association (ISA) Annual Convention.

Herr, Hansjörg (2002): Die Finanzkrise in Russland im Gefolge der Asienkrise, in: Aus Politik und Zeitgeschehen, H. 37-38, 2000. Online verfügbar unter   http://www.bpb.de/apuz/25451/die-finanzkrise-in-russland-im-gefolge-der-asienkrise [letzter Zugriff am 30.12.2013].

Holsti, Kalevi J. (1970): National Role Conceptions in the Study of Foreign Policy, in: International Studies Quarterly, Jg. 14, H. 3, S. 233-309.

Hopf, Ted (1999): Understandings of Russian Foreign Policy, University Park, PA: Pennsylvania State University Press.

Hopf, Ted (2002): Social Construction of International Politics. Identities & Foreign Policies, Moscow, 1955 and 1999, Ithaca and London: Cornell University Press.

Hopf, Ted (2005): Identity, Legitimacy, and the Use of Military Force: Russia's Great Power Identities and Military Intervention in Abkhazia, in: Review of International Studies, Jg. 31, H. 5 [S1], S. 225-243.

Hudson, Valerie M. (1999): Cultural Expectations of One's Own and Other Nations' Foreign Policy Action Templates, in: Political Psychology, Jg. 20, H. 4, S. 767-801.

IALANA (2008): Stellungnahme der IALANA [International Association Of Lawyers Against Nuclear Arms] zur kosovarischen Unabhängigkeitserklärung vom 17. Februar und zur diplomatischen Anerkennung des Kosovo durch die Bundesrepublik Deutschland vom 20. Februar 2008 und durch andere Staaten (Wortlaut), in: Blätter für deutsche und internationale Politik, H. 9, S. 118-124.

ICG (2008a): Russia VS. Georgia: The Fallout, International Crisis Group, Europe Report, Nr. 195, 22. August. Online verfügbar unter http://www.crisisgroup.org/~/media/Files/europe/195_russia_vs_georgia ___the_fallout.ashx [letzter Zugriff am 30.12.2013].

ICG (2008b): Georgia and Russia: Clashing over Abkhazia, International Crisis Group, Europe Report, Nr. 193, 5. Juni. Online verfügbar unter http://www.crisisgroup.org/~/media/Files/europe/193_georgia_and_russi a_clashing_over_abkhazia.pdf [letzter Zugriff am 30.12.2013].

ICG (2009): Georgia-Russia: Still Insecure and Dangerous, International Crisis Group: Policy Briefing, Nr. 53, 22. Juni. Online verfügbar unter http://www.crisisgroup.org/~/media/Files/europe/B53%20Georgia-Russia%20-%20Still%20Insecure%20and%20Dangerous.pdf   [letzter Zugriff am 8.1.2014].

IIFFMCG (2009): Independent International Fact-Finding Mission on the Conflict in Georgia, Report, Volume I, II, III, September 2009. Online verfügbar unter http://www.ceiig.ch/Report.html [letzter Zugriff am 6.1.2014].

Jetschke, Anja / Liese, Andrea (1998): Kultur im Aufwind. Zur Rolle von Bedeutungen, Werten und Handlungsrepertoires in den internationalen Beziehungen, in: Zeitschrift für Internationale Beziehungen, Jg. 5, H. 1, S. 149-179.

Joenniemi, Pertti (2012): The Georgian-Russian Conflict: a Turning Point? DIIS [Danish Institute for International Studies] Working Paper, Nr. 2. Online   verfügbar   unter http://subweb.diis.dk/graphics/Publications/WP2010/WP2010-02_Georgian_Russian_Conflict.pdf [letzter Zugriff am 30.12.2013].

Joetze, Günter (2003): Auf der Suche nach einem strategischen Rahmen: Die Rolle von OSZE und NATO, in: Alexandrova, Olga / Götz, Roland / Halbach, Uwe (Hg.): Rußland und der postsowjetische Raum. Internationale Politik und Sicherheit, Nr. 54, Baden-Baden: Nomos Verlagsgesellschaft, S. 479-497.

Johnson, Lena (2005): Understanding Russia's Foreign Policy Change: The Cases of Central Asia and Iraq, in: Hedenskog, Jakov / Konnander, Vilhelm / Nygren, Bertil et al. (Hg.): Russia as a Great Power. Dimensions of Security under Putin, BASEES/Routledge Series on Russian and East European Studies, London und New York: Routledge, S. 182-200.

Johnson, Rob (2008): Pulverfass am Hindukusch. Dschihad, Erdöl und die Großmächte in Zentralasien, Stuttgart: Konrad Theiss Verlag.

Kaarbo, Juliet (2003): Foreign Policy Analysis in the Twenty-First Century: Back to Comparison, Forward to Identity and Ideas, in: International Studies Review, Jg. 5, H. 2, S. 156-163.

Kagarlitsky, Boris (1999): Krise auf Bestellung: Der zweite Tschetschenienkrieg, in: Blätter für deutsche und internationale Politik, H. 12, S. 1484-1488.

Karagiannis, Emmanuel (2013): The 2008 Russian-Georgian War via the Lens of Offensive Realism, in: European Security, Jg. 22, H. 1, S. 74-93.

Killingsworth, Matt (2012): Understanding Order and Violence in the Post-Soviet Space: the Chechen and Russo-Georgia Wars, in: Global Change, Peace & Security, Jg. 24, H. 2, S. 219-233.

Kirste, Knut / Maull, Hanns W. (1997): Zivilmacht und Rollentheorie, Beitrag im Rahmen des DFG-Projektes „Zivilmächte" - Fallstudie. Online verfügbar unter http://www.deutsche-aussenpolitik.de/resources/conferences/zib.pdf [letzter Zugriff am 30.12.2013].

Kirste, Knut (1998): ‚Zivilmacht' als Rollenkonzept. Ein Vergleich amerikanischer und deutscher Außenpolitikstrategien. Frankfurt am Main: Peter Lang.

Korgun, Viktor (2010): Das Afghanistanproblem aus russischer Perspektive, in: Russland-Analysen, Nr. 203, S. 2-5. Online verfügbar unter http://www.laender-analysen.de/russland/pdf/Russlandanalysen203.pdf [letzter Zugriff am 30.12.2013].

Kreikemeyer, Anna (1997): Rußlands Sicherheitspolitik in bewaffneten Konflikten in der GUS – sechs Fallstudien, in: Kreikemeyer, Anna / Zagorskij, Andrej V. (Hg.): Rußlands Politik in bewaffneten Konflikten in der GUS: Zwischen Alleingang und kooperativem Engagement, Baden-Baden: Nomos Verlagsgesellschaft, S. 15-23.

Kremer, MR (2012): Aktueller Begriff. Schanghaier Organisation für Zusammenarbeit, Wissenschaftlicher Dienst des Deutschen Bundestages, Nr. 15/12 (27. Juni), S. 1-2. Online verfügbar unter https://www.bundestag.de/blob/192470/9cb22701445ad2401539cbc4bc 906f14/shanghaier_organisation_fuer_zusammenarbeit-data.pdf [letzter Zugriff am 30.12.2013].

Krickus, David (2010): Warum Russland in Afghanistan mit dem Westen kooperiert, in: Russland-Analysen, Nr. 203, S. 10-13. Online verfügbar unter http://www.laenderanalysen.de/russland/pdf/Russlandanalysen203.pdf [letzter Zugriff am 30.12.2013].

Krotz, Ulrich (2002): National Role Conceptions and Foreign Policies: France and Germany Compared, Program for the Study of Germany and Europe Working Paper 02.1, Cambridge, MA.

Kuhrt, Natascha (2010): Die Bedeutung Afghanistans für Russland: Regionale oder globale Strategie?, in: Russland-Analysen, Nr. 203, S. 6-9. Online verfügbar unter http://www.laenderanalysen.de/russland/pdf/Russlandanalysen203.pdf [letzter Zugriff am 30.12.2013].

Kumar, Pankaj (2008): Russia's Attitude towards International Terrorism, in: World Affairs, Jg. 12, H. 4, S. 56-65.

Kupferschmidt, Frank (2008): Erste Priorität: Das Bündnis zusammenhalten, in: Schröder, Hans-Henning (Hg.): Die Kaukasus-Krise. Internationale Perzeptionen und Konsequenzen für die deutsche und europäische Politik. SWP-Studie, Nr. 25, Stiftung Wissenschaft und Politik. Deutsches Institut für Internationale Politik und Sicherheit, Berlin, S. 33-36.

Lambeth, Benjamin S. (2005): Air Power against Terror: America's Conduct of Operation Enduring Freedom, National Defense Research Institute RAND. Online verfügbar unter http://www.rand.org/content/dam/rand/pubs/monographs/2006/RAND_M G166-1.pdf [letzter Zugriff am 7.1.2014].

Lapina, Natalja (2003): Die Rolle der Eliten in den Beziehungen Rußlands zu den GUS-Staaten, in: Alexandrova, Olga / Götz, Roland / Halbach, Uwe (Hg.): Rußland und der postsowjetische Raum. Internationale Politik und Sicherheit, Nr. 54, Baden-Baden: Nomos Verlagsgesellschaft, S. 98-121.

Laruelle, Marlène (2009): Beyond the Afghan Trauma: Russia's Return to Afghanistan, Jamestown Foundation.

Lehmann, Rolf (1994): Grundlagen der Militärdoktrin der Russischen Föderation (Darstellung), DSS-Arbeitspapiere, Heft 11.1 – 1994. Dresdener Studiengemeinschaft Sicherheitspolitik. Online verfügbar unter http://www.sicherheitspolitik-dss.de/ap/ap011100.pdf [letzter Zugriff am 30.12.2013].

Lewada-Zentrum (2008): Russian Votes: Voting Behaviour – Presidency. Online verfügbar unter http://www.russiavotes.org/president/presidency_vote_preferences.php# 526 [letzter Zugriff am 30.12.2013].

Lieven, Anatol (2002): The Secret Policeman's Ball: The United States, Russia and the International Order after 11 September, in: International Affairs, Jg. 78, H. 2, S. 245-259.

Light, Margot (1988): The Soviet Theory of International Relations, Sussex: Wheatsheaf Books.

Lo, Bobo (2002): Russian Foreign Policy in the Post-Soviet Era: Reality, Illusion and Mythmaking, New York: Palgrave Macmillan.

LOC (2012): Russian Federation: Legal Aspects of War in Georgia. The Library of Congress: Current Legal Topics. Online verfügbar unter http://www.loc.gov/law/help/russian-georgia-war.php [letzter Zugriff am 30.12.2013].

Lomagin, Nikita (2005): Forming a New Security Identity in Modern Russia, in: Hedenskog, Jakov / Konnander, Vilhelm / Nygren, Bertil et al. (Hg.): Russia as a Great Power. Dimensions of Security under Putin,

BASEES/Routledge Series on Russian and East European Studies, London und New York: Routledge, S. 257-277.

Lynch, Allen C. (2012): Vladimir Putin and Russian Statecraft, Washington, D.C.: Potomac Books.

Main, Steven J. (2000): Russia's Military Doctrine, Conflict Studies Research Center, Occasional Brief, Nr. 77. Online verfügbar unter www.da.mod.uk/CSRC/documents/Russian/OB77 [letzter Zugriff am 30.12.2013].

Makaritschew, Andrei S. (2005): The Baltic-Black Sea Connection: A Region in the Making or a Political Project?, PONARS Policy Memo, Nr. 390. Online verfügbar unter http://csis.org/files/media/csis/pubs/pm_0390.pdf [letzter Zugriff am 30.12.2013].

Makaritschew, Andrei S. (2008): Rebranding Russia: Norms, Politics and Power, in: Tocci, Nathalie (Hg.): Who is a Normative Foreign Policy Actor? The European Union and its Global Partners, Brüssel: Centre for European Policy Studies, S. 156-210.

Makaritschew, Andrei S. (2009): Russia and its 'New Security Architecture' in Europe: A Critical Examination of the Concept, CEPS Working Dokument, Nr. 310, Februar 2009, Centre for European Policy Studies. Online verfügbar unter http://aei.pitt.edu/10760/1/1790.pdf [letzter Zugriff am 6.1.2014].

Malaschenko, Alexei (2003): Der Islam im postsowjetischen Raum, in: Alexandrova, Olga / Götz, Roland / Halbach, Uwe (Hg.): Rußland und der postsowjetische Raum. Internationale Politik und Sicherheit, Nr. 54, Baden-Baden: Nomos Verlagsgesellschaft, S. 301-320.

Maull, Hanns W. (2001): Außenpolitische Kultur, in: Korte, Karl-Rudolf, Weidenfeld, Werner (Hg.): Deutschland Trendbuch, Fakten und Orientierungen, Bonn: Bundeszentrale für Politische Bildung, S. 645-672.

Maull, Hanns W. (2007): Russland, Inc.: Nachzügler oder Vorreiter postmoderner Weltmachtpolitik?, in: Stiftung Wissenschaft und Politik, Deutsche Gesellschaft für Osteuropakunde (DGO) und Konrad-Adenauer-Stiftung (KAS) (2007): Russland in der internationalen Politik – Rückkehr einer Großmacht?, Gemeinsame Konferenz, S. 7-10.

Mayer, Sebastian (2003): Tbilisi, Washington und die NATO. Perspektiven der georgischen Außen- und Sicherheitspolitik, in: Blätter für deutsche und internationale Politik, H. 6, S. 706-713.

Mayring, Philipp (2008): Qualitative Inhaltsanalyse. Grundlagen und Techniken, 10. Auflage, Weinheim und Basel: Beltz Verlag.

Medwedew, Sergei (2004): Rethinking the National Interest: Putin's Turn in Russian Foreign Policy, The Marshall Center Papers, Nr. 6, The George C. Marshall Center for Security Studies.

Menkiszak, Marek (2002): Rosja pół roku po 11 września [Russland ein halbes Jahr nach dem 11. September], in: Eurasia after the 9/11, Nr. 4.

Menkiszak, Marek (2011): Russia's Afghan Problem: The Russian Federation and the Afghanistan Problem since 2001, OSW Studies, Nr. 38. Online verfügbar unter http://www.osw.waw.pl/sites/default/files/prace_38_en.pdf [letzter Zugriff am 30.12.2013].

Merten, Klaus (1995): Inhaltsanalyse. Einführung in Theorie, Methode und Praxis, 2. Auflage, Opladen: Westdeutscher Verlag.

Mommsen, Margareta (2010): Das politische System Russlands, in: Ismayr, Wolfgang (Hg.): Die politischen Systeme Osteuropas, 3. Auflage, Wiesbaden: VS Verlag für Sozialwissenschaften, S. 419-478.

Müller, Martin (2012): Making Great Power Identities in Russia: An Ethnographic Discourse Analysis of Education at a Russian Elite University, Forum Politische Geographie, Berlin: LIT-Verlag.

Münkler, Herfried (2005): Imperien. Die Logik der Weltherrschaft – vom Alten Rom bis zu den Vereinigten Staaten, Berlin: Rowohlt-Verlag.

Neumann, Iver B. (2005): Russia as a Great Power, in: Hedenskog, Jakov / Konnander, Vilhelm / Nygren, Bertil et al. (Hg.): Russia as a Great Power. Dimensions of Security under Putin, BASEES/Routledge Series on Russian and East European Studies, London und New York: Routledge, S. 13-28.

Nogee, Joseph L. / Donaldson, Robert H. (1981): Soviet Foreign Policy since World War II. Pergamon Policy Studies on International Politics, New York: Pergamon Press.

Normann, Christine (2005): Polens Rolle in der EU-Verfassungsdebatte, Region – Nation – Europa, Nr. 28, Münster: LIT-Verlag, S. 23-38.

Nußberger, Angelika (2009): The War between Russia and Georgia – Consequences and Unresolved Questions, in: Göttingen Journal of International Law, Jg. 2, H. 1, S. 341-364.

Nye, Joseph S. (2004): Soft Power: the Means to Success in World Politics, New York: Public Affairs.

Nygren, Bertil (2005): Russia's Relations with Georgia under Putin: the Impact of 11 September, in: Hedenskog, Jakov / Konnander, Vilhelm / Nygren, Bertil et al. (Hg.): Russia as a Great Power: Dimensions of Security under Putin, BASEES/Routledge Series on Russian and East European Studies, London / New York: Routledge, S. 156-181.

Oldberg, Ingmar (2005): Foreign Policy Priorities under Putin: a Tour d'Horizon, in Jakov / Konnander, Vilhelm / Nygren, Bertil et al. (Hg.): Russia as a Great Power: Dimensions of Security under Putin, BASEES/Routledge Series on Russian and East European Studies, London / New York: Routledge, S. 29-56.

Oldenburg, Fred (1999): Glasnost, Perestrojka und neues Denken. Rahmenbedingungen und Praxis sowjetischer Außenpolitik unter Gorbatschow, in: Vyslonzil, Elisabeth / Leifer, Paul (Hg.): Russland – Sowjetunion – Russland: Hundert Jahre russische Außenpolitik, Frankfurt (Main): Peter Lang Europäischer Verlag der Wissenschaften, S. 115-152.

Oschlies, Wolf (2007): Der Kaukasus und das Kosovo-Phantom, in: Blätter für deutsche und internationale Politik, H. 7, S. 791-794.

Ostaptschuk, Markian / Senik, Tatyana (2013): Putin verliert an Zustimmung in Russland. Umfrage des Meinungsforschungsinstituts IFAK im Auftrag der Russischen Redaktion der Deutschen Welle. Online verfügbar unter http://www.dw.de/putin-verliert-an-zustimmung-in-russland/a-16784741 [letzter Zugriff am 30.12.2013].

Paramonow, Wladimir / Stolpowski, Oleg (2008): Russia and Central Asia: Bilateral Cooperation in the Defense Sector, Conflict Studies Research Centre, Advanced Research and Assessment Group, Nr. 15. Online verfügbar unter http://www.da.mod.uk/colleges/arag/document-listings/ca/08%2815%29VPEnglish.pdf/view [letzter Zugriff am 30.12.2013].

Pikajew, Alexander A. (2001): September 11 and the Challenge of Integrating Russia into the West, PONARS Policy Memo, Nr. 227. Online verfügbar unter http://www.ponarseurasia.org/sites/default/files/policy-memos-pdf/pm_0227.pdf [letzter Zugriff am 7.1.2014].

Plater-Zyberk, Henry / Aldos, Anne (2001): Russia's Reaction to the American Tragedy. Conflict Studies Research Centre, Occasional Brief, Nr. 84. Online verfügbar unter http://www.esdp-course.ethz.ch/content/pubkms/detail.cfm?lng=en&id=96533 [letzter Zugriff am 30.12.2013].

Prestre, Philippe le G. (1997): Author! Author! Defining Foreign Policy Roles after the Cold War, in: Ders. (Hg.): Role Quests in the Post-Cold War Era: Foreign Policies in Transition, Montreal: McGill-Queen's University Press, S. 3-14.

Prestre, Phillipe le G. (1997): Change and Continuity in Foreign Policy Role Conceptions after the Cold War, in: Ders (Hg.): Role Quests in the Post-Cold War Era: Foreign Policies in Transition, Montreal: McGill-Queen's University Press, S. 251-262.

Prizel, Ilya (1998): National Identity and Foreign Policy: Nationalism and Leadership in Poland, Russia and Ukraine, Cambridge Russian, Soviet and Post-Soviet Studies, Nr. 103. Cambridge: Cambridge University Press.

Pynnöniemi, Katri (2014): Russian Thinking in the Ukraine Crisis. FIIA Briefing Paper, Nr. 160.

Reichinger, Martin (2010): Sharing the Burden – Sharing the Lead? Euroatlantische Arbeitsteilung im Zeichen des allianzinternen Sicherheitsdilemmas, Baden-Baden: Nomos-Verlagsgesellschaft.

Reljić, Dušan (2006): Russland und das kosovarische Exempel, in: Blätter für deutsche und internationale Politik, H. 3, S. 277-281.

Richter, James G. (1992): Perpetuating the Cold War: Domestic Sources of International Patterns of Behaviour, in: International Science Quarterly, Jg. 107, H. 2, S. 271-301.

Riecke, Henning (2008): Eine europäische Angelegenheit: EU und NATO im Südkaukasus. DGAPstandpunkt, Nr. 15, September 2008. Deutsche Gesellschaft für Auswärtige Politik e.V. Online verfügbar unter https://dgap.org/de/article/getFullPDF/17925 [letzter Zugriff am 7.1.2014].

RULAC (2011): Russia: Peace Operations, Rule of Law in Armed Conflicts Project. Online verfügbar unter http://www.geneva-academy.ch/RULAC/peace_operations.php?id_state=184 [letzter Zugriff am 30.12.2013].

Rutland, Peter (2012): Still out in the Cold? Russia's Place in a Globalizing World, in: Communist and Post-Communist Studies, Jg. 30, H. 2, S. 1-12.

Rühl, Lothar (2003): Die USA als Widerpart Rußlands, in: Alexandrova, Olga / Götz, Roland / Halbach, Uwe (Hg.): Rußland und der postsowjetische Raum. Internationale Politik und Sicherheit (54), Baden-Baden: Nomos Verlagsgesellschaft, S. 405-421.

Ryabow, Andrei (2011): Russian Interests and Strategies in the South Caucasus, in: South Caucasus: 20 Years of Independence, Friedrich-Ebert-Stiftung, S. 259-279.

Sakwa, Richard (2011): The Western Study of Contemporary Russia: Double Bottoms and Double Standards, in: Russian Analytical Digest, Nr. 94, S. 5-10.

Salenko, Alexander (2012): Country Report: Russia, July 2012. EUDO Citizenship Observatory, Robert Schuman Centre for Advanced Studies. Online verfügbar unter http://eudo-citizenship.eu/docs/CountryReports/Russia.pdf [letzter Zugriff am 30.12.2013].

Sapper, Manfred / Weichsel, Volker (2008): Krieg im Kaukasus: Rückblick auf ein Lehrstück, in: Osteuropa, Jg. 58, H. 11, S. 3-5.

Sapper, Manfred (2012): Niedergang und Neuanfang. Die Krise der deutschen Russlandexpertise, in: Osteuropa, Jg. 62, H. 6-8, S. 505-520.

Schaber, Thomas / Ulbert, Cornelia (1994): Reflexivität in den Internationalen Beziehungen. Literaturbericht zum Beitrag kognitiver, reflexiver und interpretativer Ansätze zur dritten Theoriedebatte, in: Zeitschrift für Internationale Beziehungen, Jg. 1, H. 1, S. 139-170.

Schewzowa, Lilja (2013): Kreml oder Demokratie. Maskenspiele vor wechselnder Kulisse, in: Russland. In Putins Reich, Edition le Monde diplomatique, Nr. 13, S. 60-65.

Schieder, Siegfried / Spindler, Manuela (2006): Theorien der Internationalen Beziehungen, 2. Auflage, Opladen: Verlag Barbara Budrich.

Schmedt, Claudia (1997): Russische Außenpolitik unter Jelzin. Internationale und innerstaatliche Einflußfaktoren außenpolitischen Wandels. Frankfurt: Peter Lang Verlag.

Schmitz, Andrea (2008): Partner aus Kalkül. Russische Politik in Zentralasien. SWP-Studie, Nr. 5, Stiftung Wissenschaft und Politik. Deutsches

Institut für Internationale Politik und Sicherheit, Berlin. Online verfügbar unter http://www.swp-berlin.org/fileadmin/contents/products/studien/2008_S05_smz_ks.pdf [letzter Zugriff am 6.1.2014].

Schneider, Eberhard (2003): Staatliche Akteure russischer Außenpolitik im Zentrum und in den Regionen, in: Alexandrova, Olga / Götz, Roland / Halbach, Uwe (Hg.): Rußland und der postsowjetische Raum. Internationale Politik und Sicherheit, Nr. 54, Baden-Baden: Nomos Verlagsgesellschaft, S. 73-97.

Schörnig, Niklas (2006): Neorealismus, in: Schieder, Siegfried / Spindler, Manuela (Hg.): Theorien der Internationalen Beziehungen, 2. Auflage, Opladen: Verlag Barbara Budrich, S. 65-92.

Schrepfer-Proskurjakow, Alexander (2004): Geopolitik und Terrorbekämpfung. Russlands Krieg in Tschetschenien, in: Blätter für deutsche und internationale Politik, H. 8, S. 975-983.

Schröder, Hans-Henning (2008): Die Kaukasus-Krise. Internationale Perzeptionen und Konsequenzen für die deutsche und europäische Politik. SWP-Studie, Nr. 25, Stiftung Wissenschaft und Politik. Deutsches Institut für Internationale Politik und Sicherheit, Berlin. Online verfügbar unter http://www.swp-berlin.org/fileadmin/contents/products/studien/2008_S25_shh_ks.pdf [letzter Zugriff am 7.1.2014].

Seybolt, Taylor B. (2002): Conflicts in Asia: Afghanistan, in: Rotfeld, Adam Daniel (Hg.): Stockholm International Peace Research Institute (SIPRI) Yearbook 2002: Armaments, Disarmament and International Security, New York: Oxford University Press, S. 39-44.

Siedschlag, Alexander (2006): Methoden der sicherheitspolitischen Analyse. Eine Einleitung, Wiesbaden: VS Verlag für Sozialwissenschaften.

Smith, Mark A. (2001): Russia & The West Since 11 September 2001. Conflict Studies Research Centre, Occasional Brief, Nr. 89. Online verfügbar unter http://www.da.mod.uk/colleges/arag/document-lis-tings/russian/OB89/view?searchterm=Russia%20&%20The%20West%20Since%2011%20September%202001 [letzter Zugriff am 30.12.2013].

Smith, Mark A. (2004): Russian Perspectives on Terrorism. Conflict Studies Research Centre, Occasional Brief, Nr. 110. Online verfügbar unter http://www.comw.org/tct/fulltext/0401smith.pdf [letzter Zugriff am 30.12.2013].

Smith, Mark A. (2006): Kosovo's Status: Russian Policy on Unrecognised States, Conflict Studies Research Centre, Russian Series, Nr. 1. Online verfügbar unter http://www.da.mod.uk/colleges/arag/document-listings/russian/01%2806%29MAS.pdf/view [letzter Zugriff am 30.12.2013].

Sokor, Wladimir (2002): CIS Antiterrorism Center: Marking Time in Moscow, Refocusing on Bishkek, IASPS Policy Briefings: Oil in Geostrategic Perspective, Nr. 2. Institute for Advanced Strategic & Political Studies, Washington, D.C. Online verfügbar unter http://www.iasps.org/strategic/socor10.htm [letzter Zugriff am 27.12.2013].

Sokow, Nikolai (2002a): Instability in South Caucasus and the War against Terrorism, PONARS Policy Memo, Nr. 247. Online verfügbar unter http://www.ponarseurasia.org/sites/default/files/policy-memos-pdf/pm_0247.pdf [letzter Zugriff am 30.12.2013].

Sokow, Nikolai (2002b): Quod Licet Iovi: Preemptive Use of Military Force in Russian Foreign Policy, PONARS Policy Memo, Nr, 254. Online verfügbar unter http://www.ponarseurasia.org/sites/default/files/policy-memos-pdf/pm_0254.pdf [letzter Zugriff am 30.12.2013].

Stahl, Bernhard (2006): Vergleichende Außenpolitikanalyse: Das Verhalten ausgewählter EU-Staaten in der Irak-Krise, in Siedschlag, Alexander (Hg.): Methoden der sicherheitspolitischen Analyse. Eine Einleitung, Wiesbaden: VS Verlag für Sozialwissenschaften, S. 135-168.

Statistisches Bundesamt (2011): Export, Import, Globalisierung. Deutscher Außenhandel, Wiesbaden: Statistisches Bundesamt.

Stent, Angela (2010): Die russisch-deutschen Beziehungen zwischen 1992 und 2008, in: Pleines, Heiko / Schröder, Hans-Henning (Hg.): Länderbericht Russland, Schriftenreihe Nr. 1066, Bonn: Bundeszentrale für Politische Bildung, S. 247-262.

Stepanowa, Ekaterina (2001): U.S.-Russia Cooperation on Afghanistan: An Exception or a Model? PONARS Policy Memo, Nr. 201. Online verfügbar unter http://csis.org/publication/ponars-policy-memo-201-us-russia-cooperation-afghanistan-exception-or-model [letzter Zugriff am 9.1.2014].

Stepanowa, Ekaterina (2002a): Partners in Need: U.S.-Russia Cooperation on Approaches to Anti-Terrorism, PONARS Policy Memo, Nr. 279. Online verfügbar unter http://www.ponarseurasia.org/sites/default/files/policy-memos-pdf/pm_0279.pdf [letzter Zugriff am 9.1.2014].

Stepanowa, Ekaterina (2002b): Separately Together: U.S. and Russian Approaches to Political Settlement in Afghanistan, PONARS Policy Memo, Nr. 230. Online verfügbar unter http://www.ponarseurasia.org/sites/default/files/policy-memos-pdf/pm_0230.pdf [letzter Zugriff am 9.1.2014].

Stepanowa, Ekaterina (2005): Russia's Approach to the Fight against Terrorism, in: Hedenskog, Jakov / Konnander, Vilhelm / Nygren, Bertil et al. (Hg.): Russia as a Great Power. Dimensions of Security under Putin, BASEES/Routledge Series on Russian and East European Studies, London und New York: Routledge, S. 301-322.

Stykow, Petra (2007): Außenpolitische Implikationen der „souveränen Demokratie", in: Stiftung Wissenschaft und Politik, Deutsche Gesellschaft für Osteuropakunde und Konrad-Adenauer-Stiftung (2007): Russland in der internationalen Politik – Rückkehr einer Großmacht?, Gemeinsame Konferenz, S. 33-35.

Sulaberidze, Yuri (2007): Georgia in Russian Policy, in: Central Asia and the Caucasus, Jg. 47, H. 5, S. 58-65.

Taube, Markus (2003): Chinas Rückkehr in die Weltgemeinschaft. Triebkräfte und Widerstände auf dem Weg zu einem „Global Player". Duisburger Arbeitspapiere Ostasienwissenschaften, Nr. 51. Online verfügbar unter http://www.uni-due.de/in-east/fileadmin/publications/gruen/paper51.pdf [letzter Zugriff am 30.12.2013].

Thamm, Berndt Georg (2008): Der Dschihad in Asien. Die islamistische Gefahr in Russland und China. München: Deutscher Taschenbuch Verlag.

Thibault, Jean-François / Lévesque, Jacques (1997): The Soviet Union / Russia: Which Past for Which Future?, in: Prestre, Philippe le G. (Hg.): Role Quests in the Post-Cold War Era: Foreign Policies in Transition, Montreal: McGill-Queen's University Press, S. 15-39.

Thies, Cameron G. (2009): Role Theory and Foreign Policy, International Studies Association Compendium Project, Foreign Policy Analysis Section, May 2009. Online verfügbar unter http://myweb.uiowa.edu/bhlai/workshop/role.pdf [letzter Zugriff am 30.12.2013].

Thomas, Ludmila (1999): Russische Außenpolitik vor dem Ersten Weltkrieg. Kontinuität und Brüche, in: Vyslonzil, Elisabeth / Leifer, Paul (Hg.): Russland – Sowjetunion – Russland: Hundert Jahre russische Außenpolitik, Frankfurt (Main): Peter Lang Europäischer Verlag der Wissenschaften, S. 27-44.

Tocci, Nathalie / Manners, Ian (2008): Comparing Normativity in Foreign Policy: China, India, the EU, the US and Russia, in: Tocci, Nathalie (Hg.): Who is a Normative Foreign Policy Actor? The European Union and its Global Partners, Brüssel: Centre for European Policy Studies, S. 300-329.

Triebskorn, Elena (2012): Der deutsche Außenhandel im Jahr 2011. Auszug aus Wirtschaft und Statistik, Wiesbaden: Statistisches Bundesamt.

Tsygankow, Andrei P. (2005): Vladimir Putin's Vision of Russia as a Normal Great Power, in: Post-Soviet Affairs, Jg. 21, H. 2, S. 132-158.

Tsygankow, Andrei P. (2006a): If Not by Tanks, then by Banks? The Role of Soft Power in Putin's Foreign Policy, in: Europe-Asia Studies, Jg. 58, H. 7, S. 1079-1099.

Tsygankow, Andrei P. (2006b): Russia's Foreign Policy: Change and Continuity in National Identity, Plymouth, U.K.: Rowman & Littlefield Publishers.

Tsygankow, Andrei P. (2006c): Projecting Confidence, Not Fear: Russia's Post-Imperial Assertiveness, in: Orbis, Jg. 50, H. 4, S. 677–690.

Tsyankow, Andrei P. (2007): Two Faces of Putin's Great Power Pragmatism, in: The Soviet and Post-Soviet Review, Jg. 34, H. 1, S. 103-119.

Tsygankow, Andrei P. / Tarver-Wahlquist, Matthew (2009): Duelling Honors: Power, Identity and the Russian-Georgia Divide, in: Foreign Policy Analysis, H. 5, S. 307-326.

Tsygankow, Andrei P. (2012): Assessing Cultural and Regime-Based Explanations of Russian Foreign Policy. ‚Authoritarian at Heart and Expansionist by Habit'?, in: Europe-Asia Studies, Jg. 64, H. 4, S. 695-713.

Ulbert, Cornelia (2005): Konstruktivistische Analysen der internationalen Politik: Von den Höhen der Theorie in die methodischen Niederungen der Empirie, Papier für die Tagung der Sektion Internationale Politik der DVPW, Mannheim, 6.-7. Oktober 2005. Online verfügbar unter https://inef.uni-due.de/sib/papers/ulbert_2005.pdf [letzter Zugriff am 30.12.2013].

Ulbert, Cornelia (2006): Sozialkonstruktivismus, in: Schieder, Siegfried / Spindler, Manuela (Hg.): Theorien der Internationalen Beziehungen, Opladen: Verlag Barbara Budrich, S. 409-440.

Unser, Günther (2008): Russland in den Vereinten Nationen. Multilateralismus im eigenen Interesse, in: Vereinte Nationen, Jg. 6, S. 251-256.

Urban, Michael (2010): Cultures of Power in Post-Communist Russia: An Analysis of Elite Political Discourse. New York: Cambridge University Press.

Vogel, Jan Martin (2010): Die indische Chinapolitik seit 1988, Magisterarbeit im Fach Politikwissenschaft. Eingereicht am 14. Juni 2010 an der Universität Trier, Fachbereich III, Politikwissenschaft. Online verfügbar unter http://www.uni-trier.de/?id=1446 [letzter Zugriff am 30.12.2013].

Vyslonzil, Elisabeth / Leifer, Paul (Hg.): Russland – Sowjetunion – Russland: Hundert Jahre russische Außenpolitik, Frankfurt (Main): Peter Lang Europäischer Verlag der Wissenschaften.

Wacker, Gudrun (2001): Die „Schanghaier Organisation für Zusammenarbeit". Eurasische Gemeinschaft oder Papiertiger?, SWP-Studie, Nr. 22. Online verfügbar unter http://www.swp-berlin.org/fileadmin/contents/products/studien/S2001_22_wkr.pdf [letzter Zugriff am 30.12.2013].

Wagner, Wolfgang (2006): Qualitative Inhaltsanalyse: Die soziale Konstruktion sicherheitspolitischer Interessen in Deutschland und Großbritannien, in Siedschlag, Alexander (Hg.): Methoden der sicherheitspolitischen Analyse. Eine Einleitung, Wiesbaden: VS Verlag für Sozialwissenschaften, S. 169-188.

Walker, Stephen G. (1979): National Role Conceptions and Systemic Outcomes, in: Falkowski, Lawrence S. (Hg.): Psychological Models in International Politics, Boulder, CO: Westview Press, S. 169-210.

Walker, Stephen G. (1987): Role Theory and Foreign Policy Analysis, Durham: Duke University Press.

Warkotsch, Alexander (2004): Zwischen Konfrontation und Kooperation. Die russische Zentralasienpolitik, in: Blätter für deutsche und internationale Politik, H. 1, S. 69-76.

Wettig, Gerhard (1981): Die sowjetischen Sicherheitsvorstellungen und die Möglichkeiten eines Ost-West-Einvernehmens. Baden-Baden: Nomos Verlagsgesellschaft.

Wiecławski, Janek (2011): Contemporary Realism and the Foreign Policy of the Russian Federation, in: International Journal of Business and Social Science, Jg. 2, H. 1, S. 170-179.

Wipperfürth, Christian (2007): Russland und seine GUS-Nachbarn. Hintergründe, aktuelle Entwicklungen und Konflikte in einer ressourcenreichen Gegend, Stuttgart: Ibidem Verlag.

Wipperfürth, Christian (2011): Russlands Außenpolitik, Wiesbaden: VS Verlag für Sozialwissenschaften.

Wish, Naomi Bailin (1980): Foreign Policy Makers and Their National Role Conceptions, in: International Studies Quarterly, Jg. 24, H. 4, S. 532-554.

Władimirowicz, Malgin Artiom / Lwowicz, Skworcow Jarosław / Leonidowicz, Czeczewisznikow Aleksandr (2005): Aims, Priorities and Tasks: Attempt at a Systematic Analysis of the Presidential Speeches in Russia (2000-2005), XV Economic Forum, Krynica 7-10 September, 2005. Online verfügbar unter http://www.mgimo.ru/files/71448/0d83435699bf04650876c2e59e7a84d0.pdf [letzter Zugriff am 30.12.2013].

Zagorski, Andrei (2009): Die russische Politik nach dem Georgien-Krieg, in: Konflikt am Kaukasus. Nachlese zum „Fünf-Tage-Krieg" in Georgien im Sommer 2008, Sozialwissenschaftliche Schriftenreihe, Internationales Institut für Liberale Politik, Wien, S. 20-26. Online verfügbar unter https://aussenpolitik-net.dgap.org/de/article/19740/print [letzter Zugriff am 7.1.2014].

Zangl, Bernhard (2006): Neofunktionalismus, in: Schieder, Siegfried / Spindler, Manuela (Hg.): Theorien der Internationalen Beziehungen, 2. Auflage, Opladen: Verlag Barbara Budrich, S. 121-144.

d) Presseerzeugnisse

AFP (2001a): Tajikistan, Russia ‚Coordinating' on Anti-Terrorist Moves, *Agence France Presse*, 19. September [Lexis Nexis].

AFP (2001b): Russia Vows Support for Taliban's Military Opposition, *Agence France Presse*, 22. September [Lexis Nexis].

AFP (2001c): Northern Alliance Wants Soviet-Era Weapons: Russian Defense Minister, *Agence France Presse*, 27. September [Lexis Nexis].

AFP (2001d): Draft Afghan Accord: Six-Month Interim Authority, Demilitarisation of Kabul, *Agence France Presse*, 3. Dezember [Lexis Nexis].

AFP (2001e): Russia Bids for Influence with Post-Taliban Afghan Regime, *Agence France Presse*, 7. Dezember [Lexis Nexis].

AFP (2001f): Russia Rules out Sending Peacekeepers to Afghanistan, *Agence France Presse*, 7. Dezember [Lexis Nexis].

AFP (2001g): No Taliban in Future Afghan Government: Northern Alliance, *Agence France Presse*, 26. Oktober [Lexis Nexis].

AFP (2001h): Russia Vows to Extend Support for Rabbani, *Agence France Presse*, 29. November [Lexis Nexis].

AFP (2001j): Russia Seeks to Keep Taliban out of New Afghan Government, *Agence France Presse*, 23. November [Lexis Nexis].

AFP (2001k): Russia Sends First Military Delegation to Afghanistan, *Agence France Presse*, 16. November [Lexis Nexis].

AFP (2001m): Latest Developments in the US-Led Campaign against the Taliban and the Al-Qaeda Network, *Agence France Presse*, 14. November [Lexis Nexis].

AFP (2001n): Roles Differ, but Russia, US Act in Unison in Central Asia: Experts, *Agence France Presse*, 23. Oktober [Lexis Nexis]

AFP (2001p): Putin Rules Out Taliban, Reasserts Russian Role in Afghan Future, *Agence France Presse*, 22. Oktober [Lexis Nexis].

AFP (2001q): US Opposed to Russia, Others Recognizing Rabbani ‚Government' in Kabul, *Agence France Presse*, 27. November [Lexis Nexis].

AFP (2001r): Powell Urges ‚Speed, Speed, Speed' in UN Effords on Afghanistan, *Agence France Presse*, 13. November [Lexis Nexis].

AFP (2001s): Russia to Join Forces with Iran and Tajikistan against Taliban, *Agence France Presse*, 21. Oktober [Lexis Nexis].

AFP (2002a): Afghan Army does not Need Russian Weapons: General Fahim, *Agence France Presse*, 11. Februar [Lexis Nexis].

AFP (2008a): Georgia Unlikely to Recognise Kosovo: FM, *Agence France Presse*, 18. Februar [Lexis Nexis].

AFP (2008b): Georgia's Rebel Abkhazia Calls for Independence Recognition, *Agence France Presse*, 7. März [Lexis Nexis].

AFP (2008c): EU Worried about to Recognise Georgian Republic, *Agence France Presse*, 10. März [Lexis Nexis].

AP (2008): Russian Planes Bomb Aircraft Plant in Georgia, *Associated Press*, 9. August. Online verfügbar unter http://www.washingtonpost.com/wp-dyn/content/article/2008/08/09/AR2008080902582_pf.html [letzter Zugriff am 6.1.2014].

Avni, Benny (2008): Russia Amps up Support for Two Georgian Breakaway Regions, *The New York Sun*, 12. März. Online verfügbar unter http://www.nysun.com/foreign/russia-amps-up-support-for-two-georgian-breakaway/72793/ [letzter Zugriff am 27.12.2013].

BBC (2001): UN Renews Anti-Terror Drive, *British Broadcasting Corporation*, 12. November. Online verfügbar unter http://news.bbc.co.uk/2/hi/americas/1652976.stm [letzter Zugriff am 27.12.2013].

Berberoglu, Omer (2008): Georgia Rail Bridge Blown up; Russia Rejects Blame, *Reuters*, 16. August. Online verfügbar unter http://www.reuters.com/article/2008/08/16/us-georgia-ossetia-railway-idUSLG33367420080816 [letzter Zugriff am 27.12.2013].

Bidder, Benjamin (2008): Russischer Einmarsch 1999: Showdown in Pristina, *Der Spiegel*, 17. Februar. Online verfügbar unter http://www.spiegel.de/politik/ausland/russischer-einmarsch-1999-showdown-in-pristina-a-535801.html [letzter Zugriff am 27.12.2013].

Bumiller, Elisabeth / Perlez, Jane (2001): After the Attacks: The Overview; Bush and Top Aides Proclaim Policy of ‚Ending' States that Back Terror; Local Airports Shut after an Arrest, *The New York Times*, 14. September [Lexis Nexis].

Burns, John F (2002): A Nation Challenged: The Russians; Moscow Stakes Claim to Afghan Role with High-Level Visit, *The New York Times*, 5. Februar. Online verfügbar unter http://www.nytimes.com/2002/02/05/world/nation-challenged-russians-moscow-stakes-claim-afghan-role-with-high-level-visit.html [letzter Zugriff am 6.1.2014].

Butler, Desmond (2008): Georgian Foreign Minister Seeking Support in US, *Associated Press*, 21. April [Lexis Nexis].

Civil Georgia (2008): Tbilisi Proposes New Negotiating Format for S.Ossetia, *Civil Georgia Daily News Online*, 1. März. Online verfügbar unter http://www.civil.ge/eng/article.php?id=17244 [letzter Zugriff am 27.12.2013].

Daley, Suzanne (2001): After the Attacks: The Alliance; Russia Condemns Attack on U.S. and Vows to Aid NATO Actions, *The New York Times*, 14. September. Online verfügbar unter http://www.nytimes.com/2001/09/14/us/after-attacks-alliance-russia-condemns-attack-us-vows-aid-nato-actions.html [letzter Zugriff am 6.1.2014].

Dao, James / Tyler, Patrick E. (2001): A Nation Challenged: The Alliance; Military Called Just One Element in War On Terror, *The New York Times*, 27. September. Online verfügbar unter http://www.nytimes.com/2001/09/27/world/nation-challenged-alliance-military-called-just-one-element-war-terror.html [letzter Zugriff am 6.1.2014].

Dschindschikaschwili, Mischa (2008a): Russia Seizes Georgia Base, Opens Second Front, *Associated Press*, 11. August. Online verfügbar unter http://www.nysun.com/foreign/russia-seizes-georgian-base-opens-second-front/83619/ [letzter Zugriff am 6.1.2014].

Erlanger, Steven (2002): A Nation Challenged: Diplomacy; Russian Aide Warns U.S. not to Extend War to Iraq, *The New York Times*, 4. Februar. Online verfügbar unter http://www.nytimes.com/2002/02/04/world/a-nation-challenged-diplomacy-russian-aide-warns-us-not-to-extend-war-to-iraq.html [letzter Zugriff am 6.1.2014].

Filkins, Dexter (2001): A Nation Challenged: Alliances; Taliban Appeals to Northern Alliance Rebels to Join the Fight Against United States, *The New York Times*, 21. Oktober [Lexis Nexis].

Gorondi, Pablo (2008): Georgia Wants Complete Pullout of Russian Troops, *Associated Press*, 10. Oktober. Online verfügbar unter http://www.highbeam.com/doc/1A1-D93NMEG00.html [letzter Zugriff am 6.1.2014].

Gutterman, Steve (2008): Russia Recognizes Georgian Regions as Independent, *Associated Press*, 26. August [Lexis Nexis].

Heilprin, John (2008a): Russia Seeks UN Action on Dispute over Georgia and Abkhazia, *Associated Press*, 8. Juli. Online verfügbar unter http://www.highbeam.com/doc/1A1-D91PV2AG1.html [letzter Zugriff am 6.1.2014].

Heilprin, John (2008b): UN Stalemated on Georgia-South Ossetia Conflict, *Associated Press*, 8. August. Online verfügbar unter

284 JOHANN ZAJACZKOWSKI

http://www.highbeam.com/doc/1A1-D92DVNUG0.html [letzter Zugriff am 6.1.2014].

Heilprin, John (2008c): UN Takes Second Try on Georgia-South Ossetia, *Associated Press*, 8. August. Online verfügbar unter http://www.washingtonpost.com/wp-dyn/content/article/2008/08/08/AR2008080803552.html [letzter Zugriff am 6.1.2014].

Heintz, Jim / Mirowalew, Mansur (2008): Russian Parliament Urges Recognition of Rebels, *Associated Press*, 26. August. Online verfügbar unter http://www.highbeam.com/doc/1A1-D92PJ2480.html [letzter Zugriff am 6.1.2014].

Isaschenkow, Wladimir (2008): Russian Parliament Says Moscow will Reconsider Ties with Separatist Regions in Ex-Soviet Lands, *Associated Press*, 18. Februar [Lexis Nexis].

Jatras, James George (2008): Kosovo Prelude to Georgia? *The Washington Times*, 7. September. Online verfügbar unter http://www.washingtontimes.com/news/2008/sep/07/kosovo-prelude-to-georgia/ [letzter Zugriff am 27.12.2013].

Kennedy, Tim (2001): Russia Secretly Supports Afghan Northern Alliance, US Operations, *Arab News*, 18. Oktober. Online verfügbar unter http://www.arabnews.com/print/215567 [letzter Zugriff am 27.12.2013].

Kifner, John (2001): A Nation Challenged: Former Foes; Afghans Do a Double Take and See Russians Again, *The New York Times*, 28. November [Lexis Nexis].

Klaverstijn, Erik (1996): Sinnlose Zerstörung, *Amnesty International Journal*, März. Online verfügbar unter http://www.amnesty.de/umleitung/1996/deu05/011?lang=de%26mimetype%3dtext%2fhtml [letzter Zugriff am 27.12.2013].

Lederer, Edith M. (2008): Russia Rejects Western Request to End Plan to Strengthen Ties to Breakaway Georgian Regions, *Associated Press*, 24. April [Lexis Nexis].

Lee, Matthew (2008a): US Says G-7 Urges Russia to Accept Truce, *Associated Press*, 11. August. Online verfügbar unter http://www.highbeam.com/doc/1A1-D92G5SFO1.html [letzter Zugriff am 6.1.2014].

Lee, Matthew (2008b): US, Allies Weigh Punishment for Russia, *Associated Press*, 12. August. Online verfügbar unter http://www.highbeam.com/doc/1A1-D92H24MG0.html [letzter Zugriff am 6.1.2014].

Levy, Clifford J. (2009): How Russia Defines Genocide Down, *The New York Times*, 8. August. Online verfügbar unter http://www.nytimes.com/2009/08/09/weekinreview/09levy.html [letzter Zugriff am 6.1.2014].

Lobjakas, Ahto (2008): Georgia: Tbilisi Outraged at Moscow Withdrawal from Abkhaz Sanctions Treaty, *Radio Free Europe*, 7. März. Online verfügbar unter http://www.rferl.org/content/article/1079599.html [letzter Zugriff am 27.12.2013].

Loven, Jennifer (2008): Bush Intends to Punish Moscow for Invading Georgia, *Associated Press*, 4. September. Online verfügbar uner http://newsok.com/bush-intends-to-punish-moscow-for-invading-georgia/article/3292996 [letzter Zugriff am 6.1.2014].

Marquand, Robert (2008): Russia's Case on Georgia Territories: Like Kosovo or Not?, *The Christian Science Monitor*, 28. August. Online verfügbar unter http://www.csmonitor.com/World/Europe/2008/0828/p01s01-woeu.html [letzter Zugriff am 27.12.2013].

Nowak, David (2008): 6 Ex-Soviet Neighbors Back Russia over Georgia, *Associated Press*, 5. September [Lexis Nexis].

Petesch, Carley (2008a): Russia, West at Odds over UN Georgia Resolution, *Associated Press*, 22. August. Online verfügbar unter http://www.highbeam.com/doc/1A1-D92N20MGG.html [letzter Zugriff am 6.1.2014].

Petesch, Carley (2008b): Ambassador: Russia Stance won't Reignite Cold War, *Associated Press*, 26. August. Online verfügbar unter http://www.highbeam.com/doc/1A1-D92Q8RR82.html [letzter Zugriff am 6.1.2014].

RIA (2001a): Russia will keep Rendering Political, Diplomatic and Humanitarian Support to Anti-Taleban Coalition, *RIA Nowosti*, 17. September [Lexis Nexis].

RIA (2001b): US Actions in Afghanistan Should be carried out with UN Security Council Sanctions: Chairman of the Assembly of Russia's People, *RIA Nowosti*, 19. September [Lexis Nexis].

RIA (2001c): American Political Scientist Believes Russia and USA Could Coordinate their Assistance to Northern Alliance, *RIA Nowosti*, 25. September [Lexis Nexis].

RIA (2001d): Russian Defence Minister Discusses in Brussels the Question of Coordinating Effords in Fighting Terrorism, *RIA Nowosti*, 26. September [Lexis Nexis].

RIA (2001e): Bin Laden is in Afghanistan, its Ambassador to Russia Confirms, *RIA Nowosti*, 26. September [Lexis Nexis].

RIA (2001f): Lawmakers Object to Deployment of Russian Troops in Afghanistan, *RIA Nowosti*, 6. Oktober [Lexis Nexis].

RIA (2001g): Russian Parliament Fears U.S. will Ditch Russia on achieving its Ends in Afghanistan, *RIA Nowosti*, 6. Oktober [Lexis Nexis].

RIA (2001h): Uzbek Ambassador to Russia Calls on World Community to have Compassion for Afghan People, *RIA Nowosti*, 11. Oktober [Lexis Nexis].

RIA (2001j): Russia Will not Participate in Military Operation in Afghanistan – Igor Ivanov, *RIA Nowosti*, 15. Oktober [Lexis Nexis].

RIA (2001k): Moscows Region Governor Cautions US Against Large-Scale Ground Operation in Afghanistan, *RIA Nowosti*, 16. Oktober [Lexis Nexis].

RIA (2001m): US Ambassador: Russia is US Key Partner in Combating Terrorism, *RIA Nowosti*, 26. Oktober [Lexis Nexis].

RIA (2001n): Rushailo, Rice Discuss Anti-Terror Action. Future Political Arrangements in Afghanistan, *RIA Nowosti*, 31. Oktober [Lexis Nexis].

RIA (2001o): Russia Provides U.S. with Whereabouts of Drug Producing Labs in Afghanistan, *RIA Nowosti*, 1. November [Lexis Nexis].

RIA (2001p): Moscow Rules out Participation of the Taliban in the Future Power Structures in Afghanistan, *RIA Nowosti*, 2. November [Lexis Nexis].

RIA (2001r): Putin, Schroeder don't Share Pessimistic Viewpoints on Afghan Counter-Terror Operation, *RIA Nowosti*, 3. November [Lexis Nexis].

RIA (2001s): Putin: Political Settlement, Afghanistan's Future Top Priorities now, *RIA Nowosti*, 14. November [Lexis Nexis].

RIA (2001t): Jiang Zemin Welcomes Russian, U.S. Mutual Intentions to Cut Nuclear Arsenals, *RIA Nowosti*, 19. November [Lexis Nexis].

RIA (2001u): Vladimir Putin Reaffirms Russia's Position on a Future Political System of Afghanistan, *RIA Nowosti*, 22. November [Lexis Nexis].

RIA (2001v): Pentagon Chief: Russia Assists US Operation in Afghanistan, *RIA Nowosti*, 22. November [Lexis Nexis].

RIA (2001w): Russia's Defence Minister against Russian Serviceman Being Sent to Afghanistan, *RIA Nowosti*, 5. Dezember [Lexis Nexis].

RIA (2002a): Indian Newspaper Hindu: US is Striving to Establish Control over Energy Resources of Central Asia, *RIA Nowosti*, 29. Januar [Lexis Nexis].

RIA (2002b): Russia, U.S. point to Unprecedented Nature of Bilateral Military Cooperation in Operation in Afghanistan, 9. Februar [Lexis Nexis].

RIA (2002c): Afghans Hope Russia Rebuilds Technical College, *RIA Nowosti*, 5. Februar [Lexis Nexis].

RIA (2008a): Regular Troops to Be Deployed in Abkhazia, S.Ossetia – Lavrov, *RIA Nowosti*, 9. September [Lexis Nexis].

RIA (2008b): Russia Pledges Further Support for Georgian Breakaway Region, *RIA Nowosti*, 15. September [Lexis Nexis].

RIA (2008c): Post-Soviet Security Bloc Backs Russia over Georgia Arms Embargo, *RIA Nowosti*, 3. September [Lexis Nexis].

Rosenthal, Elisabeth (2002): A Nation Challenged: Diplomacy; China, Russia and 4 Neighbors Seek Common Front on Terror, *The New York Times*, 8. Januar. Online verfügbar unter http://www.nytimes.com/2002/01/08/world/nation-challenged-diplomacy-china-russia-4-neighbors-seek-common-front-terror.html [letzter Zugriff am 6.1.2014].

Sanger, David E. (2001): The Bush-Putin Summit: The Accord; Bush and Putin Agree to Reduce Stockpile of Nuclear Warheads, *The New York Times*, 14. November [Lexis Nexis].

Sanger, David E. / Bumiller, Elisabeth (2001): U.S. to Pull Out of ABM Treaty, Clearing Path for Antimissile Tests, *The New York Times*, 12. Dezember. Online verfügbar unter http://www.nytimes.com/2001/12/12/world/us-to-pull-out-of-abm-treaty-clearing-path-for-antimissile-tests.html [letzter Zugriff am 6.1.2014].

Schmemann, Serge / Tyler, Patrick E. (2001): A Nation Challenged: Diplomacy; Pakistani Leader Seeks ‚Gestures' for Backing U.S., The New York Times, 10. November [Lexis Nexis].

Sciolino, Elaine (2001): The Bush-Putin Summit: News Allies: One Trusts, the Other is not so Sure, The New York Times, 14. November. Online verfügbar unter http://www.nytimes.com/2001/11/14/world/bush-putin-summit-analysis-new-allies-one-trusts-other-s-not-so-sure.html [letzter Zugriff am 6.1.2014].

Sestanowitsch, Stephen (2001): The Challenges of Alliance with Russia, The New York Times, 5. Oktober [Lexis Nexis].

Smith, Stefan (2001): First Signs of Concrete Deal, Despite Slow Progress at Afghan Talks, Agence France Presse, 3. Dezember [Lexis Nexis].

Spiegel (1999): Kfor: Drei Standorte für 3000 Russen?, Der Spiegel, 18. Juni. Online verfügbar unter http://www.spiegel.de/politik/ausland/kfor-drei-standorte-fuer-3000-russen-a-27814.html [letzter Zugriff am 27.12.2013].

Spiegel (2001): Humanitäre Hilfe: Russland will eigenen Hilfsstützpunkt einrichten, Der Spiegel, 23. November. Online verfügbar unter http://www.spiegel.de/politik/ausland/humanitaere-hilfe-russland-will-eigenen-hilfsstuetzpunkt-einrichten-a-169471.html [letzter Zugriff am 27.12.2013].

Spiegel (2009): Wiederbelebter Nato-Russland-Rat: Westen beendet die Eiszeit mit Russland, Der Spiegel, 5. März. Online verfügbar unter http://www.spiegel.de/politik/ausland/wiederbelebter-nato-russland-rat-westen-beendet-die-eiszeit-mit-russland-a-611601.html [letzter Zugriff am 7.1.2014].

Starr, Frederick S. (2001): Russia's Ominous Afghan Gambit, Wall Street Journal, 11. Dezember. Online verfügbar unter http://www.russialist.org/5593-5.php [letzter Zugriff am 27.12.2013].

Stöber, Silvia (2008): Krieg zwischen Georgien und Russland. Nur ein kleiner Krieg am Rande Europas?, Der Tagesspiegel, 8. August. Online verfügbar   unter   http://www.tagesspiegel.de/politik/krieg-zwischen-georgien-und-russland-nur-ein-kleiner-krieg-am-rande-europas/8611668.html [letzter Zugriff am 6.1.2014].

Tavernise, Sabrina (2008): A Nation Challenged: Moscow; Russia Puts Equipment and Troops near Kabul, *The New York Times*, 27. November [Lexis Nexis].

Tyler, Patrick E. (2001a): A Nation Challenged: Strategic Relations; Russia and U.S. Optimistic on Defense Issues, *The New York Times*, 19. Oktober [Lexis Nexis].

Tyler, Patrick E. (2001b): The World; The Morning After Dawns on Moscow, *The New York Times*, 16. Dezember.

Weissenstein, Michael (2008): Russia Criticized at UN over S.Ossetia, Abkhazia, *Associated Press*, 28. August. Online verfügbar unter http://seattletimes.com/html/nationworld/2008145101_apungeorgiarussia .html [letzter Zugriff am 6.1.2014].

Wines, Michael (2001a): A Nation Challenged: Moscow; To Free the Way for the U.S., or Not? Either Way, a Fateful Choice for Russia, *The New York Times*, 21. September [Lexis Nexis].

Wines, Michael (2001b): A Nation Challenged: Moscow; Aligning with U.S., *The New York Times*, 25. September [Lexis Nexis].

Zumach, Andreas (2009): Zehn Jahre Kosovokrieg. Völkerrecht gebrochen, *die tageszeitung (taz)*, 23. März. Online verfügbar unter http://www.taz.de/!32186/ [letzter Zugriff am 27.12.2013].

Anhang

Tabelle 6: Übersicht über das außenpolitische Rollenkonzept der Russischen Föderation

Katego-rien	Bezeich-nung	Rollensegmente	Ursprünge	Rhetorik
Ideologie und Weltbild	**Pragmatische Außenpolitik**	Aktive Außenpolitik	Größe und geopolitische Lage des Landes	„However, this [Aufgabe der kommunistischen Ideologie] does not mean its abandonment of an active, initiative-laden foreign policy, of the necessity to influence the for-mation of a new world pattern" (I. Iwanow 2003b: 3)
		Kompetitives Weltbild	Erfahrungen in den internationalen Be-ziehungen (historisch und während der Transformationsphase)	„The formation of international relations is accompanied by competition and by the striving of a number of states to increase their influence in global politics" (Putin 2000c: 1)
		Kooperatives Weltbild	Globalisierung und Interdependenz Institutionalisierung des außenpoliti-schen Denkens Gorbatschows „Neues Denken"	„The very nature of 'power' has been changing in a radical way. Increasingly, power is determined by a capacity for collective actions" (Lawrow 2007c: 4)
Normen und Werte	**Unabhängigkeit**	Souveränität und Nichteinmi-schung	Instrumentalisierungsvorbehalt Stabilität Demokratischer Exzeptionalismus	„Russia is a country with a history that spans more than a thousand years and has practically always used the privi-lege to carry out an independent foreign policy. We are not going to change this tradition today" (Putin 2007c: 6). „We know that a country which for so long sought inde-pendence and finally gained it, and especially one like Rus-sia, can never be directed from abroad" (Lawrow 2007d: 1). „In broader terms, what I am speaking about is a culture of international relations based on international law – without attempts to impose development models or to force the natural pace of the historical process" (Putin 2007a: 15)
		Territoriale Integrität	Erfahrungen mit Separatismus und Desintegrationsbestrebungen Größe des Landes	„Let me remind you that when Chechnya was granted de facto independence, and that happened in 1995, the fun-damentalists did not stop there. In 1999 they launched a new war attacking Dagestan, a neighboring republic, with-out provocation in order to create a hitherto unknown state, an Islamic Caliphate from the Black to the Caspian seas. To us it means annexing additional territories from the Russian Federation and destabilizing the situation in predominantly Muslim-populated areas" (Putin 2003c: 9)
	Verlässlichkeit und Partner-schaft	Kooperationsoffenheit	Negative Wahrnehmung der Macht-durchdringung und Multipolarisierung der Internationalen Beziehungen	„Trust costs us dear. But its lack is even more costly [...]" (Lawrow 2007e: 4). „[...] we perceive one of the underlying principles of our foreign policy ensuring Russia the reputation of a reliable and predictable partner in world affairs" (I. Iwanow 2002b: 4)

Katego-rien	Bezeich-nung	Rollensegmente	Ursprünge	Rhetorik
Interessen und Ziele				„Russia is open for constructive dialogue and equal cooper-ation with all states without exception" (Lawrow 2007c: 1)
		Mediation		„As for a role as mediators, I do not think we do not claim this role" (Lawrow 2006f: 5)
		Altruismus	Anstieg der Machtmittel Bestandteil des Pflichtenkatalogs einer Großmacht	„As far as the political sphere is concerned, we have in mind [...] the establishment of a just and violence-free democratic world order serving the interests and aspirations of all states and peoples" (I. Iwanow 2001: 1)
	Gestaltungswil-le	Globales Interessenspektrum	Bedingung für wirtschaftlichen Auf-schwung Belagerungsmentalität Pragmatische Außenpolitik Domestizierung russischer Außenpolitik	„Russia under no circumstances could afford to pursue a passive or isolationist foreign policy. On the contrary, inter-ests of the country always made it play not merely an ac-tive, but in many respects a system-forming role in interna-tional affairs" (I. Iwanow 2002b: 2) „Our entire historical experience shows that a country like Russia can live and develop within its existing boarders only if it is a strong nation. All of the periods during which Russia has been weakened, whether politically or economically, have always and inexorably brought to the fore the threat o' the country's collapse" (Putin 2003a: 1)
Status- und Prestigeinte-ressen		Status und Prestige	Gerechtigkeit Status als Machtindikator	„I think that our ultimate goal should be to return Russia to its place among the prosperous, developed, strong and respected nations" (Putin 2003a: 6)
		Konsultationsreflex	Selbstbild einer Großmacht	„The strengthened Russia [...] has already become a major positive factor in the development of world processes. The psychological atmosphere surrounding our country and its representatives is changing: our approaches are set into others' own analysis, we are being counted on and much is being expected of us" (Lawrow 2006d: 1)
		Objektive Sicht auf Russland	Soft Power	„Reliable information on the events in our country is a ques-tion of its reputation and national security" (Putin 2000a: 3)
Ökonomischer Aufstieg			Anerkennung, Gestaltungsmacht Kompetitives Weltbild	„Our country is still excluded' from the process of forming the rules of world trade. We have not yet been allowed to take part in forming the rules of world trade" (Putin 2002: 9)
Sicherheit		Globale Sicherheit	Pflichtenkatalog einer Großmacht Globale Führungsmacht	„The position of Russia protects rather not its own security, but the position of Russia proceeds from the need to take care of the international structure, of the international secu-rity architecture which has developed as of now" (Putin 2001b: 3) „The key factor determining international security at the beginning of the XXI century, as we see it, is maintaining strategic stability" (S. Iwanow 2001: 2) „The key responsibility for countering all of these threats and ensuring global security will lie with the world's leading powers, the countries that possess nuclear weapons and powerful levers of military and political influence" (Putin

Kategorien	Bezeichnung	Rollensegmente	Ursprünge	Rhetorik
Strategien		Regionale Sicherheit	Belagerungsmentalität / Geopolitische Lage / Angst vor einem Dominoeffekt	2006a: 8) „[One of the main objectives is] to form a good-neighbor belt along the perimeter of Russia's boarders, to promote elimination of the existing and prevent the emergence of potential hotbeds of tension and conflicts in regions adjacent to the Russian Federation" (Putin 2000b: 1)
		Verrechtlichung		„[One of the main objectives is] to influence general world processes [...] built on generally recognized norms of international law [...]" (Putin 2000b: 1)
	Multilateral eingebundene Macht	Multivektoralität	Globales Interessenspektrum / Pragmatismus	„Over the entire course of history a profound discussion went on in Russia as to what the principal vector of its development should be - eastern or western. In full measure this dispute applied also to the domain of foreign policy. Now the choice has been made, notably: both vectors - the Asian and Euro-Atlantic - have an independent value from the point of view of national interests, which demand the intensification of foreign policy activity on all directions. In other words, it is exactly its multivector thrust that constitutes the distinctive feature of Russia's present-day foreign policy. This ensures its effectiveness and the possibility to quickly react to the processes occurring in the world" (Meschkow 2002: 2)
		Multilateralität	Neubewertung der Quellen von Macht	„Also historically deep-rooted is another, fundamentally important tradition of Russian diplomacy: the disposition to a multilateral, collective approach to the solution of international problems" (I. Iwanow 2002b: 3)
		Primat der UN	Globale Führungsmacht / Status	„[The UN] is the most representative and universal international forum and it remains the backbone of the modern world order" (Putin 2006a: 12)
		Integration in die Weltwirtschaft	Globalisierung und Interdependenz	„It is clear that for Russia, the problem of choosing whether to integrate into the world economy or not no longer exists. The world market is already here, and our market has become a part of the world system" (Putin 2002: 9)
Instrumente	*Zurückhaltende Militärmacht*	Primat des Nichtmilitärischen	„Nie wieder Afghanistan" / Pragmatische Außenpolitik	„The Russian Federation gives preference to political, diplomatic, and other nonmilitary means of preventing, localizing, and neutralizing military threats at regional and global levels" (Putin 2000d: 5). „It is because of this that we, having our own regrettable experience of settling the situation in North Caucasus, stand in favor of joining first of all political effort of all sides involved in trying to undo any sophisticated knot of today" (S. Iwanow 2001: 5)

Kategorien	Bezeichnung	Rollensegmente	Ursprünge	Rhetorik
Alterorientierte Rollen		Defensive militärische Ausrichtung	Primat der UN Instrumentalisierungsvorbehalt	„The Military Doctrine is defensive in nature, which is predetermined by the organic combination within its provisions of a consistent adherence to peace with a firm resolve to defend national interests and guarantee the military security of the Russian Federation and its allies" (Putin 2000d: 1)
	Russland als Teil Europas		Der Westen als überlegener *Alter* Gemeinsames Normen- und Wertesystem	„Above all else Russia was, is and will, of course, be a major European power. Achieved through much suffering by European culture, the ideals of freedom, human rights, justice and democracy have for many centuries been our society's determining values" (Putin 2005a: 2)
				„In Europe, many nations agreed in Rome in 1957 on free movement of goods, people, and services. This all works well. But we annot achieve this within a single country" (Putin 2000a: 6)
	Russland als Partner der USA		Der Westen als überlegener *Alter* USA als holistischer Referenzpunkt Status und Prestige Russland als Unabhängiger	„I think that the talk here is not about a junior or senior partner. [...] We are fully aware of what Russia is, what place it occupies in the world, what are our capabilities. But Russia, with all the problems it has, with all its traditions, with all its national interests is a country which will never serve anybody's political interests" (Putin 2003d: 1)
	Russland als imperialistische Macht	Machtpolitische Dimension	Wahrnehmung des GUS-Raumes als Interessen- und Einflusssphäre	„We are not using sufficiently well the historical credit of trust and friendship, the close ties that link the peoples of our countries. Meanwhile, there cannot be a vacuum in international relations. The absence of an effective Russian policy in the CIS or even an unsubstantiated pause in the pursuit of such a policy will inevitably result in a situation where other, more energetic states will fill this vacuum" (Putin 2004c: 2)
		Territoriale Dimension, Schutz der Landsmänner im Ausland	Fehlende Deckungsgleichheit zwischen Volk und Nation Imperiales Erbe	„We consider international support for the respect of the rights of Russians abroad an issue of major importance, one that cannot be the subject of political and diplomatic bargaining" (Putin 2005a: 7)
		Kulturelle Dimension	Eurasisches Selbstverständnis Brücke zwischen Europa und Asien	„Our country has historically developed as a union of many peoples and cultures and the idea of a common community, a community in which people of different nationalities and religions live together, has been at the foundation of the Russian people's spiritual outlook for many centuries now" Putin 2007a: 4)

Quelle: Eigene Darstellung, basierend auf Abschnitt Drei

Tabelle 7: Das Rollenkonzept der RF als Handlungsrahmen während des Kampfes gegen den Terror

	Vorkriegsphase (11.9.2001-7.10.2001)	Kriegsphase (7.10.2001-9.12.2001)	Nachkriegsphase (9.12.2001-Februar 2002)
Weltbild und Ideologie	Kooperatives Weltbild - Kollektives Handeln - USA als Garant regionaler Sicherheit - Synchronisierung des sicherheitspolitischen Denkens Aktive Außenpolitik	Kooperatives Weltbild - „Multilateralismus á la carte" Passive Außenpolitik (>< Aktive Außenpolitik)	Bedingt kooperatives Weltbild - Wegfall der Legitimationsquelle der US-Präsenz im zentralasiatischen Raum - Zunehmende Interessendivergenz zwischen der RF und USA
Normen und Werte	Unabhängigkeit - Eigenständigkeit gegenüber den USA Kooperationsoffenheit - Politik der Äquidistanz als Pfand gegenüber den USA	Altruismus - Humanitäre Hilfe - Nutzung der humanitären Hilfe zur Erhöhung der Sichtbarkeit Kooperationsoffenheit - Zusammenarbeit mit dem Iran als Pfand gegenüber den USA	Nichteinmischung (>< Gestaltungswille) Altruismus - Humanitäre- und Aufbauhilfe
Interessen und Ziele	Statusgewinn - „key contributor to wider international order" Konsultationsreflex - „we told you so" - Mitsprache bei Gestaltung der Nachkriegsarchitektur Sicherheit - Verknüpfung des tschetschenischen Sicherheitsproblems mit Diskurs über transnationalen Terrorismus - RF als Konsument von Sicherheit	Gestaltungswille - Positionierung und Unterstützung der NA als maßgeblicher Kraft im Kampf gegen die Taliban (>< Multilateralismus, da teilweise ohne Absprache) **Sichtbarkeit (vorrangiges Rollensegment)** Sicherheit - RF als Koproduzent von Sicherheit aufgrund sich abzeichnender Interessendivergenz mit USA	**Gestaltungswille (vorrangiges Segment)** - Aufstellung der NA als maßgeblicher Fraktion der Nachkriegsordnung Konsultationsreflex - Überwachung des ISAF-Mandates über die Vetorolle in UN-Sicherheitsrat Sicherheit - RF zunehmend als Produzent von Sicherheit
Strategien	Multilaterales Handeln - Ausbau einer breiten Antiterrorkoalition Primat der UN	Multilaterales Handeln - RF als Mitglied der Koalition Primat der UN	Ambivalentes Handeln: Einerseits Primat der UN: - Legitimität des Tadschiken Rabbani - Akzeptanz des *Outcome* der Bonner Konferenz - Zustimmung zur ISAF-Schutztruppe Andererseits unilaterales Vorgehen - Aufstellung der NA als maßgeblicher Fraktion der Nachkriegsordnung

Instrumente	Symbolische und rhetorische Akte - Proklamierte Solidarität mit den USA Geheimdienstliche Zusammenarbeit Diplomatische Anstrengungen - Nutzung ehemaliger sowjetischer Stützpunkte in Zentralasien (>< Machtpolitische Dimension der imperialistischen Identität) Ausschluss militärischer Beteiligung - Afghanistan-Trauma	Demonstrativer Aktivismus Materielle Unterstützung gegenüber der NA	Diplomatische Mittel Militärische und technische Unterstützung Ausschluss militärischer Beteiligung - Afghanistan-Trauma
Alterorien-tierte Rollen	Russland als Teil des Westens - „Part of the civilized world" **Russland als Partner der USA (vorrangiges Rollensegment)** - Juniorpartner (>< gleichberechtigte Partnerschaft) - Hoffnung auf Konzessionen (US-Raketenschild in Osteuropa, Einbindung in NATO-Strukturen)	Russland als Partner der USA - Mitglied der Koalition (>< gleichberechtigte Partnerschaft) - Teilerfüllung der Konzessionen (Reduktion des strategischen Nuklearwaffenarsenals, Aussicht auf Einbindung in NATO-Strukturen)	Russland als Partner der USA - Abgekühlte Partnerschaft (>< gleichberechtigte Partnerschaft) - Teilerfüllung der Konzessionen (Einbindung in NATO-Strukturen) - Ausbleibende Konzessionen (Rückzug aus dem ABM-Vertrag, Aufweichen der Reduktion des strategischen Nuklearwaffenarsenals)

Quelle: eigene Darstellung, basierend auf Kapitel Fünf

Tabelle 8: Das Rollenkonzept der RF als Handlungsrahmen während des Fünftagekrieges in Georgien

	Vorkriegsphase (17.02.2008-07.08.2008)	**Kriegsphase (7.08.2008-16.08.2008)**	**Nachkriegsphase (16.08.2008-9.10.2008)**
Ideologie und Weltbild	Konfliktives Weltbild - Drohende NATO-Erweiterung - Verstärkt durch symbolische Missachtung russischer Vorwände	Hochgradig konfliktives Weltbild - Verengt auf Rache- und Vergeltungsmotive Reaktive Außenpolitik	Konfliktives Weltbild - Geopolitische Implikationen
Normen und Werte	Territoriale Integrität - Aufkommender Normenkonflikt mit Selbstbestimmungsrecht Gefahrloser Altruismus	Aufgabe der territorialen Integrität (>< Territoriale Integrität) - Russland als eigenständiger *Normshaper* - Wahrnehmung Südossetiens und Abchasiens als eigenes Territorium Altruismus - Intervention als humanitärer Einsatz - Normative Patina	Selbstbestimmungsrecht (>< Territoriale Integrität) - Russland als eigenständiger *Normshaper* (bzw. Revisionist der territorialen Dimension des imperialistischen Erbes) Altruismus - Entkleidung der normativen Patina
Interessen und Ziele	Gestaltungswille - Mediatorrolle zur Einflussnahme Sicherheit - Drohende NATO-Erweiterung - Schutz der Landsmänner im Ausland	**Gestaltungswille (vorrangiges Rollensegment)** - Destruktive Ausprägung - Logik des Krieges (>< Zurückhaltende militärische Ausrichtung) - Nuancierter *Outcome* - Alternierender Statusbegriff (Politik der Stärke) Sicherheit - Russische Friedenstruppen in Georgien - Schutz der Landsmänner im Ausland Konsultationsreflex	Gestaltungswille - Destruktive Ausprägung - Südossetien und Abchasien als Militärprotektorate Sicherheit - Russland als „most reliable peacekeeper" - Schutz der südossetischen und abchasischen Völker

Strategien	Primat der UN - UN-Regularien als Referenzpunkt - UN-Sicherheitsrat als Austragungsort gegensätzlicher Narrative Multilateralismus - Wahrung der größtmöglichen Einfluss-nahme	Unilaterales Rollenhandeln (>< Primat der UN; Multilateralität) - Kein Versuch der Gewinnung eines UN-Mandats - Kein Versuch der Einbindung anderer (regionaler) Organisationen Teilweise Primat der UN - UN-Regularien als Referenz- und Legitimierungsgrundlage (R2P, Art. 51 UN-Charta) - UN-Sicherheitsrat als Austragungsort gegensätzlicher Narrative Verrechtlichung (Instrumentalisierte Lesart)	Unilaterales Vorgehen (>< Primat der UN) - Anerkennung der Unabhängigkeit Südossetiens und Abchasiens Nachholende Multilateralisierung - SOZ - OVKS Verrechtlichung (Instrumentalisierte Lesart) Abkehr vom Primat der UN (>< Primat der UN)
Instru-mente	Ambivalente Rhetorik: Einerseits Betonung des Gewaltverzichts (Mediatorrolle) Andererseits Bereitschaft zum Einsatz militärischer Gewalt (Schutz der Landsmänner im Ausland) Militärische Macht- und Drohgebärden	Militärische Instrumente - Rückgriff auf Erfahrungen als Schutzmacht der GUS - Friedenserzwingender Einsatz	Militärische Instrumente - Rückgriff auf Erfahrungen als Schutzmacht der GUS - Reguläre Militärverbände
Alterorientierte Rollen	Der Westen als Referenzpunkt (Vorrangige Rolle) - Nachahmungseffekt (Anerkennung des Kosovo) Distanzierung Russlands von seinem Selbstverständnis als Teil des Westens - Normative Devianz Georgiens - Verrat des Westens an seinen eigenen Normen Russland als imperialistische Macht - Machtpolitische Dimension Georgische Alterorientierung	Der Westen als Referenzpunkt - Nachahmungseffekt (Russland als liberaler Interventionist) - Negative Gleichheit Minimalzugeständnis an Selbstwahrnehmung als Teil des Westens	Der Westen als Referenzpunkt (Vorrangige Rolle) - Nachahmungseffekt (Abkehr von der Rolle des liberalen Interventionisten) Minimalzugeständnis an Selbstwahrnehmung als Teil des Westens - EU als Legitimitätsproduzent Potential für gleichberechtigte Partnerschaft mit den USA

Quelle: Eigene Darstellung, basierend auf Kapitel 6

SOVIET AND POST-SOVIET POLITICS AND SOCIETY

Edited by Dr. Andreas Umland

ISSN 1614-3515

***ibidem*-**Verlag

Melchiorstr. 15

D-70439 Stuttgart

info@ibidem-verlag.de

www.ibidem-verlag.de
www.ibidem.eu
www.edition-noema.de
www.autorenbetreuung.de